IFCT56

EXCEL AVANZADO Y POWER BI

IFCT56

EXCEL AVANZADO Y POWER BI

Francisco José Carrasco Gómez

La ley prohíbe
fotocopiar este libro

IFCT56 - EXCEL AVANZADO Y POWER BI
Thema: GPH Ciencia de datos
Bisac: COM054000
© Francisco José Carrasco Gómez
© De la edición: Ra-Ma 2025

Editado por:
RA-MA Editorial
Calle Jarama, 3A, Polígono Industrial Igarsa
28860 PARACUELLOS DE JARAMA, Madrid
Teléfono: 91 658 42 80
Fax: 91 662 81 39
Correo electrónico: *info@grupoeditorialrama.com*
Internet: *www.ra-ma.es* y *www.ra-ma.com*
ISBN: 979-13-8764-220-4
Depósito legal: M-2731-2025
Maquetación: Antonio García Tomé
Diseño de portada: Antonio García Tomé
Filmación e impresión: Safekat
Impreso en España en febrero de 2025

ÍNDICE

Parte 1

CÁLCULOS EN EXCEL: FÓRMULAS Y FUNCIONES

1

CÁLCULOS CON CELDAS

Para hacer cálculos en Excel, lo primero que tengo que hacer es situarme en una celda en blanco, escribir el signo igual y a continuación puedo escribir las celdas o los números con los que quiera operar.

Por ejemplo, tengo estos datos.

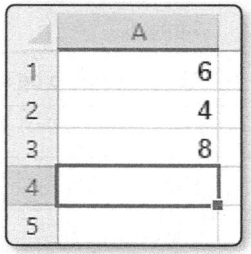

Figura 1.1. Datos de ejemplo

En la celda A4 quiero saber cuánto suman los tres números situados en A1, A2 y A3, para ello me sitúo en la celda A4 y escribo =A1+A2+A3 y cuando acepte la fórmula pulsando Enter, aparecerá el resultado en la celda o sea 18, pero si me fijo en la barra de fórmulas puedo ver la fórmula.

Si pulso la tecla "*F2*" o hago un doble clic en la celda, puedo modificar la fórmula, donde aparece cada celda de un color distinto, para que me sea más fácil localizar de dónde vienen los datos.

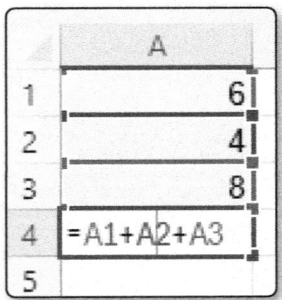

Figura 1.2. Ejemplo con fórmula

Los operadores que utiliza el Excel son:

%	Porcentaje
^	Exponenciación
*	Multiplicar
/	Dividir
+	Suma
-	Resta o cambio de signo
>	Mayor
<	Menor
>=	Mayor o igual
<=	Menor o igual
<>	Distinto

2

PRIORIDAD DE OPERADORES

Ahora me sitúo en la celda A5 y escribo la fórmula =A1+A2*A3, puedo pensar que sumaría A1 y A2 y lo multiplicaría por A3, pero al igual que en matemáticas, los operadores tienen una prioridad es decir que realiza unas operaciones antes que otras, en este caso Excel multiplica A2 por A3 y después suma A1, si quiero que primero sume y después multiplique, al igual que en matemáticas pongo los paréntesis quedando la fórmula =(A1+A2)*A3.

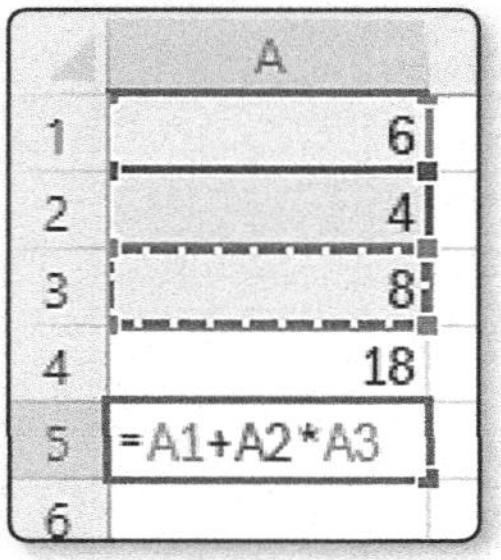

Figura 2.1. Prioridad de operadores

Si me sitúo en la celda A6 también podría escribir =A1*15 para que me calculase el valor de una celda por un número, en las fórmulas se pueden poner tanto referencias a celdas como números, aunque es mejor poner siempre referencias a celdas ya que al cambiar el valor de una celda se recalculan todas las operaciones y además es más fácil el mantenimiento de los libros.

La prioridad que tienen los operadores es:

1º	- (signo negativo)
2º	%
3º	^
4º	* /
5º	+ -

3

REFERENCIAS RELATIVAS

El controlador de relleno es la cruz negra que aparece cuando me sitúo en la esquina inferior derecha de la celda activa, con el controlador de relleno puedo copiar en horizontal o en vertical pero no en las dos direcciones a la vez.

Cuando copio con el controlador de relleno el contenido de una celda, si la celda tiene una fórmula copia la fórmula, pero se la aplica a los datos que tenga, veamos un ejemplo para entenderlo mejor.

	A	B
1	7	9
2	5	3
3	6	2
4		

Figura 3.1. Datos de ejemplo referencias relativas

Tengo estos datos introducidos, y en la celda A4 quiero saber la suma de A1, A2 y A3, para ello me sitúo en la celda A4 y escribo =A1+A2+A3, el resultado es 18, si ahora arrastro con el controlador de relleno hacia la derecha veré que los datos se quedan así.

	A	B
1	7	9
2	5	3
3	6	2
4	18	14

Figura 3.2. Resultado de copiar la fórmula

Por qué no ha copiado 18 y en su lugar ha puesto 14, la razón es fácil, en la celda A4 Excel entiende que tiene que sumar las tres celdas que tiene por encima y esa es la información que ha copiado, es decir, que tiene que sumar B1, B2 y B3 cuyo resultado es 14.

Esto es muy útil para escribir solamente una vez la fórmula y la queremos copiar a otras celdas ya que automáticamente cambia la fórmula para cada celda.

4

REFERENCIAS ABSOLUTAS

Cuando tengo datos en solo una celda y quiero hacer operaciones en varias celdas tengo que dejar fija esa celda, para ello utilizaré las referencias absolutas.

Vamos a ver un ejemplo, en el cual tengo distintas delegaciones por España, me pagan en libras esterlinas y quiero saber cuánto tengo en euros, en la celda B1 tengo una libra son 1,2103 €.

	A	B	C
1	Libra	1,2103	
2			
3			
4		Libras	
5	Sevilla	250	
6	Málaga	380	
7	Granada	415	
8	Cádiz	200	

Figura 4.1. Cambio de moneda

Para ello me sitúo en la celda C5 y escribo =B5*B1, es decir el precio de la libra por el número de libras, en la celda C5 hace bien la operación, pero al arrastrar con el controlador de relleno hacia abajo veo que sale mal, aparece lo siguiente:

	A	B	C
1	Libra	1,2103	
2			
3			
4		Libras	
5	Sevilla	250	302,575
6	Málaga	380	0
7	Granada	415	0
8	Cádiz	200	#¡VALOR!

Figura 4.2. Fórmula mal hecha

¿Por qué sale mal?, voy a ver qué fórmula hay en cada celda.

	A	B	C
1	Libra	1,2103	
2			
3			
4		Libras	
5	Sevilla	250	=B5*B1
6	Málaga	380	=B6*B2
7	Granada	415	=B7*B3
8	Cádiz	200	=B8*B4

Figura 4.3. Fórmula pegada

En la celda C5; donde he introducido los datos, está bien la fórmula, pero al copiarla hacia abajo, en vez de multiplicar por B1 Excel está multiplicando por B2 y así sucesivamente hacia abajo.

Excel lo hace así ya que la celda B1 desde C5 está cuatro celdas arriba y una a la izquierda, cuando arrastro la fórmula a C6 pone la celda que está cuatro celdas arriba y una a la izquierda que es B2.

Si quiero que coja siempre los datos de la celda B1, en la celda donde escribo la fórmula, es decir, en C5, tendré que escribir =$B$1*B5, al poner el signo $ delante de la fila y delante de la columna, lo que consigo es dejar fija esa celda para que cuando copie esa fórmula, siempre haga referencia a esa celda.

Ahora al arrastrar con el controlador de relleno hacia abajo veré que sale perfectamente. Las referencias absolutas las tengo que utilizar cuando tengo los datos en una celda y con ese dato quiero hacer operaciones en varias celdas.

	A	B	C
1	Libra	1,2103	
2			
3			
4		Libras	
5	Sevilla	250	302,58 €
6	Málaga	380	459,91 €
7	Granada	415	502,27 €
8	Cádiz	200	242,06 €

Figura 4.4. Solución correcta con referencias absolutas

Hay un truco para poner los dólares en las celdas de una manera más rápida, edito la fórmula, me sitúo en la celda que quiero y pulso la tecla "F4", veré que Excel ha puesto los dos dólares a la celda, si sigo pulsando veré que pone solo uno de los dos dólares o quita los dólares.

5

REFERENCIAS MIXTAS

Las referencias mixtas van a servir para dejar fija solamente la fila o la columna en vez de las dos cosas como hacía con las referencias absolutas.

Vamos a ver un ejemplo, en el cual tengo unos datos en fila, otros en columna y quiero que en la celda que se cruzan calcule el resultado de multiplicar el dato que está en la fila por el que está en la columna.

	A	B	C	D	E	F
1		1	2	3	4	5
2	10					
3	20					
4	30					
5	40					
6	50					

Figura 5.1. Datos en fila y en columnas para hacer operaciones

Sitúo el cursor en la celda B2, y escribo la fórmula =B1*A2, pero al copiarla hacia la derecha y hacia abajo el resultado es el siguiente.

	A	B	C	D	E	F
1		1	2	3	4	5
2	10	10	20	60	240	1200
3	20	200	4000	240000	57600000	6,912E+10
4	30	6000	24000000	5,76E+12	3,318E+20	2,293E+31
5	40	240000	5,76E+12	3,318E+25	1,101E+46	2,524E+77
6	50	12000000	6,912E+19	2,293E+45	2,524E+91	6,37E+168

Figura 5.2. Resultado sin fijar celdas

Voy a ver también las fórmulas que hay en cada sitio.

	A	B	C	D	E	F
1		1	2	3	4	5
2	10	=B1*A2	=C1*B2	=D1*C2	=E1*D2	=F1*E2
3	20	=B2*A3	=C2*B3	=D2*C3	=E2*D3	=F2*E3
4	30	=B3*A4	=C3*B4	=D3*C4	=E3*D4	=F3*E4
5	40	=B4*A5	=C4*B5	=D4*C5	=E4*D5	=F4*E5
6	50	=B5*A6	=C5*B6	=D5*C6	=E5*D6	=F5*E6

Figura 5.3. Fórmulas en las celdas

Observo que en cada celda está multiplicando la celda de la izquierda por la de arriba y quiero que multiplique la celda de la fila por la de la columna.

Voy a analizar la fórmula cuando se copia, la primera celda B1 cuando copio hacia la derecha si quiero que cambie de columna, pero cuando copie hacia abajo no quiero que cambie de fila para ello tengo que poner el signo $ delante del número, B$1, de esa manera fijo la fila.

Ahora analizo la segunda celda A2, quiero que cuando copie la fórmula hacia abajo, la fórmula debe cambiar la celda de la columna A, sin embargo, si copio a la derecha no quiero que se cambie de columna, o sea quiero dejar fija la columna, pero no la fila, para ello pongo el signo $ delante de la letra, $A2.

Por lo que la fórmula correcta será =$A2*B$1. Al introducir esa fórmula en la celda B2 y al copiarla veo que sale todo correcto.

	A	B	C	D	E	F
1		1	2	3	4	5
2	10	10	20	30	40	50
3	20	20	40	60	80	100
4	30	30	60	90	120	150
5	40	40	80	120	160	200
6	50	50	100	150	200	250

Figura 5.4. Resultado correcto

Las referencias mixtas hay que utilizarlas cuando tengo datos en filas y en columnas y en la intersección de ellas quiero hacer cualquier cálculo con los datos, o cuando tengo datos en una fila o columna y quiero hacer cálculos en varias filas o columnas.

Para fijar la fila hay que poner el $ delante del número y para fijar la columna el $ delante de la letra.

Cuando los datos forman una fila hay que fijar la fila, si los datos forman una columna hay que fijar la columna.

Como se puede apreciar es muy importante el saber escribir bien una fórmula con los distintos tipos de referencias ya que, con solo una fórmula, se puede arrastrar con el controlador de relleno y no hay la necesidad de escribir una fórmula distinta en cada celda.

6

CÁLCULOS CON VARIAS HOJAS

Hasta ahora he estado trabajando con los datos de solo una hoja, pero puedo tener los datos en varias hojas y hacer referencia a esos datos.

Si quiero sumar la celda A1 y A2 de la misma hoja solo tengo que escribir =A1+A2 en la celda donde quiera obtener el resultado, pero si están en distintas hojas debo poner delante el nombre de la hoja en la que están los datos, seguidos del signo de admiración, es decir, si quiero sumar la celda A1 de la Hoja1 y la celda A2 de la Hoja2, y estoy situado en cualquier otra hoja, tengo que escribir la fórmula así: =Hoja1!A1+Hoja2!A2.

Sería exactamente igual si quisiera hacer cálculos con una función, en este caso con la función suma sería, =SUMA(Hoja1!A1;Hoja2!A2).

Los datos resultantes se pueden arrastrar con el controlador de relleno y se copiarán los datos de origen siguiendo las mismas reglas de siempre.

Lo malo de trabajar con varias hojas es que no se ven las celdas donde están los datos, para no tener que recordar donde están los datos seleccionaré las celdas con el ratón, voy a explicar cómo sumo la celda A1 de la Hoja1 con la celda A2 de la Hoja2.

Estando en la Hoja3, lo primero que tengo que hacer es situarme en la celda donde quiero el resultado, escribo el signo de =, ahora hago clic con el ratón en la Hoja1 y selecciono la celda A1, antes de volver a cambiarme de hoja o de celda tengo que indicarle que operación quiero realizar con el operador matemático, pulso en la tecla +, ahora voy a la Hoja2 y hago clic en la celda A2 y presiono Enter, inmediatamente me aparece el resultado en la celda que me situé al principio.

Es fácil hacerlo, pero hay que tener cuidado para que una vez que he seleccionado la celda que quiero utilizar en la fórmula no me olvide indicar que operación quiero realizar o si he terminado, pulsar Enter.

7

CÁLCULOS CON VARIOS LIBROS

Para crear fórmulas de referencia externa debemos seguir estos pasos:

1. Abrir el libro de trabajo fuente (el libro que contiene los datos).

2. Abrir el libro de trabajo dependiente y seleccionar la celda donde quiero incluir la fórmula.

3. Introducir la fórmula, cuando se llegue al punto de escoger las celdas de datos, ir al libro de trabajo fuente y seleccionar las celdas necesarias.

4. Terminar la fórmula y pulsar Intro.

Las referencias al libro externo las gestiona automáticamente Excel, incluso si cambiamos el nombre del archivo donde están los datos desde Guardar como... las referencias también se cambian.

Un truco es abrir los dos libros e ir a la ficha Vista y hacer clic en Organizar todo donde hago clic en la opción Vertical, aparecerán los dos libros en vertical para poder trabajar con varios libros a la vez.

Si quiero trabajar con varias hojas de un mismo libro a la vez puedo hacer lo mismo, pero cuando hago clic en la ficha Vista hago clic en Nueva Ventana de esa manera tengo dos ventanas del mismo libro.

En caso de tener dos monitores en cualquiera de los dos casos anteriores puedo mover una de las ventanas al segundo monitor y ver cada ventana en un monitor.

8

FUNCIONES MATEMÁTICAS

8.1 AUTOSUMA

El botón de autosuma ayuda a insertar funciones en Excel, solo hay que situarse en la celda donde quiero el resultado y pulso en el botón de autosuma.

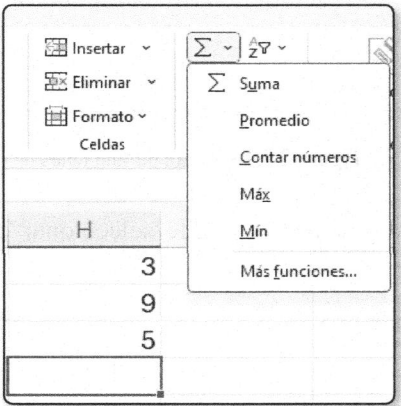

Figura 8.1. Botón autosuma

Si hago clic en el desplegable de la derecha del botón se puede elegir entre varias funciones como Suma, promedio, contar números, Max o Min, también se puede acceder al asistente de funciones.

Una vez elegida la función, Excel ya habrá seleccionado unas celdas, pero si no son las que quería las puedo seleccionar con el ratón.

8.2 ABS

Se puede acceder al asistente de funciones desde la ficha de fórmulas o desde el botón Fx situado en la barra de fórmulas.

Cuando se accede al asistente se puede elegir la categoría de las funciones que se desea utilizar.

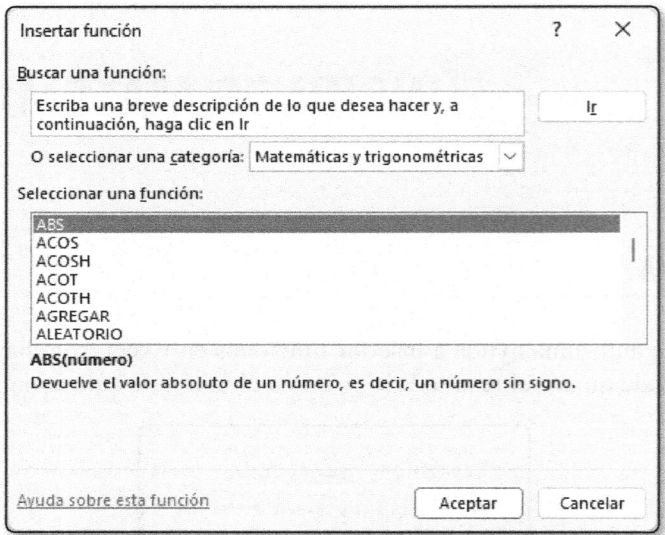

Figura 8.2. Asistente de funciones

Una vez localizada la función se puede seleccionar e ir al segundo paso del asistente.

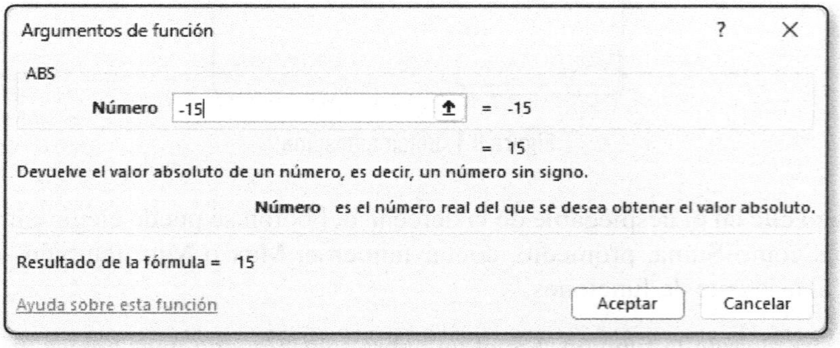

Figura 8.3. Función ABS

Según la función que elija aparecerán distintos argumentos que hay que rellenar para que la función elegida pueda llevar a cabo los cálculos deseados.

En este caso veo la función ABS, esta función devuelve el valor absoluto de un número, es decir el número sin signo, si es negativo le quita el signo. Solo necesita un argumento, es decir un número o celda para hacer los cálculos.

Si escribo -15 devuelve 15.

8.3 COCIENTE Y RESIDUO

Las dos funciones están relacionadas ya que utilizan un numerador y un denominador.

▶ Cociente devuelve la parte entera de una división, esta función necesita dos argumentos, el numerador y el denominador es decir el número que divido y entre cuánto lo divido.

▶ Residuo: tiene dos argumentos, Número y Núm_divisor, esta función devuelve el resto de dividir Numero entre Núm_divisor.

8.4 ALEATORIO Y ALEATORIO.ENTRE

La función aleatorio devuelve un número al azar entre 0 y 1, no requiere ningún argumento, hay varias funciones de Excel que no necesitan argumentos.

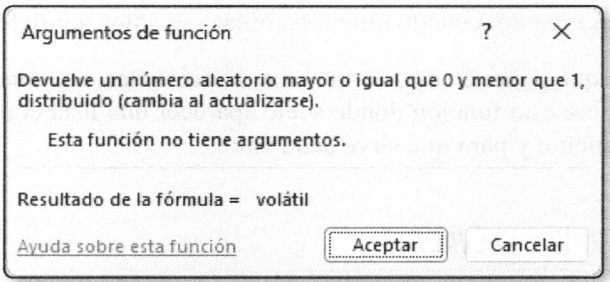

Figura 8.4. Función aleatorio sin argumentos

La función aleatorio.entre devuelve un número al azar entre los números que le indiquemos.

Cuando se introduce o se modifica cualquier dato en una hoja de Excel se recalcula todo el libro por lo que estas funciones devolverán números distintos.

8.5 NÚMERO.ROMANO

Convierte el número introducido en número romano, para que funcione el número introducido tiene que ser menor del 4000.

Después de elegir la función, cuando voy a poner los argumentos, el nombre del argumento Número está en negrita y Forma no.

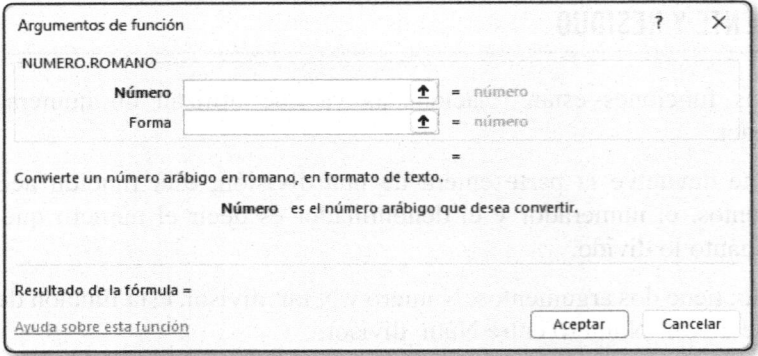

Figura 8.5. Función número romano

Esto se debe a que el argumento Número es obligatorio y Forma es opcional es decir que se puede poner o no poner.

Los argumentos opcionales suelen tener un valor por defecto y solo hay que escribir en ese argumento, cuando quiero cambiar ese valor por defecto.

Si no se sabe que poner en estos argumentos opcionales, hay que hacer clic en la opción Ayuda sobre esta función donde suele aparecer una lista con los valores que acepta este argumento y para qué sirve cada valor.

8.6 POTENCIA, RAÍZ Y ELEVADO

▼ Potencia: eleva un número al exponente indicado.

▼ Raiz: calcula la raíz cuadrada de un número.

No existen funciones para crear raíces cúbicas y otras raíces, para hacer una raíz cúbica hay que elevar a 1/3.

8.7 REDONDEAR, TRUNCAR Y PI

▶ Pi: devuelve el número Pi, esta función no tiene argumentos ya que siempre devuelve en número Pi, no son muchas pero algunas funciones no tienen argumentos.

▶ Redondea.Impar: redondea un número hasta el siguiente número impar.

▶ Redondea.Par: redondea un número hasta el siguiente número par.

▶ Redondear: es la función más usada para redondear un número, tiene dos argumentos, Número que es el número que se quiere redondear y Num_decimales donde le indico cuantos decimales quiero, lo que hace es que si el siguiente decimal es 5 o superior redondea hacia arriba y si no deja el número con los decimales indicados.

▶ Redondear.mas: tiene los mismos argumentos que redondear, pero redondea siempre hacia arriba.

▶ Redondear.menos: redondea siempre hacia abajo.

▶ Truncar: esta función quita decimales, tiene dos argumentos, Número y Núm_decimales, pero el segundo es opcional ya que si no se pone nada deja un número entero sin decimales.

Se diferencia de la función redondear en que esta función quita decimales, pero se va aproximando al número, sin embargo, truncar quita los decimales, por ejemplo 3,1415926 redondeado a cuatro decimales es 3,1416 sin embargo truncado a cuatro decimales es 3,1415.

8.8 SUMA Y PRODUCTO

▶ Suma: esta función ya la hemos usado, pero no desde el asistente sino desde el botón de autosuma, al igual que producto es una función con argumentos múltiples, lo que hace es sumar las celdas o números indicados, también se pueden seleccionar rangos.

▶ Producto: multiplica las celdas indicadas, esta función al igual que otras como Suma, Contar, Max, etc. tiene argumentos múltiples, es decir le puedo ir indicando que celdas o conjuntos de celdas quiero multiplicar, cuantos más argumentos vaya poniendo más me van a ir apareciendo hasta un límite de 255 argumentos.

8.9 SUMAPRODUCTO

SumaProducto devuelve un total general sin necesidad de hacer subtotales parciales ya que multiplica los elementos y después suma los resultados de esas multiplicaciones.

Por ejemplo, si tengo precios y cantidades, tengo que multiplicar cada precio por cada cantidad y después sumarlo.

	A	B	C
1	Precio	Cantidad	
2	21,00 €	12	252,00 €
3	16,00 €	7	112,00 €
4	7,00 €	21	147,00 €
5			511,00 €

Figura 8.6. Datos de precios, cantidades y totales

Sin embargo, si elijo la función SumaProducto, puedo elegir como matriz1 los precios y matriz2 la cantidad.

De esta manera en un solo paso tenemos ya el total general.

8.10 MATEMÁTICAS VARIAS REDOND.MULT. Y SECUENCIA

Ahora voy a ver dos funciones matemáticas nuevas en Excel 365 como son Redond.Mult y secuencia.

▶ Redont.Mult sirve para redondear un número al múltiplo que le indique, es decir puedo tener un número y redondearlo al múltiplo de otro.

▶ Con la función secuencia genero una sucesión de números, elijo la función secuencia y la relleno, en filas le digo cuantas filas quiero rellenar, en columnas le indico cuantas columnas quiero, inicio es en qué número quiero empezar y en paso cuánto se debe sumar o restar en cada valor.

Esta función rellena varias celdas pero la fórmula solo la puedo modificar en la primera, esta es una opción nueva en Excel 365 y que veré en otras funciones.

8.11 SUMAR.SI, SUMAR.SI.CONJUNTO

Dentro de las funciones matemáticas están las funciones Sumar.Si y Sumar.Si.Conjunto.

▼ Sumar.Si: además de suma, existen varias funciones para hacer distintos tipos de suma, en las que cabe destacar Sumar.Si ya que va a sumar solo los valores que cumplan una condición. Esta función solo existe por compatibilidad de archivos antiguos ya que se vio superada por la siguiente función.

▼ Sumar.Si.Conjunto: permite sumar las celdas que cumplan varias condiciones, se pueden poner hasta 127 condiciones, primero va el rango que quiero sumar, después el rango donde quiero comprobar las condiciones y por último los criterios de ese rango, los dos últimos argumentos los puedo repetir para cada condición que quiera añadir a esta función.

Voy a tomar como ejemplo la base de datos que está en el archivo Base2025, solo tiene 44 filas y se puede ver en la siguiente imagen.

	A	B	C	D	E	F	G
1	Fecha	Provincia	Vendedor	Artículo	Cantidad	Precio unitario	Total
2	13/05/2026	Barcelona	Guillermo	Bolígrafo	53	1,29 €	68,37 €
3	9/09/2026	Barcelona	Guillermo	Bolígrafo	7	1,29 €	9,03 €
4	25/02/2025	Barcelona	Guillermo	Lápiz	27	19,99 €	539,73 €
5	14/01/2026	Barcelona	Guillermo	Portalápices	46	8,99 €	413,54 €
6	30/05/2026	Barcelona	Guillermo	Portalápices	80	8,99 €	719,20 €
7	16/06/2026	Barcelona	María	Escritorio	5	1.250,00 €	6.250,00 €
8	22/01/2026	Barcelona	María	Portalápices	65	19,99 €	1.299,35 €
9	24/11/2025	Barcelona	María	Set de bolígrafos	96	4,99 €	479,04 €
10	6/08/2026	Barcelona	María	Set de bolígrafos	42	23,95 €	1.005,90 €
11	11/12/2025	Barcelona	Sandra	Bolígrafo	68	1,29 €	87,72 €
12	31/08/2025	Barcelona	Sandra	Escritorio	3	1.250,00 €	3.750,00 €
13	31/01/2026	Barcelona	Sandra	Portalápices	87	15,00 €	1.305,00 €
14	26/04/2026	Madrid	Carla	Lápiz	96	4,99 €	479,04 €
15	11/07/2025	Madrid	Carla	Portalápices	29	1,99 €	57,71 €
16	5/01/2025	Madrid	Juan	Bolígrafo	95	1,99 €	189,05 €
17	14/08/2025	Madrid	Juan	Bolígrafo	35	4,99 €	174,65 €
18	21/10/2025	Madrid	Juan	Lápiz	64	8,99 €	575,36 €
19	31/03/2025	Madrid	Juan	Portalápices	60	4,99 €	299,40 €
20	7/06/2025	Madrid	Juan	Portalápices	60	8,99 €	539,40 €
21	17/02/2026	Madrid	Juan	Portalápices	4	4,99 €	19,96 €
22	17/09/2025	Madrid	Juan	Set de bolígrafos	16	15.99 €	255.84 €

Figura 8.7. Base de datos de ejemplo

Yo quiero saber el total de las ventas de lápices en Madrid y la función quedaría de la siguiente forma.

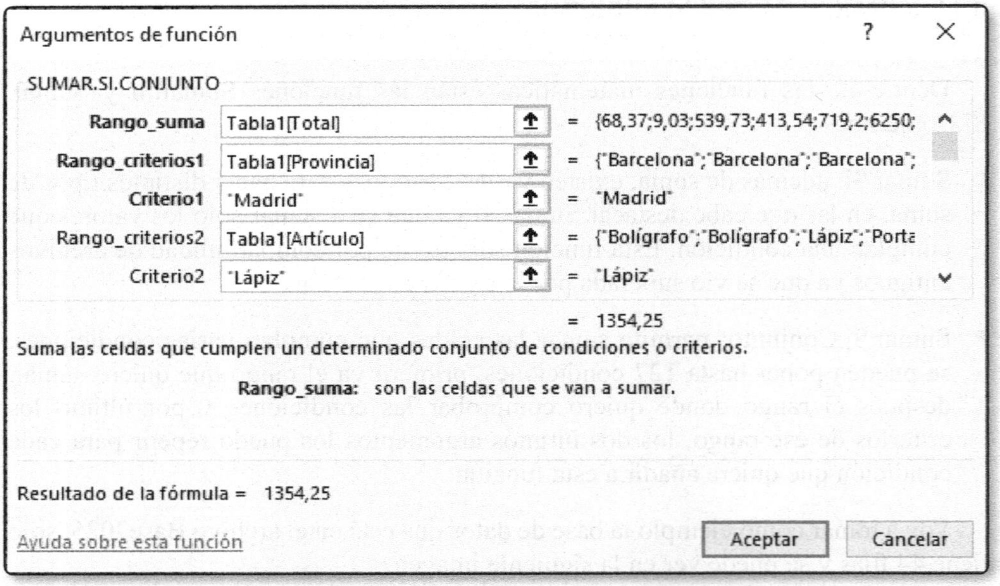

Figura 8.8. Función Sumar.Si.Conjunto

Puedo ver que el resultado es 1354,25.

8.12 SUBTOTALES

La función subtotales permite ver los resultados que se necesiten según voy filtrando los valores de origen de una base de datos, de esa manera estoy operando con los registros que veo en cada momento.

Sigo con la base de datos del ejemplo anterior, me sitúo en la celda I1, pulso en Fx para insertar función desde el asistente y elijo la función Subtotales.

Tengo que hacer clic en la opción ayuda sobre esta función para elegir la operación que quiero realizar, por ejemplo, un 9 para hacer la suma.

En Ref1 pondré el rango en el que quiero operar, puedo añadir hasta 254 rangos.

En la celda I1 veré el total, pero según vaya filtrando en la base de datos veré como el resultado de la fórmula va cambiando para adaptarse a los registros que esté viendo en cada momento.

8.13 AGREGAR

La función agregar es la mejora de Excel 365 de la función subtotales que permite hacer operaciones en una base de datos y devuelve la operación de los registros que este viendo en vez de hacerlo sobre el total de registros de la base de datos.

Seguimos con la base de datos anterior y me sitúo en la celda J1 e inserto la función Agregar.

Lo primero que debo poner es el número de función, para poder consultarlo puedo hacer clic en ayuda sobre la función donde sale una lista de las funciones de resumen que puedo usar.

Desde la función 12 son nuevas respecto a la función subtotales, en este caso voy a elegir la función 9 que es suma.

Después en opciones tengo que poner un número del 0 al 7 para indicarle a la función qué filas se deben incluir a la hora de hacer los cálculos. Los valores aceptados están en la ayuda.

Le puedo poner un 5 que es para omitir las filas ocultas.

En matriz puedo elegir la columna en la que quiero operar.

También tengo un argumento opcional para calcular el mayor K-enésimo, menor K-enésimo, percentil K-enésimo o cuartil K-enésimo.

Si aplico filtros a la base de datos vere cómo va cambiando el resultado.

9

ESTADÍSTICAS

9.1 CONTAR, CONTARA, CONTAR.BLANCO

▶ Contar: es una función de argumentos múltiples que admite hasta 255 argumentos, devuelve cuantas celdas de las seleccionadas contienen números, para todos los efectos las fechas son números.

▶ Contar.Blanco: esta función solo tiene un argumento en el cual le indico en qué conjunto de celdas quiero que cuente cuantas celdas están en blanco.

▶ Contará: es una función de argumentos múltiples que admite hasta 255 argumentos, devuelve cuantas celdas de las seleccionadas no están en blanco, es decir tengan números o textos.

9.2 MÁXIMO, MÍNIMO

▶ Max: es una función de argumentos múltiples que admite hasta 255 argumentos, devuelve el valor más grande de las celdas seleccionadas.

▶ Min: es una función de argumentos múltiples que admite hasta 255 argumentos, devuelve el valor más pequeño de las celdas seleccionadas.

9.3 MEDIANA Y MODA

▸ Mediana: devuelve la mediana de un conjunto de números, es decir el número central de un conjunto de números.

▸ Moda.Uno: devuelve la moda de un conjunto de números, es decir el valor más frecuente o que está más veces repetido.

9.4 PROMEDIO, PROMEDIOA

▸ Promedio: es una función de argumentos múltiples que admite hasta 255 argumentos, esta función halla la media de las celdas o números indicados sin tener en cuenta los valores de texto y los valores no válidos, si quiero que si los tenga en cuenta tengo que utilizar la función promedioA

9.5 JERARQUIA.EQV

Esta función indica qué número es más grande sin necesidad de cambiar el orden.

En número indico la celda correspondiente y en referencia el rango de celdas del que quiero saber el orden, si quiero copiar esta fórmula la referencia la tendré que fijar con referencias absolutas.

También tengo el argumento opcional orden para que el orden sea ascendente o descendente.

9.6 CONTAR.SI, CONTAR.SI.CONJUNTO

▸ Contar.Si: cuenta las celdas seleccionadas que cumplan la condición que le indique.
En este caso solo le tengo que indicar el rango a evaluar y el criterio correspondiente.

▸ Contar.Si.Conjunto: permite contar las celdas que cumplan varias condiciones.

9.7 PROMEDIO.SI, PROMEDIO.SI.CONJUNTO

Las funciones Promedio.Si y Promedio.Si.Conjunto devuelven la media de los valores indicados según una o varias condiciones respectivamente.

Funcionan igual que las funciones Sumar.Si, Contar.Si, Sumar.si.Conjunto y Contar.Si.Conjunto.

9.8 MAX.SI.CONJUNTO Y MIN.SI.CONJUNTO

Cuando trabajo con datos es muy interesante el poder hacer operaciones poniendo las condiciones que quiera, desde la versión 2007 existen las funciones sumar. si.conjunto, contar.si.conjunto y promedio.si.conjunto. En Excel 365 se añaden las funciones max.si.conjunto y min.si.conjunto para saber los valores más grandes o más pequeños respectivamente de unos datos según las condiciones que cumplan.

10

TEXTO

10.1 CONCAT Y &

▶ Concat: es una función de argumentos múltiples por lo que admite hasta 255 argumentos, permite unir el contenido de varias celdas o varias cadenas de texto en solo una.

Cuando elijo la función puedo escribir la celda o el texto que quiero que vaya poniendo uno a continuación del otro. Los textos fijos van entre comillas, si hago esta función desde el asistente no me preocupo ya que Excel pondrá las comillas automáticamente.

▶ También puedo concatenar texto usando el operador &, si quiero unir el contenido de la celda A1 y B1 con un espacio en medio la fórmula quedaría de la siguiente forma.

$$=A1\&" "\&B1$$

10.2 UNIR.CADENAS

Dentro de las funciones de texto una función nueva es Unir.cadenas, esta función es una mejora de la función concatenar, ya que permite unir las distintas cadenas con el mismo separador e indicándole qué tiene que hacer Excel si hay algún valor vacío.

Es muy útil por ejemplo para crear una lista de correos electrónicos a partir de los mails que hay en distintas celdas.

En delimitador le pongo una coma y al cambiar de argumento el asistente pone la coma entre comillas, en ignorar vacías le indico verdadero para que no ponga ningún espacio en ese caso y por último selecciono las celdas donde están los correos para que los mails de varias celdas estén en solo una.

10.3 SEPARAR TEXTOS

Aunque no es ninguna función, sí que complementa a las funciones de texto por lo que creo interesante verlo aquí.

Hemos visto que con la función concatenar puedo unir el contenido de varias celdas, pero ahora voy a hacer el caso al revés, en una celda tengo los apellidos y los nombres de una persona separados por una coma y quiero tener en una celda los nombres y en otra los apellidos.

Selecciono las celdas y voy a la ficha Datos y hago clic en Texto en columnas, donde aparece la siguiente pantalla.

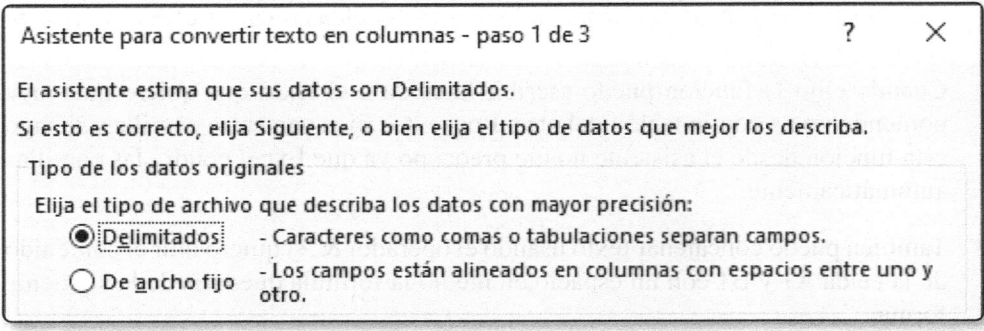

Figura 10.1. Texto en columnas

Como se ve en la barra de títulos de la ventana indica que estoy en el paso 1 de 3, en este primer paso pregunta si los datos están delimitados por algún carácter o son de ancho fijo.

En este caso voy a elegir la primera opción *Delimitados* ya que quiero separar el contenido de la celda donde está la coma.

La opción *De ancho fijo* se utiliza sobre todo cuando importamos datos de otros programas, o quiero separar caracteres de una cadena que tiene un número fijo de caracteres por ejemplo el IBAN de una cuenta de un banco.

Hago clic en el botón de siguiente y le indico porqué carácter quiero dividir, en este caso he marcado la coma, al entrar en esta pantalla me marcaba el espacio, pero eso haría que cada vez que hubiera un espacio me apareciera en celdas distintas, por lo que en el caso de nombres o apellidos compuestos los separaría.

A la derecha me pregunta por el calificador de texto que en Windows son las comillas y si hubiera varias comas seguidas si lo tiene que interpretar como solo una con la opción considerar separadores consecutivos como uno solo.

Hago clic en el botón siguiente donde me pregunta por el orden en que están introducidas las fechas, en este caso me da igual ya que son textos, después tengo la opción si no quiero importar esa columna y en qué celdas quiero el resultado, hago clic en el botón Finalizar y ya están en una columna los apellidos y en otra los nombres.

10.4 ESPACIOS Y LIMPIAR

▶ Espacios: elimina los espacios del principio y del final de un texto, si en medio de la cadena de texto hay más de un espacio los quita y deja solo uno, muy útil para limpiar textos importados que suelen traer estos espacios, solo tiene un argumento que es la celda o el texto al que quiero quitarle los espacios.

▶ Limpiar: quita todos los caracteres no imprimibles de un texto, cuando se importan datos de otras aplicaciones muchas veces trae caracteres que son códigos o errores de conversión, con esta función quita todos esos caracteres, solo tiene un argumento que es la celda donde están los datos.

10.5 RELLENO RÁPIDO

También se pueden rellenar celdas eligiendo un modelo, voy a partir del siguiente ejemplo donde tengo los nombres y apellidos de distintas personas.

	A	B	C
1	LUIS	GARCÍA	LARA
2	ISABEL	FERNÁNDEZ	GUTIÉRREZ
3	JUAN	GÓMEZ	NIETO
4	GEMA	GIL	GÓMEZ

Figura 10.2. Nombres y apellidos

Me sitúo en la celda D1 y escribo el contenido de la celda A1, después un espacio, a continuación, el contenido de la celda B1, otro espacio y el contenido de la celda C1, selecciono de la celda D1 a D4 y en la ficha de Inicio, rellenar hago clic en relleno rápido, veré como Excel ha rellenado el resto de las celdas con el nombre y apellidos de cada fila sin utilizar ninguna fórmula.

10.6 IZQUIERDA, DERECHA, EXTRAE

▼ Derecha: extrae caracteres por la derecha del texto, tiene dos argumentos que son el texto y cuantos caracteres quiero extraer.

▼ Extrae: extrae caracteres desde una posición del texto, tiene tres argumentos que son el texto, posición_inicial donde quiero empezar a extraer los caracteres y núm_de_caracteres que indica cuantos caracteres quiero extraer desde esa posición.

▼ Izquierda: extrae caracteres por la izquierda del texto, tiene dos argumentos que son el texto y cuantos caracteres quiero extraer.

En un código postal español los primeros dos números indican la provincia, el tercer número si es un 0 es la capital y si no es un pueblo de la provincia y los dos últimos números indican el distrito, suponiendo que tengo una lista de códigos postales y quiero separarlos, en una columna los dos primeros caracteres, en otra el tercer carácter y en otra los dos últimos caracteres.

Tengo estos códigos postales, me sitúo en la celda B1, voy al asistente de funciones y en la categoría de texto elijo la función Izquierda.

En Texto elijo la celda A1 que es donde está el primer código postal, y en núm_ caracteres le digo 2 ya que quiero dos caracteres.

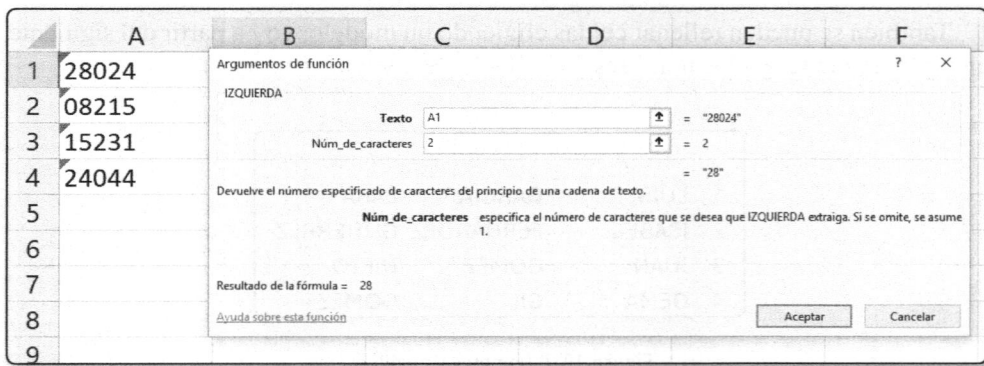

En esta primera celda pone 28 y al arrastrar con el controlador de relleno hacia abajo irá poniendo los dos primeros números de los códigos postales.

Ahora me voy a situar en la celda C1 y voy a extraer el carácter del medio, para ello voy al asistente para funciones y elijo la función Extrae, donde el texto del cual quiero extraer los caracteres está en la celda A1, y quiero extraer el tercer carácter, para ello le tengo que indicar que la posición inicial es 3 y Núm_de_caracteres es uno ya que solo quiero extraer ese carácter.

La función quedará:
=EXTRAE(A1;3;1)

Como ya hice anteriormente, arrastro con el controlador de relleno para extraer el número del centro de todos los códigos postales.

Por último, me sitúo en la celda D1 y elijo la función derecha, donde le indico que el texto está en la celda A1 quiero extraer los dos últimos caracteres.

Quedando la función:
=DERECHA(A1;2)

Si el caso fuera al contrario y en la celda E1 quisiera unir los datos que tengo en B1, C1 y D1, tendría que usar la función Concatenar, indicándole las celdas que quiero unir, quedando la función así:
=CONCATENAR(B1;C1;D1)

10.7 MAYUSC, MINUSC, NOMPROPIO

▶ Mayusc: convierte a mayúsculas la celda o el texto introducido, solo tiene ese argumento.

▶ Minusc: convierte a minúsculas la celda o el texto introducido, solo tiene ese argumento.

▶ Nompropio: pone la primera letra de cada palabra en mayúsculas y el resto en minúsculas, solo tiene un argumento para seleccionar la celda o introducir un texto.

10.8 LARGO

Largo: devuelve el número de caracteres que tiene un texto, se utiliza siempre en combinación de otras funciones, por ejemplo, con la función izquierda o derecha para extraer distinto número de caracteres según la longitud del texto.

10.9 FUNCIÓN IGUAL Y SIGNO IGUAL

Signo igual y función igual: con el signo igual puedo comparar dos cadenas, si son iguales devuelve verdadero y sino falso, pero no tiene en cuenta las mayúsculas y las minúsculas.

Si quiero que tenga en cuenta las mayúsculas y minúsculas al comparar las cadenas utilizaré la función igual donde puedo elegir las dos celdas o cadenas a comparar.

10.10 TEXTO, VALOR

▼ Texto: convierte un valor numérico en texto con el formato que le indique.

Tengo que elegir el número o celda donde esta y aplicar el formato correspondiente, si quiero poner el punto de los miles y dos decimales quedaría =TEXTO(A1;"#.##0,00")

▼ Valor: convierte un número almacenado como texto en número, para poder hacer operaciones con ese dato.

Esta función es muy útil, sobre todo cuando se importan datos ya que hay veces que Excel no reconoce el formato.

10.11 ENCONTRAR, HALLAR

▼ Encontrar y hallar: las dos funciones indican en qué posición de la cadena se encuentra el texto buscado, la diferencia está en que encontrar distingue entre mayúsculas y minúsculas y hallar no las distingue.

Primero debo de escribir el texto a buscar que puede ser solo una letra, después le indico en qué texto quiero buscar, devuelve en qué posición aparece por primera vez la cadena buscada, en caso de que no quiera que empiece por el principio en Num_inicial le puedo indicar en qué posición quiero que empiece.

10.12 REEMPLAZAR Y SUSTITUIR

▶ Reemplazar: cambia parte de una cadena por otro texto especificado.

Hay que indicar qué texto es el que quiero cambiar, a continuación, le tengo que indicar a partir de qué posición y cuantos caracteres quiero cambiar y por último le indico el texto que quiero poner en su lugar.

▶ Sustituir: cambia un texto por otro.

En texto escribo el texto o celda donde está el texto a cambiar, en texto original escribo el texto que quiero cambiar, en texto nuevo escribo el texto que quiero insertar ahora, incluso puedo repetirlo varias veces.

11

FECHA

11.1 OPERACIONES ENTRE FECHAS

Ahora quiero saber cuántos días hay entre dos fechas, por ejemplo, del 1/8/2026 al 31/12/2026, lo primero que voy a hacer es escribir estas dos fechas en celdas distintas, por ejemplo, en A1 y A2.

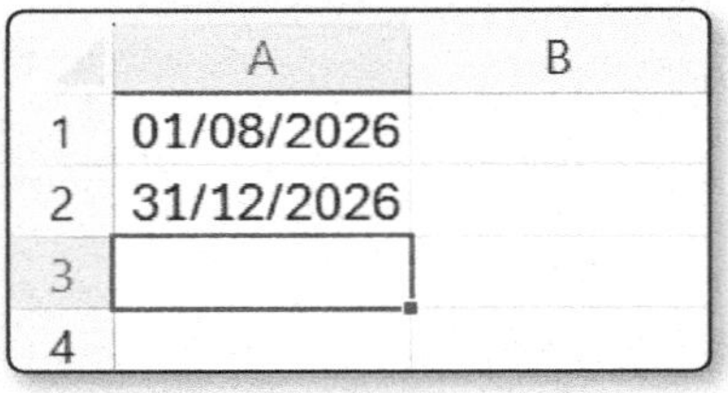

	A	B
1	01/08/2026	
2	31/12/2026	
3		
4		

Figura 11.1. Fechas de inicio

Y en la celda A3 escribo =A2-A1, y acepto la entrada.

Automáticamente pone el resultado es decir 152, que es el número de días que hay entre esas dos fechas, si apareciera en la celda otra fecha en lugar del resultado 152, tendría que aplicar a la celda formato número para saber cuántos días han pasado entre esas dos fechas.

Si me sitúo en la celda B1 puedo poner =A1+15, de esa manera Excel suma 15 días a la fecha que hay en A1, ya que a una fecha cuando le sumo o le resto un número le sumo o le resto días, de esta manera veo que es muy fácil trabajar con las fechas ya que no son más que números que tienen un formato especial.

11.2 DIAS.LAB, DIAS.LAB.INTL

▼ Dias.Lab: devuelve cuantos días laborables hay entre dos fechas.

En el caso anterior he trabajado con días naturales, ahora voy a trabajar con días laborables, sigo con las fechas anteriores, en la columna D escribo los días festivos que hay entre las dos fechas, estos días dependerán del país o comunidad autónoma, por ejemplo, en España, 15/8/26, 12/10/26, 1/11/26, 6/12/26, 8/12/26 y 25/12/26.

Elijo la función Dias.Lab, Fecha inicial A1 ya que es desde qué fecha quiero hacer el cálculo, Fecha final A2 ya que es hasta que fecha, vacaciones es un argumento opcional donde puedo poner los festivos, en este caso D1:D6.

Se puede observar que hay 106 días laborables entre las dos fechas elegidas quitando los festivos, sábados y domingos.

▼ Dias.Lab.Intl: devuelve cuantos días laborables hay entre dos fechas, pero en este caso puedo elegir cuales son los días no laborables de la semana.

Al elegir esta función veo que es igual que la anterior pero que tiene el argumento fin de semana.

Si hago clic en ayuda sobre esta función puedo ver los valores que se pueden poner en este argumento, tengo opciones para indicar que solo libro un día a la semana, dos días seguidos que no tienen que ser sábado y domingo o crear nuestra propia cadena que representa los días de libranza con 0 y 1.

Si relleno los datos igual que el ejemplo anterior, pero en fin de semana pongo 11 porque solo libro los domingos veré que el resultado es 127 días laborables.

11.3 DIA.LAB, DIA.LAB.INTL, DIAS360

▼ Dia.Lab: puedo sumar o restar días laborables a una fecha.

Sigo con el ejemplo anterior, me dicen que a partir del 1/8/26 tengo 25 días laborables para realizar un proyecto, para ello en la columna D tengo los festivos ¿Hasta cuándo puedo terminar el proyecto?

Si libramos sábado y domingo aparte de los festivos elijo la función Dia.Lab donde relleno la fecha inicial A1, los días que queremos sumar 25 y las celdas donde están los festivos D1:D6.

Cuando tengo el resultado en la celda le debo dar formato fecha para saber que tengo de plazo hasta el 4/09/26.

◤ Dia.Lab.Intl: puedo sumar o restar días laborables a una fecha, pero en este caso puedo elegir cuales son los días no laborables de la semana.

Es igual que la función anterior, pero con el argumento fin de semana.

Si hago clic en ayuda sobre esta función puedo ver lo que puedo poner en este argumento, tengo opciones para indicar que solo libro un día a la semana, dos días seguidos que no tienen que ser sábado y domingo o crear nuestra propia cadena que representa los días de libranza con 0 y 1.

Si solo libro los domingos elijo esta función, la relleno igual, pero en fin de semana pongo 11 y me devuelve que tengo de plazo hasta el 1/09/206.

◤ Dias360 ya casi no se utiliza, se utilizaba antes de la llegada de los ordenadores, hace cálculos en los cuales todos los meses son de 30 días, se sigue usando en algunos casos de contabilidad.

11.4 HOY Y AHORA

◤ Ahora: esta función no tiene argumentos, devuelve la fecha y hora actuales y se va actualizando cada vez que se recalculan las fórmulas del libro.

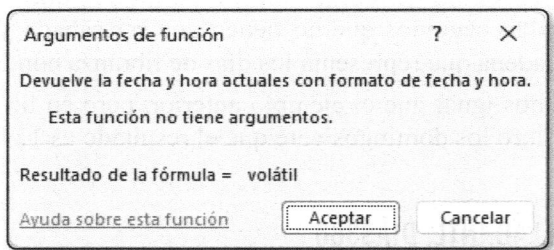

Figura 11.2. Función ahora

◤ Hoy: igual que Ahora, pero solo devuelve la fecha actual.

11.5 DÍA, MES Y AÑO

◤ Año extrae el año de una fecha.

◤ Mes extrae el mes de una fecha.

◤ Día extrae el día de una fecha.

11.6 DIASEM, NUM.DE.SEMANA

▼ Diasem: devuelve un número del 1 al 7 que indica el día de la semana.

Si por ejemplo quiero saber el día de semana de la fecha que hay en la celda A1, me sitúo en otra celda y llamo a la función Diasem.

En el argumento Núm_de_serie pongo A1, pero en el argumento opcional tipo debo poner un 2, ya que si no pongo nada el primer día de la semana sería el domingo, para que el primer día de la semana sea el lunes debo poner un 2.

▼ Num.de.semana: devuelve el número de semana que es dentro del año

Solo debo de elegir la función e indicarle la fecha que deseo para que me devuelva la semana del año que es esa fecha.

11.7 FECHA

La función Fecha es muy útil ya que permite construir fechas a partir de datos que tenemos en distintas celdas o comparar con fechas determinadas.

Por ejemplo, quiero obtener la fecha 1/1/ del año de fecha correspondiente para poder hacer cálculos desde principio de año.

La fórmula quedaría =Fecha(año(hoy());1;1)

11.8 FECHA. MES, FIN.MES

Hay veces que a una fecha quiero sumarle o restarle meses para eso voy a utilizar la función Fecha.Mes.

Escribo la fecha deseada en una celda y voy a otra celda a insertar la función Fecha.Mes, le indico la fecha de la que quiero partir y en meses le digo cuantos meses quiero sumar, si quisiera restar meses pongo un número negativo.

Con la función Fin.Mes puedo saber cuál es el último día de un mes, muy útil para temas de vencimientos.

Escribo la fecha deseada en una celda y voy a otra celda a insertar la función Fin. Mes.

Le indico la fecha de la que quiero partir y en meses le digo cuantos meses quiero sumar, si quisiera restar meses pongo un número negativo, es como la función anterior, pero devuelve el último día de ese mes.

11.9 RELLENAR FECHAS

Puedo rellenar fechas de varias formas, la más común es escribir una fecha en una celda y arrastrar con el controlador de relleno, al soltar puedo hacer clic en el cuadrado azul que aparece y elegir como quiero rellenar esas celdas.

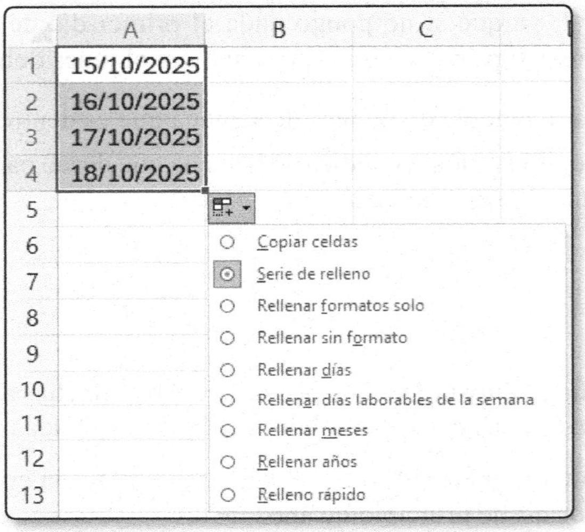

Figura 11.3. Opciones para rellenar fechas

Puedo elegir entre.

▸ Copiar la celda con los valores que tiene sin que cambien.

▸ Serie relleno sigue la serie por defecto.

▸ Rellenar formatos solo, solo aplica los formatos.

▸ Rellenar sin formato, sigue la serie, pero no le aplica los formatos.

▸ Rellenar días, aumenta de día en día.

▸ Rellenar días laborables, aumenta de día en día, pero se salta los sábados y los domingos.

▸ Rellenar meses aumenta de mes en mes.

▸ Rellenar años, aumenta de año en año.

También puedo escribir una fecha en una celda e ir a la ficha de Inicio, rellenar, series.

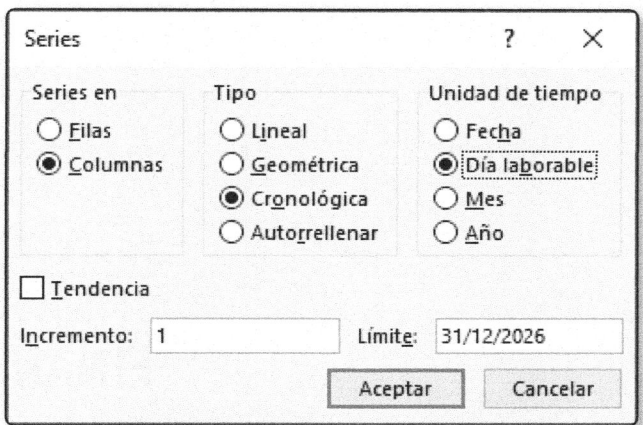

Figura 11.4. Rellenar series

Puedo elegir si quiero rellenar una fila o una columna, ya ha detectado que el tipo es cronológico, le puedo indicar si quiero aumentar en días, días laborables, meses o años, le indico el incremento y hasta qué fecha quiero que rellene las celdas.

También puedo utilizar las opciones de rellenar series con datos numéricos e indicar cómo quiero rellenar la serie, linealmente con sumas y restas o geométricamente con multiplicaciones y divisiones.

12

FINANCIERAS

Aunque la mayoría de estas funciones requieren tener conocimientos previos de contabilidad hay algunas que son muy comunes, voy a explicar cómo puedo calcular lo que tengo que pagar al mes cuando pido un crédito, para ello voy a elegir la función PAGO, tengo los siguientes datos.

	A	B
1	CAPITAL	200.000,00 €
2	TIEMPO	25
3	INTERÉS	3%

Figura 12.1. Datos para pedir un crédito

Voy a suponer que quiero pedir un crédito de 200.000 € a 25 años con un 3% de interés anual y quiero saber lo que tengo que pagar al mes.

Antes de nada, me tengo que fijar que tanto el interés como el tiempo esta expresado en años.

Me sitúo en la celda B4, y voy al asistente de funciones, elijo la categoría *Financieras* y selecciono la función *Pago*.

La función *Pago* tiene cinco argumentos, pero solo los tres primeros son obligatorios, además veo que al situarme en cada argumento aparece una breve ayuda de ese argumento.

▼ Tasa: es el interés del préstamo, es decir la celda B3, pero como he dicho es el interés anual y como yo quiero saber lo que pago al mes, tengo que dividir el interés entre el número de meses, por lo que la Tasa al final se queda B3/12.

▼ Nper: es el número de veces en que voy a pagar el préstamo, es decir el tiempo, por lo que es la celda B2, pero como he dicho antes el tiempo esta expresado en años y como pago todos los meses será B2*12.

▼ Va: es el capital, es decir la celda B1.

▼ Vf: este argumento es opcional, es para calcular los créditos en los cuales hay que hacer un último pago, si no ponemos nada Excel asume que es 0.

▼ Tipo: este argumento también es opcional, puede contener dos valores 0 si se paga al final del periodo o 1 si es al principio del periodo, si no escribo nada Excel asume que se paga al final del periodo.

Al final la función quedaría así =PAGO(B3/12;B2*12;B1) e indica que debería pagar 948,42 € devuelve un valor negativo ya que es lo que tengo que pagar.

Si quisiera saber cuánto dinero le devuelvo al banco al cabo de los 25 años, me sitúo en la celda B5 y escribo =B4*B2*12, es decir lo que pago cada mes, por el tiempo del crédito y por 12 meses que tiene el año y veo que al cabo de 25 años le devuelvo al banco 284.526,79 €.

Aunque pague lo mismo de letra durante los 25 años no siempre pagaré lo mismo de intereses y amortización, al principio pagaré muchos intereses y amortizaré muy poco, según va pasando el tiempo pagaré menos intereses y amortizaré más, este es el sistema francés.

Si quiero saber cuánto amortizo y cuanto pago de intereses en una letra tengo que usar las funciones *Pagoprin* y *Pagoint* respectivamente.

Quiero saber al cabo de 10 años, en la letra 120, de los 948,42 € cuanto pago de amortización y cuanto de intereses.

Me sitúo en la celda B6 voy al asistente de funciones, en la categoría financieras y elijo la función *Pagoprin*.

La mayoría de los argumentos son iguales que la función Pago, solo es nuevo el argumento Periodo que hace referencia al momento del crédito al que quiero calcularlo. Como he dicho que quiero calcularlo en la letra de los 10 años voy a poner 12*10 es decir 120.

Por lo que la función quedaría así: =PAGOPRIN(B3/12;120;B2*12;B1)

El resultado es 477,10, esto significa que en la letra 120 de los 695,36 € que pago, 477,10 € los amortizo y el resto son intereses.

Si quiero calcular los intereses en vez de lo que amortizo debo usar la función *Pagoint*, la sintaxis es igual solo cambia los cálculos internos que hace.

Tengo que pagar 344,85 € de intereses de los 948,42 € de la letra.

Si calculo en el mismo periodo el pago de intereses y de amortización tiene que dar el total de la letra que pago.

Si quiero calcular los intereses o lo que he amortizado en un determinado periodo puedo elegir las funciones Pag.Int.Entre y Pago.Prin.Entre es igual que las anteriores, pero puedo elegir periodo inicial y periodo final para indicar desde qué mes hasta qué mes lo quiero calcular.

Hay que tener cuidado ya que en este caso la función periodo es obligatorio y no se ve en la pantalla inicial del asistente.

13

LÓGICAS

13.1 FUNCIÓN SI

Con las funciones lógicas Excel es capaz de tomar sus propias decisiones, voy a empezar con la función Si, parto del siguiente ejemplo.

	A	B
1	Cálculo de comisiones	
2	Más de 100.000 5%, sino 3%	
3		
4	Vendedor	Ventas
5	Juan	127.000
6	Miguel	85.000
7	Isabel	150.000
8	María	65.000

Figura 13.1. Datos de ejemplo de la función Si

Tengo distintos vendedores que van a comisión, pero no cobran lo mismo, si han vendido más de 100.000 les corresponde un 5% de comisión y si no un 3% de comisión.

Me sitúo en la celda C5 y elijo la función Si que como he dicho está en la categoría Lógicas.

La función Si tiene tres argumentos, primero Prueba lógica es decir la condición, el segundo argumento Valor_si_verdadero será lo que realizará la función si se cumple la condición y Valor_si_falso será lo que realizará si no se cumple la condición.

En este caso la condición es que hayan vendido más de 100.000 por lo que en condición escribiremos B5>100000.

Si se cumple la condición quiero que la comisión sea un 5% por lo que en valor_si_verdadero escribiré 5%.

Si no se cumple la condición quiero que la comisión sea un 3% por lo que en valor_si_falso escribiré 3%.

Quedando así la función.

=SI(B5>100000;5%;3%)

Al hacer clic en Aceptar y arrastrar con el controlador de relleno irá poniendo 0,02 o 0,04 en las celdas según corresponda, si quiero que ponga 2% o 4% tengo que aplicarle el formato Porcentaje.

Si en vez de que ponga el porcentaje quiero saber cuánto le corresponde a cada vendedor también puedo hacerlo poniendo la operación en cada argumento, quedando la fórmula de la siguiente manera.

=SI(B5>100000;B5*5%;B5*3%)

Con la función Si no se pueden cambiar formatos, solo se pueden cambiar valores, si quiero cambiar formatos tengo que elegir formato condicional.

13.2 FUNCIÓN SI ANIDADAS

Si tengo varias condiciones tendría que incluir varias funciones Si, lo cual hace que sea más complejo el hacer la fórmula ya que hay que escribirla a mano, si tengo soltura en hacerlo no hay ningún problema.

El asistente de funciones de Excel es muy bueno para ver las funciones que tengo disponibles en Excel, obtener ayuda, etc. pero no es bueno para incluir varias funciones dentro de una fórmula.

Por ejemplo, si las ventas son más de 140.000 es el 7%, entre 110.000 y 140.000 5% y menos de 100.000 un 3%, la fórmula quedaría de la siguiente manera:

=SI(B5>130000;B5*6%;SI(B5>=100000;B5*4%;B5*2%))

La fórmula empieza igual, pero la parte falsa del Si lo sustituyo por otro si, de esa manera puedo anidar varias condiciones.

13.3 SI.CONJUNTO

Otra función nueva que hay en Excel 365 es la función Si.Conjunto que sirve para poder delimitar un valor sin tener que poner varias funciones si anidadas.

Quiero poner las distintas calificaciones de las notas, voy a suponer que las notas las tengo de la celda A2 hacia abajo si lo hago como había que hacerlo antiguamente la fórmula quedaría de esta manera.

=SI(A2>=9;"SOBRESALIENTE";SI(A2>=7;"NOTABLE";SI(A2>=6;" BIEN";SI(A2>=5;"SUFICIENTE";SI(A2>=3,5;"INSUFICIENTE";"MUY DEFICIENTE")))))

Hay que poner 5 sis encajados unos dentro de otros, se puede hacer esto mismo con la función Si.Conjunto, para ello me situó en la celda C2 y elijo la función si.conjunto desde el asistente.

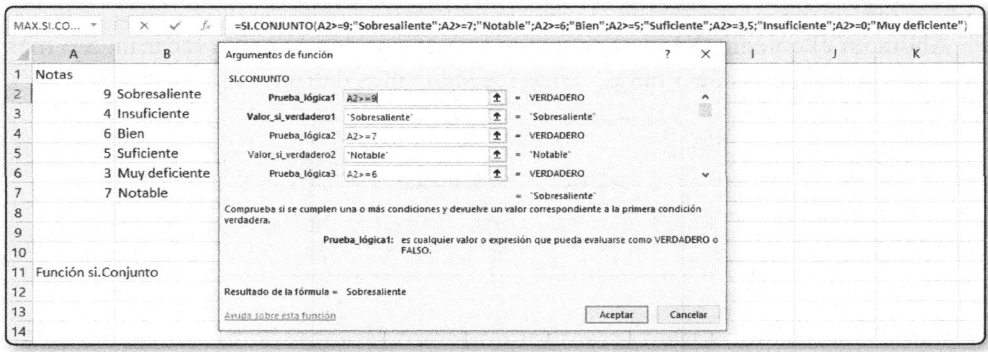

Figura 13.2. Función Si.Conjunto

En este caso solo tengo que ir poniendo las condiciones en los argumentos que se llaman prueba lógica, e ir poniendo lo que quiera que haga en los argumentos que se llaman valor sí verdadero de cada una de las condiciones, lo puedo ver en el asistente, pero como son muchos argumentos no se ven todos por eso en la parte superior también se puede ver cómo quedaría la fórmula que es la siguiente.

=SI.CONJUNTO(A2>=9;"Sobresaliente";A2>=7;"Notable";A2>=6;"Bien";A2>=5;"Suficiente";A2>=3,5;"Insuficiente";A2>=0;"Muy deficiente")

De esta manera es mucho más fácil hacer condicionales complejos sobre todo desde el punto de vista de la sintaxis de escribir la fórmula.

13.4 REFERENCIAS EN CONDICIONALES

Al igual que cuando utilizo cualquier otra función en Excel también puedo hacer referencia a las celdas donde están los datos.

Siempre es mejor hacer referencia a las celdas porque es mucho más fácil el mantenimiento y modificación de nuestros datos.

Cuando se hacen referencia a celdas con condiciones lo más común es que tenga que fijar esas celdas, ya que al arrastrar la fórmula siempre quiero hacer referencia a esas celdas.

13.5 SI CON LA Y

Para poder poner varias condiciones puedo utilizar la función Y con lo que se tienen que cumplir todas las condiciones para que sea verdad.

Ahora en el colegio del ejemplo anterior para aprobar hay que sacar un 5 o más de nota y tener menos de 3 faltas, tengo los siguientes datos.

	A	B
1	NOTA	FALTAS
2	9	0
3	3	2
4	6	3
5	5	1
6	4	3
7	8	1

Figura 13.3. Ejemplo de Si con varias condiciones con una Y

Me sitúo en la celda C2 y voy a escribir una fórmula para obtener el resultado deseado.

=SI(Y(A2>=5;B2<3);"APROBADO";"SUSPENSO")

Empiezo con la función Si, pero como quiero poner varias condiciones utilizo la función Y donde puedo poner hasta 255 condiciones separadas por punto y coma.

Antes de pasar al argumento verdadero del Si debo cerrar el paréntesis de la función Y.

Con la función Y deben cumplirse todas las condiciones para que sea verdad.

13.6 SI CON LA O

La función O es similar, pero en este caso con que una condición sea verdad el conjunto de condiciones devuelve un valor verdadero, puedo seguir con el ejemplo anterior para llegar al mismo resultado.

En este caso la fórmula sería.

=SI(O(A2<5;B2>=3);"SUSPENSO";"APROBADO")

En este caso en el momento que tenga menos de un 5 de nota o 3 faltas o más suspenso, solo si no cumple ninguna de las condiciones será cuando aprueba.

13.7 RESTRINGIR CONDICIONES CON LA Y Y LA O

Al igual que cuando delimito valores es importante en el orden que pongo las condiciones, cuando quiero restringir varias condiciones siempre debo ir desde la más restrictiva hasta la menos, voy a explicarlo con el siguiente ejemplo.

En la empresa se han aprobado unos complementos por los que, si tenemos 2 hijos o más o 3 años de antigüedad o más, nos dan un complemento de 100 €, pero si se cumplen las dos condiciones solo son 150 €, si no se cumple ninguna condición el sueldo. Tengo los siguientes datos.

	A	B	C	D
1	SUELDO	HIJOS	ANTIGÜEDAD	TOTAL
2	1700	1	4	
3	1750	2	3	
4	1520	2	1	
5	1600	0	1	

Figura 13.4. Datos de ejemplo

Lo primero que tengo que hacer es comprobar con la Y que se cumplan las dos condiciones para sumarle 150 €, después comprobar con la O si se cumple una de las dos y por último dejar el sueldo si no se cumple ninguna condición.

La fórmula quedaría de esta manera.

=SI(Y(B2>=2;C2>=3);A2+150;SI(O(B2>=2;C2>=3);A2+100;A2)

13.8 FUNCIONES DE INFORMACIÓN

En Excel existe la categoría de funciones de información que devolverá verdadero o falso según el contenido de la celda que le indique, estas funciones se suelen utilizar con una función Si para personalizar el resultado calculado según el contenido de la celda origen.

Las funciones que pueden resultar más útiles son.

- ◤ Esblanco Devuelve verdadero o falso si la celda es un valor en blanco.
- ◤ Esformula Devuelve verdadero o falso si la celda es una fórmula.
- ◤ Eslogico Devuelve verdadero o falso si la celda es un valor lógico.
- ◤ Esnotexto Devuelve verdadero o falso si la celda no es un texto.
- ◤ Esnumero Devuelve verdadero o falso si la celda es un valor numérico.
- ◤ Esref Devuelve verdadero o falso si la celda es una referencia.
- ◤ Estexto Devuelve verdadero o falso si la celda es un texto.

13.9 TIPO.DE.ERROR, TIPO, INFO, HOJA, HOJAS

Dentro de las funciones de información también hay varias novedades en Excel 365, la primera función es tipo.de.error, esta función devuelve un número que indica el tipo de error que hay en una celda, este número se corresponde con los indicados en la ayuda de esta función.

Otra novedad es la función Tipo que devuelve un número indicando la clase de dato que hay en una celda, de esa manera no tengo que estar comprobando si es un número, si es un texto, si es un valor lógico, etc.

Solo tengo que elegir la función tipo y elegir una celda, me devolverá un valor según la ayuda de esta función.

A continuación, tengo la función Info, con esta función puedo acceder a distintas informaciones de cómo se ha hecho el archivo.

En una celda puedo elegir la función Info y por ejemplo versión para saber con qué versión de Excel trabajo, sistema operativo, directorio, etc. si hago clic en ayuda sobre esta función puedo acceder a la tabla donde puedo ver qué valores puedo escribir y qué información puedo obtener.

La función hoja devuelve la posición de una hoja dentro de todas las hojas.

Cuando elijo esta función solo tengo que elegir una celda de la hoja deseada y devuelve la posición de la hoja.

La función Hojas devuelve el número total de hojas del libro, le puedo poner como argumento un libro externo al que esté.

13.10 SI. ERROR

La función Si.Error permite personalizar el resultado que devuelve la fórmula en caso de que de un error esa fórmula con los datos que le suministro a la función.

Esta función es muy útil para no mostrar errores en los libros, hay muchos cálculos que en determinas circunstancias pueden dar errores.

Por ejemplo, quiero hacer una división con los datos que tengo en dos celdas, la fórmula podría ser =A1/A2, pero si escribo un 0 en la celda A2 o un texto dará error, si no quiero mostrar el error puedo usar la función Si.Error, en caso de error le puedo decir lo que tiene que mostrar en la celda, la fórmula quedaría =Si.Error(A1/A2;"") de esta manera si la fórmula devuelve un error le indico que se quede en blanco.

13.11 CAMBIAR

Una función condicional nueva en Excel 365 es la función cambiar que cambia un valor por otro. La novedad de esta función es que puedo cambiar cualquier tipo de valor.

Algo muy típico es mostrar el día de la semana con la función DiaSem, pero esta función devuelve un número del 1 al 7, si quiero que me muestre el día de la semana puedo utilizar la función cambiar con la siguiente fórmula.

=CAMBIAR(DIASEM(A1;2);1;"LUNES";2;"MARTES";3;"MIÉRCOLES";4; "JUEVES";5;"VIERNES";6;"SÁBADO";7;"DOMINGO")

En este caso el primer argumento es Expresión donde pongo la función Diasem que devuelve un número del 1 al 7, en los siguientes argumentos le indico si el valor es 1 el valor devuelto será lunes, si es 2, martes y así sucesivamente.

14

FORMATO CONDICIONAL

El formato condicional es muy útil para comparar datos de una manera rápida, voy a seleccionar las celdas donde quiero aplicar este formato condicional y estando en la ficha de inicio hago clic en formato condicional.

La manera más rápida de aplicar el formato condicional son las tres opciones que hay en el centro, solo con pasar el ratón por encima ya se aplican los formatos.

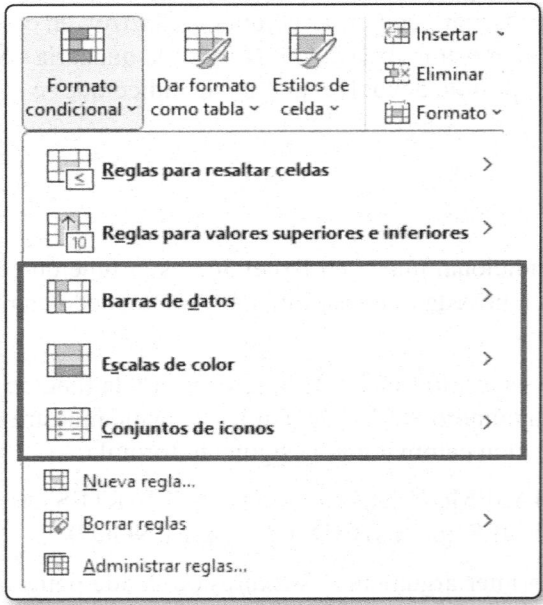

Figura 14.1. Opciones de formato condicional

▶ Barras de datos: puedo elegir el color y automáticamente crea en cada celda una barra con ese color, el valor más grande es el 100% y el resto los rellena según el porcentaje que representan de ese 100%.

▶ Escalas de color: parecido al anterior, pero en vez de poner un gráfico, rellena la celda entera de distintos colores, puedo elegir los colores de esa escala de colores, lo más común es elegir el primer formato en el que muestra en verde los valores más altos y en rojo los más bajos. Hay que tener en cuenta que el valor verde se utiliza para representar los valores más positivos y el rojo los valores negativos, aunque hay otros colores estos son los que son más fácil de interpretar.

▶ Conjuntos de iconos: puedo elegir distintos iconos que indiquen qué tal son esos datos.

Este conjunto de posibilidades está muy bien para aplicar unos formatos rápidos, pero si quiero algo más concreto tendré que elegir otras opciones.

Resaltar reglas de celdas: la primera opción que tengo dentro de *Formato condicional* es *Resaltar reglas de celdas* donde le puedo indicar si es mayor o menor que un valor, está entre dos valores, es igual a un valor, si es un texto que contiene un determinado texto, si es una fecha o si tiene valores repetidos.

Voy a elegir por ejemplo la opción *Entre*, donde puedo elegir entre qué dos valores quiero que le aplique el formato y a la derecha en el desplegable puedo elegir alguno de los formatos predeterminados o puedo elegir *Formato personalizado* y elegir el formato que quiera.

Reglas superiores e inferiores: estas opciones están indicadas para poner formatos según los datos estadísticos totales de los datos.

Tengo las opciones de 10 mejores, 10% mejores, 10 inferiores, 10% peores, por encima del promedio, por debajo del promedio.

Nueva regla: aparte de todas estas opciones puedo crear mis propias reglas y aplicarle los formatos que desee.

Al hacer clic en esta opción puedo seleccionar la opción que quiera, si selecciono la segunda opción me aparece la siguiente pantalla:

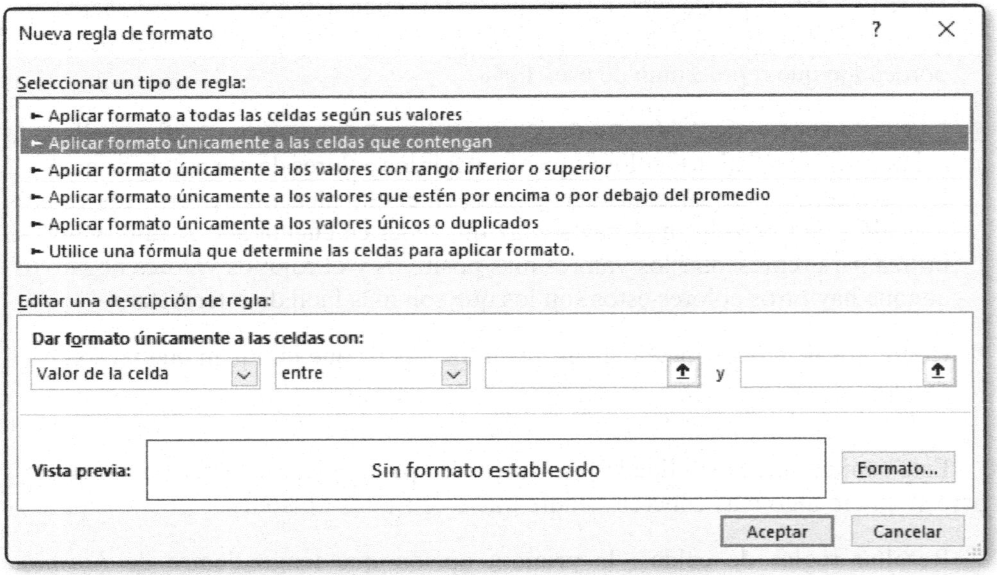

Nueva regla de formato   ?   ✕

Seleccionar un tipo de regla:

➤ Aplicar formato a todas las celdas según sus valores
➤ Aplicar formato únicamente a las celdas que contengan
➤ Aplicar formato únicamente a los valores con rango inferior o superior
➤ Aplicar formato únicamente a los valores que estén por encima o por debajo del promedio
➤ Aplicar formato únicamente a los valores únicos o duplicados
➤ Utilice una fórmula que determine las celdas para aplicar formato.

Editar una descripción de regla:

Dar formato únicamente a las celdas con:

| Valor de la celda | ▽ | entre | ▽ | | ⬆ | y | | ⬆ |

Vista previa: Sin formato establecido   Formato...

                                                    Aceptar   Cancelar

Figura 14.2. Opciones para aplicar formatos condicionales

En la parte superior puedo elegir el tipo de regla que quiero crear y en la parte de abajo los parámetros de esa regla.

Administrar reglas: en caso de tener varias reglas, desde esta pantalla le indico el orden en que quiero aplicar las reglas, si quiero eliminar reglas, crear nuevas, o editar cualquier regla.

14.1 MÁS FORMATOS CONDICIONALES

Voy a explorar otras opciones para aplicar formatos condicionales.

Selecciono las celdas donde quiero aplicar los formatos condicionales, hago clic en formato condicional y elijo administrar reglas, donde puedo hacer clic en nueva regla y ver las opciones que tengo.

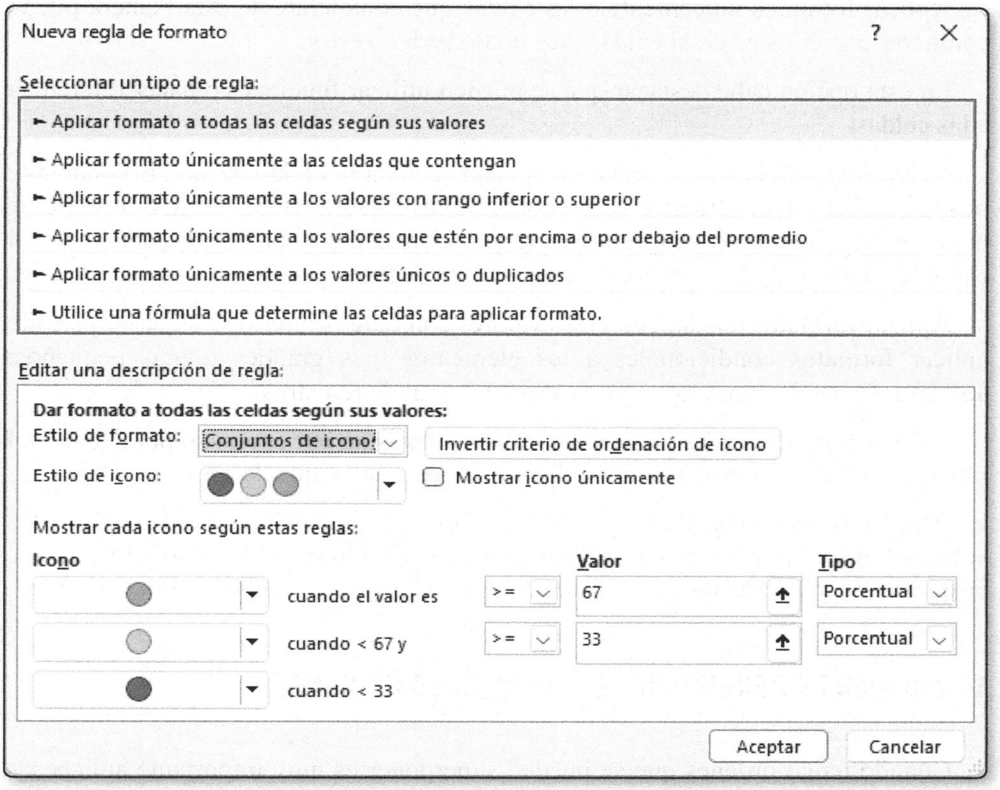

Figura 14.3. Creación de reglas personalizadas de formato condicional

La primera opción es aplicar formato a todas las celdas según valores, en la parte inferior puedo elegir entre escala de dos colores, escala de tres colores, barra de datos y conjunto de iconos.

Esta última opción se utiliza mucho ya que puedo poner distintos iconos para categorizar los datos, lo que no me gusta es que sean tres partes iguales la parte alta, la media y la regular, según los datos que tenga, pero lo normal es que quiera destacar entre el 10 y el 20 % e inferior según los datos que tenga, por lo que pondría si es mayor o igual que 80% verde, mayor o igual que 20% amarillo.

Como quiero destacar los valores superiores e inferiores puedo pulsar en el desplegable que hay al lado del icono amarillo e indicarle sin icono.

Los formatos que más se suelen utilizar son los iconos, color del texto y color de fondo ya que en una base de datos se puede ordenar y filtrar por estas opciones.

Aplicar formatos únicamente a las celdas que contengan, de esta manera puedo comparar con el valor de la celda, si es texto, fecha o error.

En esta opción cabe destacar que se pueden utilizar funciones o hacer referencia a las celdas.

Al hacer clic en el botón formato no puedo cambiar ni el tipo de letra ni el tamaño, puedo cambiar otros formatos como bordes, subrayado, efectos, estilo o formato de número, pero realmente los formatos que se suelen cambiar son el color del texto y el color de relleno ya que en una base de datos se puede filtrar y ordenar por esos formatos.

Aplicar formatos únicamente a los valores con rangos inferior o superior permite aplicar formatos condicionales a los elementos más grandes o más pequeños. También se puede expresar en porcentaje del total de registros.

Aplicar formatos únicamente a los valores que están por encima o por debajo del promedio y de esta manera poder aplicarles los formatos que desee.

Aplicar formato únicamente a los valores únicos o duplicados, permite destacar los valores duplicados, esto es especialmente útil si quiero eliminar los valores duplicados, ya que de esta manera puedo saber cuáles están duplicados antes de eliminarlos.

14.2 ORDEN DE CONDICIONES EN FORMATO CONDICIONAL

Cuando tengo ordenes que se pueden superponer es muy importante aplicar las órdenes en el orden correcto.

Por ejemplo, puedo tener varias fechas y quiero que las fechas que han pasado tengan el color de la fuente rojo y las fechas que faltan menos de 10 días tengan el color de la letra azul, para ello puedo crear estas reglas.

Figura 14.4. Condiciones superpuestas

Pero veo que tanto las fechas pasadas como las fechas que faltan menos de 10 días para que lleguen las pone en color azul.

Esto se debe a que Excel evalúa las condiciones y cuando ve que se cumple la primera condición no sigue evaluando las siguientes, por lo que debo cambiar el orden de las condiciones.

Para eso selecciono una condición y con las flechas que hay a la derecha de duplicar regla puedo cambiar el orden, debo poner primero la regla en color rojo y después la que pone el color azul, de esa manera funcionarán perfectamente las reglas creadas.

14.3 FORMATO CONDICIONAL SEGÚN OTRA CELDA

Hay veces que me puede interesar cambiar el formato de una celda según el valor que tenga en otra celda, en este caso, tengo las siguientes notas y calificaciones.

	A	B
1	NOTAS	
2		5 SUFICIENTE
3		8 NOTABLE
4		9 SOBRESALIENTE
5		4 INSUFICIENTE
6		3 MUY DEFICIENTE
7		6 BIEN

Figura 14.5. Notas y calificaciones de ejemplo

Quiero que las calificaciones aparezcan en color verde los aprobados y en rojo los suspensos, pero no voy a comparar con el texto sino con el número que indica la nota, para ello me sitúo en la celda B2 y voy al formato condicional.

Voy a administrar reglas, una nueva regla donde elijo la opción que utilice una fórmula que determine las celdas para aplicar formato.

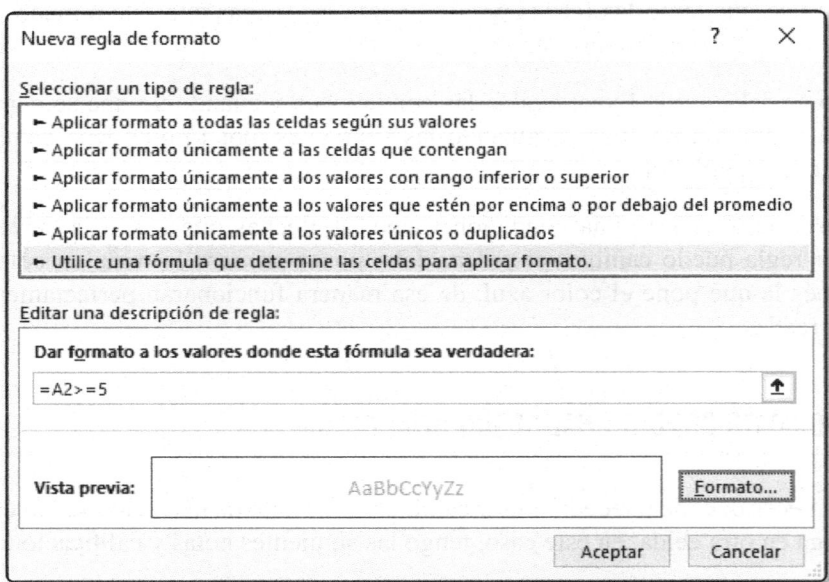

Figura 14.6. Formato condicional para poner en verde los aprobados

En la parte inferior empiezo con el signo de igual y escribo la condición para aprobar, es decir que A2 sea mayor o igual que 5, en formato puedo elegir el formato que quiera aplicar, en este caso la fuente en color verde.

Después hago clic en aceptar y duplico la regla, donde cambio la fórmula escribiendo =A2<5 y color de la fuente elijo color rojo.

Le digo aceptar a todo y ya solo tengo que copiar el formato de la celda B2 al resto de las calificaciones.

Este ejemplo es muy interesante ya que me permite cambiar el formato de unas celdas por el valor que hay en otras celdas.

15

BÚSQUEDA

Las funciones de búsqueda se utilizan para encontrar un dato determinado, se utilizan sobre todo con bases de datos.

15.1 BUSCARV

Voy a suponer que tengo los siguientes datos, es un ejemplo muy cortito por si lo quieres poner en práctica, evidentemente es mucho más útil cuando tengo muchos más datos, en una hoja tengo los datos de varias empresas y en otra hoja los datos de los contactos de cada empresa.

Hoja1

	A	B	C	D	E
1	EMPRESA	CIUDAD	PAIS	CONTACTO	MAIL
2	AA	MADRID	ESPAÑA		
3	BB	QUITO	ECUADOR		
4	CC	BUENOS AIRES	ARGENTINA		
5	DD	MONTEVIDEO	URUGUAY		

Figura 15.1. Datos hoja1

Hoja2

	A	B	C
1	EMPRESA	CONTACTO	MAIL
2	AA	JUAN	JUAN@AA.COM
3	CC	ELENA	ELENA@CC.COM

Figura 15.2. Datos hoja2

Para poder usar BuscarV tiene que haber una columna en común en las dos listas, estas dos columnas no pueden tener valores en blanco ni valores repetidos para hacer una búsqueda óptima.

Una de las mayores restricciones de la función BuscarV es que el valor devuelto tiene que estar a la derecha del valor buscado, es decir que en la hoja2 puedo buscar por empresa y que me devuelva el contacto, pero no puedo buscar por contacto y que me devuelva la empresa.

Me sitúo en la celda D2, voy al asistente de funciones, selecciono la categoría Búsqueda y referencia y elijo la función BuscarV.

Esta función tiene cuatro argumentos.

Valor_buscado: es lo que quiero buscar, es el valor que coincide en las dos listas, va a ser la celda A2 es la empresa.

Matriz_buscar_en: aquí le indico en que celdas quiero buscar es decir Hoja2!A:C, si son celdas las tengo que fijar Hoja2!$A$1:$C$3.

Indicador de columnas: con este argumento indico de qué columna quiero extraer el dato, empresa sería la columna 1, contacto 2 y mail 3, en este caso voy a escribir un 2 ya que quiero el contacto.

Rango: aunque este argumento es opcional, siempre voy a poner falso o 0, aunque tenga ordenados los datos, ya que, si lo dejo sin poner o escribo verdadero, si escribo el nombre de una empresa que no tengo en mi base de datos me va a devolver el más cercano alfabéticamente, por lo que puede llevar a una confusión, si le pongo falso en caso de no estar el valor pone un error.

Al final la función tiene que quedar: =BUSCARV(A2;Hoja2!$A$1:$C$3;2;0)

En la celda E2 es prácticamente la misma fórmula, solo cambia que en vez de la columna 2 quiero la columna 3.

Ahora en cada empresa pone la persona de contacto y el mail y si no existen esos datos esta función devuelve un error que puedo corregir con la función Si.Error, si quiero que se quede en blanco cuando BuscarV devuelva error escribo la siguiente fórmula =SI.ERROR(BUSCARV(A2; Hoja2!$A$1:$C$3;2;0);"").

15.2 BUSCARX

Esta función es una de las novedades más esperadas en Excel 365, ya que es la evolución de la función BuscarV.

Pero con una función BuscarV no puedo buscar el nombre de la empresa a partir del mail o de la persona de contacto ya que el nombre de la empresa está más a la izquierda que el valor buscado, pero si lo puedo hacer con la función BuscarX.

Sigo con los mismos datos que tenía en el ejemplo anterior con la función BuscarV.

Ahora en la Hoja1 a partir del mail quiero buscar el contacto, en la base de datos de destino tengo que recordar que el contacto está a la izquierda del mail por lo que no podría usar la función BuscarV.

En la columna D de la Hoja1 borro la fórmula de BuscarV, me sitúo en la celda D2 y elijo del asistente la función BuscarX que relleno de la siguiente forma.

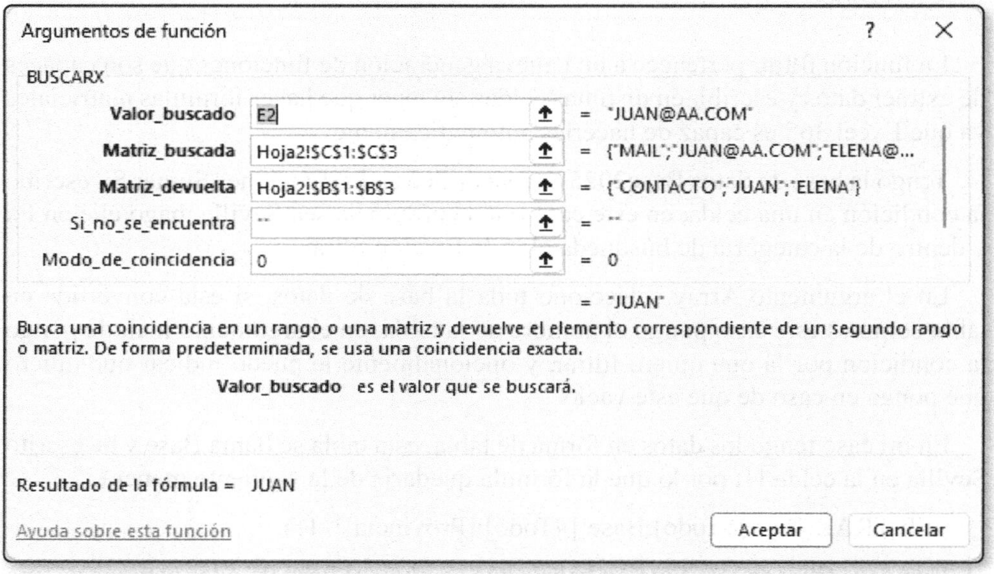

Figura 15.3. BuscarX

Valor buscado Al igual que en la función BuscarV es el valor que coincide en ambas listas, en este caso la celda E2 ya que quiero buscar por mail.

Matriz buscada son las celdas donde quiero buscar el valor indicado en el argumento anterior, en este caso Hoja2!$C$1:$C$3.

Matriz devuelta es el valor que quiero que devuelva como en este caso son los nombres sería Hoja2!$B$1:$B$3.

Si no se encuentra en este argumento indico que quiero que ponga Excel en la celda si no se encuentra el valor buscado, lo más común es que se quede en blanco por lo que puedo poner comillas, si quiero cualquier otra cosa número o texto lo puedo escribir en este argumento.

Modo de coincidencia en el cual puedo elegir cero qué significa exacto, -1 si no se encuentra devuelve el siguiente elemento más pequeño, 1 si no se encuentra devuelve el siguiente más grande o 2 para usar caracteres comodín.

La fórmula quedará así =BUSCARX(E5; Hoja2!$C$1:$C$3; Hoja2!$B$1:$B$3;"";0)

Puedo aceptar y arrastrar la fórmula y nos pondrá el nombre partiendo del mail correspondiente, esta utilidad llevaba muchos años siendo reclamada por todos los usuarios de Excel.

15.3 FILTRAR

La función filtrar pertenece a una nueva generación de funciones que son capaces de extraer datos y escribir en distintas celdas sin tener que hacer fórmulas matriciales ya que Excel 365 es capaz de hacerlas automáticamente.

Tengo la base de datos Base2025 que ya utilicé en las funciones Sumar.Si, escribo la condición en una celda, en este caso que la provincia sea Sevilla, hago clic en Fx y dentro de la categoría de búsqueda elijo la función filtrar.

En el argumento Array selecciono toda la base de datos, si esta convertida en tabla como es este caso pongo el nombre de la tabla, en el argumento include pongo la condición por la que quiero filtrar, y opcionalmente le puedo indicar que quiero que ponga en caso de que este vacío.

En mi caso tengo los datos en forma de tabla, esta tabla se llama Base y he escrito Sevilla en la celda I1, por lo que la fórmula quedaría de la siguiente manera.

=FILTRAR(Base[#Todo];Base[[#Todo];[Provincia]]=I1)

Una vez utilizada esta función habría que cambiar el formato a los campos de tipo fecha ya que extrae los datos, pero no reconoce los formatos.

15.4 ORDENAR

En Excel 365 hay muchas funciones que son capaces de devolver un rango de datos, con ordenar puedo devolver ese rango ordenado como desee, para ello voy a seguir con el ejemplo anterior ya que quiero los datos filtrados y ordenados.

Siguiendo con la fórmula que tengo de filtrar, voy a poner delante la función ordenar donde en el criterio de ordenación puedo escribir 1 para orden ascendente o -1 para descendente.

La fórmula podría quedar así.

=ORDENAR(FILTRAR(Base[#Todo];Base[[#Todo];[Provincia]]=I1));;-1)

15.5 ÚNICOS

Esta es otra de las funciones más esperadas de Excel ya que permite extraer los valores únicos de una selección y de esa manera saber que valores hay en esa columna.

Antes de que existiera esta función había que copiar los datos en una columna aparte y pulsar la opción quitar duplicados de la pestaña de datos, ahora es mucho más fácil, sigo con la base de datos y quiero saber qué productos vendo, para ello inserto la función Únicos.

Solo tengo que seleccionar las celdas que deseo y le digo aceptar, el resultado son los productos sin repetir, podría poner delante la función ordenar para que ya salieran ordenados, la fórmula quedaría.

=ORDENAR(UNICOS(Base[Artículo])

15.6 FÓRMULA TEXTO

Esta función es muy útil y a la vez muy fácil de utilizar ya que permite mostrar la fórmula que hay en otra celda y de esa manera puedo ver el resultado y la fórmula lo cual es ideal para poder documentar los libros.

Si quiero ve la fórmula que hay en la celda C2 solo tengo que escribir =Formulatexto(C2).

15.7 ELEGIR

La función elegir permite cambiar un valor numérico por un valor de texto según el índice de la lista que le indique.

Por ejemplo, a partir de una fecha no quiero ver el número que representa el día de la semana sino el texto de cada día, para eso a partir de la función Diasem que devuelve un número que representa el día de la semana voy a utilizar la función elegir.

Quiero saber en que cae el 31/12/2026, escribo esta fecha en la celda A1, utilizo la función =Diasem(A1;2) que devuelve 3, es decir miércoles, pero si quiero que devuelva el texto debo utilizar la función Elegir donde están los argumentos Núm_ Indice que es la expresión que devuelve un valor numérico y los valores que tiene que devolver según el valor de esta expresión quedando la fórmula de la siguiente manera.

=ELEGIR(DIASEM(A1;2);"LUNES";"MARTES";"MIÉRCOLES";"JUEVES" ;"VIERNES";"SÁBADO";"DOMINGO")

16

NOMBRE DE RANGO DE CELDAS

Un rango no es más que un conjunto de celdas, voy a poner un nombre común a esas celdas para no tener que acordarme de su referencia.

Escribo "Ventas" en la celda C1 y unos números de la celda C2 a la C4, voy a ir a la ficha *Fórmulas* que es donde están las opciones de los nombres de rango.

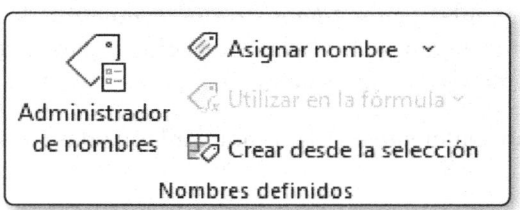

Figura 16.1. Opciones para crear nombres de rango

Voy a seleccionar solo los números, es decir de C2 a C4 y hago clic en *Asignar nombre a un rango*, después hago clic de *Definir nombre* y relleno la pantalla que aparece.

▶ **Nombre:** tengo que poner cómo quiero que se llame el rango, no se pueden poner espacios.

▶ **Ámbito:** donde quiero que sea conocido el rango, si en todo el libro o solo en la hoja donde estoy.

▶ **Comentario:** si quiero poner alguna nota aclaratoria.

▶ **Hace referencia:** las celdas que forman parte del rango.

Ahora hago clic en aceptar y ya lo tengo, no veré nada nuevo en el documento, pero voy a ver para qué sirve lo que he hecho.

Me sitúo en cualquier celda en blanco y hago clic en el botón de *Autosuma*, hago clic en el botón *Utilizar en la Fórmula*, donde me aparece una lista con todos los nombres de rango que he creado, en este caso elijo miRango que es el nombre que le puse cuando lo cree.

Ya solo tengo que aceptar la fórmula y ha sumado todas las celdas de C2 a C4 sin utilizar las celdas.

También sirve para ir rápidamente a esas celdas. Estando en cualquier celda del libro, hago clic en la parte izquierda de la barra de fórmulas en la flecha donde indica la celda en la que estoy situado y aparecen los nombres de rango que tengo definidos, al hacer clic en el nombre de rango me lleva directamente a esas celdas.

Ahora voy a seleccionar todas las celdas es decir desde C1 a C4 y voy a hacer clic en el botón *Crear desde la selección*.

En este caso voy a marcar la opción de fila superior y hago clic en Aceptar, Excel habrá creado el rango Ventas.

Ya solo queda por ver la opción *Administrador de nombres* donde aparece una lista con todos los nombres de rango, los puedo seleccionar para editarlos o eliminarlos, además de crearnos nuevos nombres de rango.

Esta opción es especialmente útil para cambiar las celdas a las que hace referencia un rango.

17

AUDITORÍAS

Cuando tengo un libro complejo es fácil que necesite analizar los datos de una forma rápida, para ello tengo las opciones de auditoría.

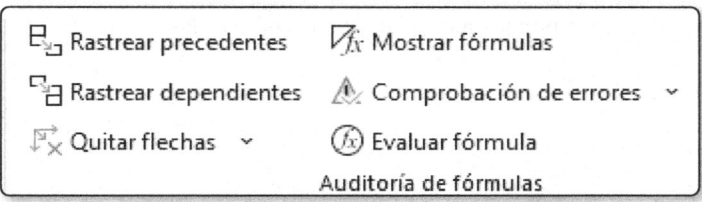

Figura 17.1. Opciones de auditoría de fórmulas

Estando en una celda que tenga una fórmula voy a ir a la ficha fórmulas, voy a hacer clic en la opción rastrear precedentes, de esa manera dibujará una flecha para indicar de dónde vienen los datos.

Si hago clic varias veces muestra varios niveles de precedentes, incluso si los datos están en otra hoja aparece una línea discontinua para poder acceder directamente a esas celdas haciendo doble clic sobre esta línea.

Pero es mucho más interesante la opción al revés, me sitúo en una celda que después uso para hacer un cálculo y hago clic en rastrear dependientes.

De esa manera veo qué celdas cambian, si cambio el valor de la celda elegida, también tengo la opción de quitar las flechas.

Esta es la solución al problema que muchas veces se plantea al trabajar con Excel, el saber qué celdas se modifican si cambio el valor de una celda.

17.1 ERRORES

En un libro queda muy mal que se vean los errores, por eso es bueno rastrear los errores.

Para poder localizar los errores puedo elegir la opción comprobar errores.

De esta manera cada vez que encuentra un error se detiene para que pueda corregirlo, yo lo comparo con la revisión ortográfica de Word.

Si quiero una auditoría para que me muestre de dónde vienen los datos de los errores puedo hacer clic en rastrear errores y aparecen las flechas que me indican de dónde vienen los datos de la fórmula.

Una referencia circular es cuando estoy en una celda y dentro de la fórmula hago referencia a esa celda.

Si el error es una referencia circular puedo hacer clic en el botón referencias circulares y Excel encuentra todas las referencias circulares, estas referencias afectan al rendimiento del libro por lo que es importante quitarlas.

18

GRÁFICOS

18.1 CREACIÓN DE UN GRÁFICO

Los gráficos son una herramienta para representar los datos que tengo en una hoja de cálculo. El objetivo de un gráfico será conseguir que la información mostrada se entienda mejor que los números en sí mismos. Para poder cumplir con este objetivo un gráfico debe tener las siguientes características:

▼ Explicar visualmente los valores de mejor forma que los números.

▼ Ser autoexplicativo, es decir, un gráfico Excel debe ser simple y no requerir de una explicación.

▼ Debe indicar las unidades en las que están expresados los valores.

▼ Si hay varias series debe tener una leyenda para poder entender claramente el contenido del gráfico.

▼ Hacer un gráfico en Excel es una tarea muy sencilla. Para ello no se necesita más que una pequeña tabla con datos como la siguiente:

	A	B	C
1		2023	2024
2	ESPAÑA	850	1100
3	FRANCIA	720	850
4	ALEMANIA	680	600
5	ITALIA	700	900

Figura 18.1. Datos de ejemplo del gráfico

Una vez seleccionadas las celdas de A1 a C5 iré a la pestaña *Insertar* y dentro del grupo *Gráficos* puedo elegir un gráfico que ofrece Excel o puedo hacer clic en el botón que hay en la parte inferior derecha del grupo de gráficos, en este caso aparece el asistente donde en la parte izquierda se puede elegir el tipo de gráfico y dentro de cada tipo hay distintos subtipos, elijo el que más me guste y al decirle aceptar ya tengo el gráfico hecho.

Si sé que gráfico voy a utilizar puedo elegirlo directamente en la ficha de insertar, pero si no lo sé seguro es mejor acceder al asistente ya que veo como queda el gráfico seleccionado con los datos que tengo.

También puedo seleccionar las celdas y pulsar las teclas Alt+F1 para crear un gráfico, o F11 para insertar una hoja con solo el gráfico.

La gran ventaja de crear estos gráficos en Excel es que se pueden editar muy fácilmente a través de las opciones del menú y también se puede cambiar el tipo de gráfico de manera muy sencilla.

En la versión 2013 de Excel Microsoft cambió los gráficos que había dándole un aspecto más actual, desde entonces casi no ha cambiado la forma de trabajar con los gráficos, lo que si suelen hacer es añadir nuevos tipos de gráficos en cada versión de Excel que sale al mercado.

18.2 PERSONALIZAR UN GRÁFICO

Una vez que he insertado un gráfico, puede que no me gusten ciertos aspectos de este, no hay ningún problema, puedo hacer cambios de manera muy sencilla, en este caso he añadido un gráfico de columnas con los datos seleccionados.

Cuando creo el gráfico o cuando lo selecciono en la Cinta de opciones aparecerán dos pestañas nuevas llamadas *Diseño de gráfico* y *Formato*. Hago clic en la pestaña Diseño para ir viendo las opciones que tengo disponibles.

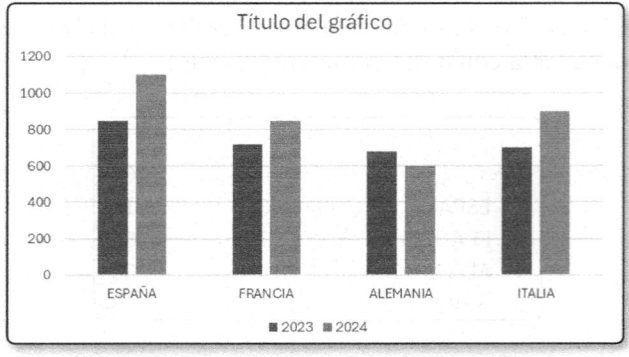

Figura 18.2. Gráfico de columnas que tengo de ejemplo

Cambiar entre filas y columnas

En este caso tengo en el eje X los países y en la leyenda los años, lo cual está muy bien para comparar los datos por años, pero si quiero estudiar los datos por países puedo hacer clic en el botón *Cambiar filas/columna* y ahora están los años en el eje X y los países en la leyenda.

Cambiar de tipo de gráfico

Si la información no está bien expresada en un gráfico, puedo cambiar el tipo de gráfico para ello selecciono el gráfico y hago clic en la pestaña *Diseño, hago* clic en el botón *Cambiar tipo de gráfico*.

Se abre un cuadro de diálogo desde el cual puedo elegir el tipo de gráfico que quiero usar y en la parte superior el subtipo de gráfico. Al terminar, hago clic en el botón *Aceptar* para guardar los cambios hechos, el cambio se reflejará inmediatamente.

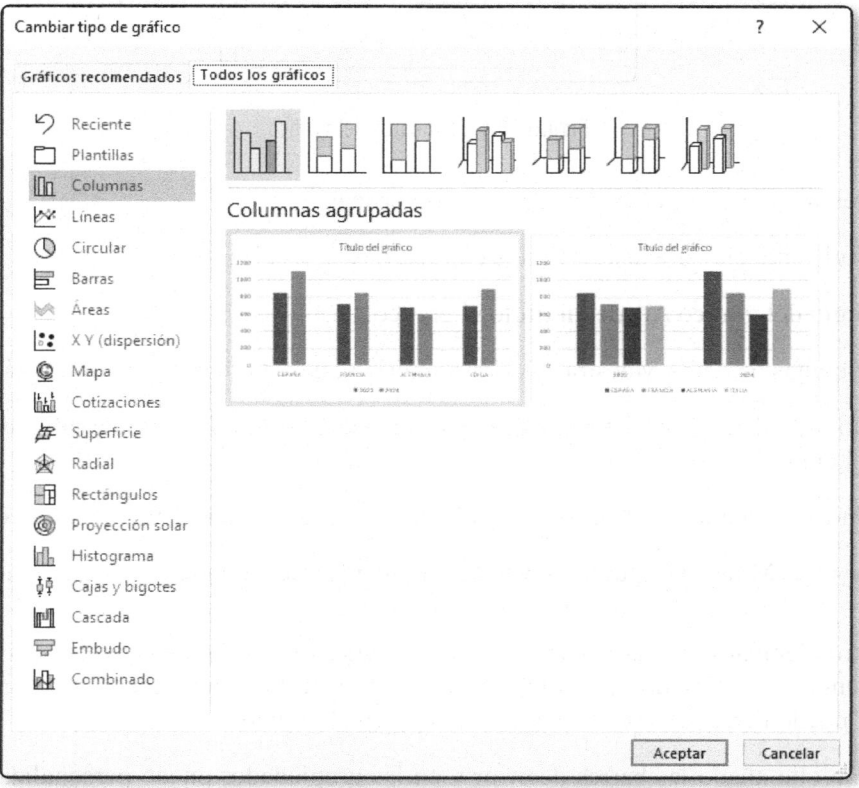

Figura 18.3. Cambiar tipo de gráfico

Agregar un elemento al gráfico

Para añadir un nuevo elemento al gráfico puedes ir a la pestaña Diseño y allí haz clic en el comando Agregar elemento de gráfico. También puedo hacer clic en el botón con símbolo "más en color verde" que aparece a la derecha del gráfico, las opciones que tengo son las siguientes.

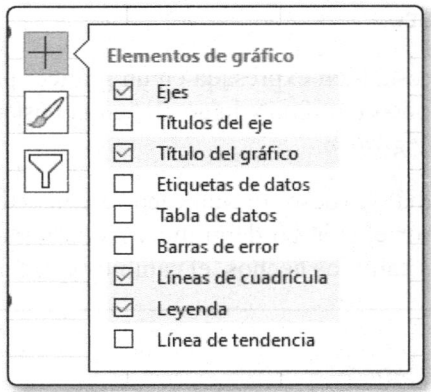

Figura 18.4. Elementos del gráfico

▶ Ejes Si quiero ver el eje horizontal y el vertical.

▶ Títulos del eje Para añadir títulos explicativos a los ejes.

▶ Título del gráfico Añade un título al gráfico.

▶ Etiquetas de datos Muestra el valor numérico que está representando el gráfico.

▶ Tabla de datos Muestra los datos que representa el gráfico en una tabla debajo del gráfico.

▶ Líneas de cuadrícula Muestra u oculta las líneas de la cuadrícula del gráfico.

▶ Leyenda Muestra u oculta la leyenda y le puedo indicar donde quiero que aparezca.

Otro elemento que puedo añadir son las barras de error, muchas veces los datos que tengo están basados en estimaciones o en encuestas que tienen un margen de error, puedo representar este margen de error en el gráfico.

Para ello añado las barras de error y en las propiedades puedo personalizar qué porcentaje de error quiero representar, también puedo elegir el formato de estos segmentos que representan los errores.

También tengo la opción de análisis, son las líneas de tendencia, son líneas de análisis que permiten visualizar la progresión de los datos, al hacer clic en esta opción tengo varias formas de calcular la tendencia, puedo elegir cualquiera de ellas y la serie que quiero representar, se mostrará una nueva línea en el gráfico con esta progresión.

Usar otros colores

En la pestaña *Diseño* también encontraré el comando *Cambiar colores*, al hacer clic sobre este botón se desplegará un menú en el cual puedo escoger la combinación de colores que quiera usar, también puedo hacer clic en el pincel al lado del gráfico y elegir Estilo.

Usar diseños predefinidos

Si necesito añadir varios elementos al diseño del gráfico, pero no quiero hacerlo uno por uno, en la pestaña *Diseño* encontraré el comando *Diseño rápido*, al hacer clic se despliega un menú donde puedo elegir una serie de diseños preestablecidos que puedo usar para modificar el gráfico.

Esta opción también la tengo en el botón del pincel que aparece a la derecha del gráfico.

Botón filtro

El botón de filtro tiene dibujado un embudo y al hacer clic en él puedo visualizar los datos que deseo en cada momento, esto es muy útil ya que puedo tener un gráfico con muchos datos y visualizar en cada momento unos datos en concreto.

Personalizar escala

En la ficha formato del gráfico, lo primero que tengo es un desplegable donde puedo seleccionar cualquier parte del gráfico, a continuación, puedo hacer clic en el botón de debajo "Aplicar formato a la selección", donde aparecen todas las opciones disponibles para cambiar la parte seleccionada del gráfico, las más comunes son cambiar colores, bordes, rellenos, etc. Es imposible enumerarlas todas porque cambian según la parte seleccionada y según el gráfico con el que esté trabajando.

Es más rápido hacer un doble clic en la parte del gráfico que quiera cambiar.

Un error que no quiero que cometas ni en Excel ni en ningún programa en el que muestre varios gráficos a la vez, como PowerPoint, Power Bi, etc., si tengo varios gráficos que representan una misma magnitud, estos gráficos deben de tener la misma escala Y, ya que si no estaré engañando a las personas que vean el gráfico.

Hago un doble clic en el eje Y, en la parte derecha de la pantalla aparecen las propiedades del eje Y, entre ellas la propiedad más importante que es máximo y deben ser igual en todos los gráficos que representen la misma magnitud.

18.3 TIPOS DE GRÁFICOS

Gráficos de sectores

Cuando he estado explicando los gráficos, lo he hecho con un gráfico de columnas en 2 dimensiones, este gráfico es el único que admite las líneas de tendencia que he visto antes.

Selecciono el gráfico, voy a la ficha de diseño, hago clic en cambiar tipo de gráfico, hago clic en circular, elijo el primero y hago clic en Aceptar.

Los gráficos de sectores solo pueden mostrar un rango de datos, en el ejemplo que tenía solo puede mostrar un año o un país, pero no puede mostrar todos los datos a la vez.

Al elegir Cambiar entre Filas y Columnas puedo elegir si veo el gráfico por países o por años, después con el botón del filtro puedo elegir qué datos quiero ver.

Si quiero separar todos los sectores hago clic en cualquiera de ellos y arrastro hacia afuera, para volver a juntarlos hago clic en uno cualquiera y arrastro hacia a dentro.

Lo más común es querer separar solo un sector para destacar ese valor sobre los demás, para ello hago clic en ese sector y suelto, vuelvo a hacer clic y arrastro hacia afuera ese sector.

En los gráficos de sectores también es muy útil poner distintas etiquetas de datos, para ello voy al signo + del gráfico, hago clic en el botón de la flecha de *Etiquetas de datos*, tengo varias opciones que vienen muy bien explicadas en el título de cada opción, por eso voy a hacer directamente clic en la última opción *Mas opciones de la etiqueta de datos*.

Ahora puedo indicar que quiero que muestre estos rótulos, si quiero el nombre de la serie, de la categoría, el valor que representa, o el porcentaje sobre el total, así como dónde quiero que aparezca.

Gráficos 3D

Otro caso particular que voy a ver ahora es un gráfico en tres dimensiones por lo que voy a hacer clic en la ficha Diseño, y después hago clic en el botón cambiar tipo de gráfico, en este caso voy a elegir dentro de columnas el último, que es Columnas en 3D.

Una vez cambiado el tipo de gráfico puedo hacer un doble clic sobre la pared de fondo del gráfico y puedo girar el gráfico sobre sus ejes, puedo cambiar la perspectiva, etc.

Si hago un doble clic sobre las columnas puedo cambiar la forma de las columnas 3D para que sean pirámides, conos, etc.

Cascada

Los gráficos en cascada son ideales para mostrar flujos de caja, cotización en bolsa, etc. ya que muestra la progresión de valores positivos y negativos de una serie.

Rectángulos

El gráfico de rectángulos se utiliza mucho en Power BI ya que me permite ver la distribución de los valores sobre un total, en este caso el rectángulo grande agrupa a todos los valores que representa y dentro hay rectángulos de distintos tamaños para representar cada uno de los valores particulares.

A mí me gusta decir que es una actualización de los gráficos de sectores.

Bigotes y cajas

Los gráficos de cajas y bigotes van a permitir recoger estadísticas y representarlas de una manera gráfica, ya que representa el valor mínimo, máximo y la media, este gráfico es muy adecuado para ver un resumen estadístico de los datos.

Proyección solar

El gráfico de proyección solar me va a permitir agrupar por distintos campos y mostrar un resumen de datos, es muy adecuado para datos agrupados que provienen de una tabla dinámica.

Embudo

El gráfico de embudo se utiliza también mucho en informes empresariales con Power BI, en este gráfico ordeno por los valores numéricos poniendo el más grande en la parte superior y de esa manera toma una forma de embudo.

Mapas

Los mapas son un nuevo tipo de gráfico que me permite mostrar los datos en su situación geográfica, solo tengo que seleccionar los datos, como cualquier tipo de gráfico, e ir a la ficha de insertar y dentro de gráficos elegimos mapa.

Esto va a crear un mapa coroplético en el cual va a rellenar la zona geográfica que tenemos en las tablas con un color, que será más claro o más oscuro según la cantidad que represente.

Una vez que está insertado es como cualquier otro tipo de gráfico en el cual puedo cambiar estilos, colores, etc.

18.4 GRÁFICOS CON DATOS NO PROPORCIONALES

Hay veces que los datos que tengo no son proporcionales, por lo que es muy difícil hacer un gráfico donde se vean bien los datos, por ejemplo, si tengo estos datos.

	A	B
1		2025
2	ESPAÑA	850
3	FRANCIA	720
4	ALEMANIA	750
5	ITALIA	680
6	LETONIA	25
7	LITUANIA	18
8	ESTONIA	33

Figura 18.5. Datos no proporcionales de ejemplo

¿Qué gráfico puedo hacer para que se vean bien los datos?

Si pruebo a hacer un gráfico de columnas, barras, líneas, en ninguno voy a ver los datos claros.

Voy a seleccionar los datos y voy a ir a los gráficos de sectores.

En la parte superior veo que hay dos gráficos que se descomponen en dos subgráficos, lo cual es muy útil cuando los gráficos no son proporcionales.

Lo único es ordenar los datos o dejar los pequeños abajo, cuando está hecho el gráfico puedo hacer un doble clic dentro del gráfico grande que muestra los valores pequeños juntos y en las propiedades puedo indicar que en el subgráfico muestre todos los valores que sean inferiores a una determinada cantidad.

De esta manera puedo ver la suma de los pequeños dentro del gráfico grande, que a su vez se descompone en el gráfico de la derecha.

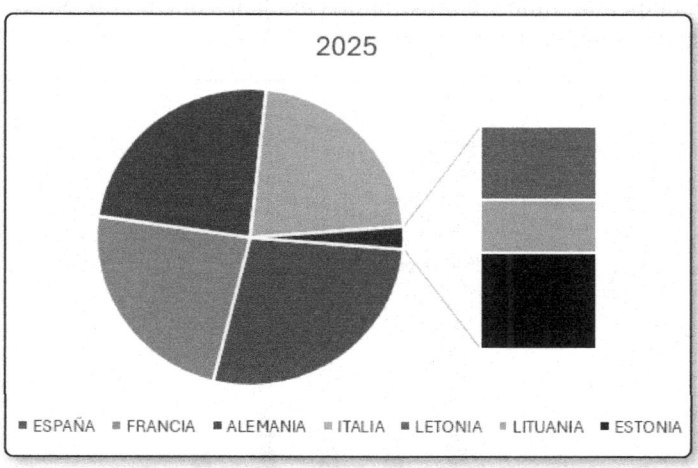

Figura 18.6. Gráfico circular con subgráfico de barras

18.5 GRÁFICOS COMBINADOS

Los gráficos combinados me permiten tener dos ejes Y por lo que puedo comparar dos magnitudes que no tengan nada que ver.

Por ejemplo, tengo la siguiente tabla y debo mostrar las lluvias y las temperaturas máximas y mínimas.

	A	B	C	D
1		Lluvias	Temp Max	Temp Min
2	Enero	1.200	12	1
3	Febrero	800	14	5
4	Marzo	1.000	13	5
5	Abril	900	18	8
6	Mayo	400	25	12
7	Junio	200	29	15

Figura 18.7. Datos para crear un gráfico combinado

Selecciono los datos y voy a elegir el gráfico combinado, dejo las lluvias como columnas agrupadas y temperaturas máximas y mínimas como líneas.

Lo que es más importante, las dos series de las temperaturas le marco la opción de eje secundario, de esa manera se añade un segundo eje Y al gráfico donde se puede poner una segunda magnitud y comparar dos unidades que no tienen nada que ver en un mismo espacio temporal o geográfico.

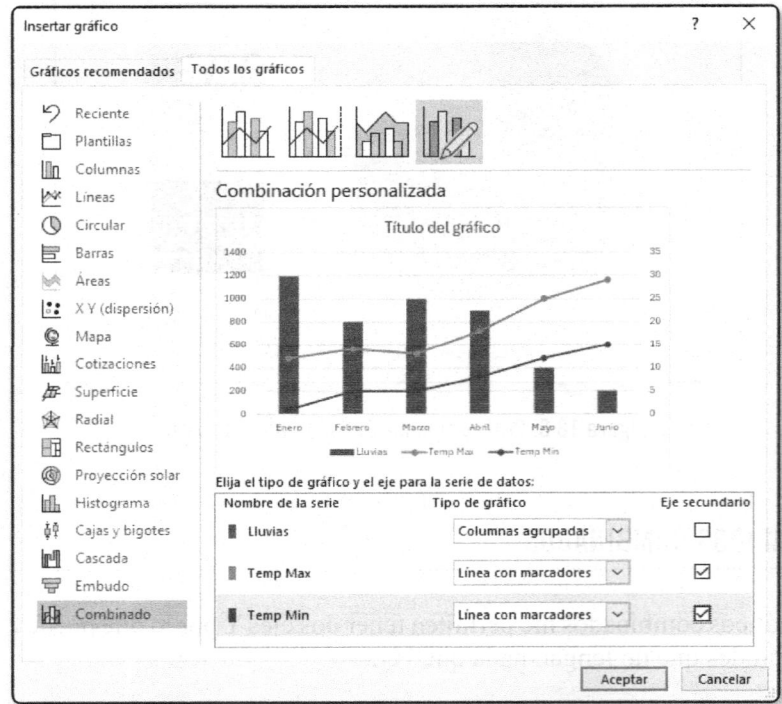

Figura 18.8. Gráfico combinado

18.6 MAPAS BING

Un complemento que puedo instalar en Excel 365 son los mapas de Bing, con los mapas de Bing puedo mostrar los datos sobre un mapa actual, se necesita conexión a internet para poder utilizarlos, si no lo tengo instalado, puedo ir a complementos e instalar mapas de Bing, una vez instalado el complemento hago clic en el botón del mapa y se inserta un mapa donde se muestran unos datos de ejemplo.

En este caso no quiero estos datos de ejemplo por lo que cierro este cuadro de dialogo en la X a continuación, pulso en el botón filtro, seleccionar datos y ya muestra un mapa similar al que podemos ver a continuación.

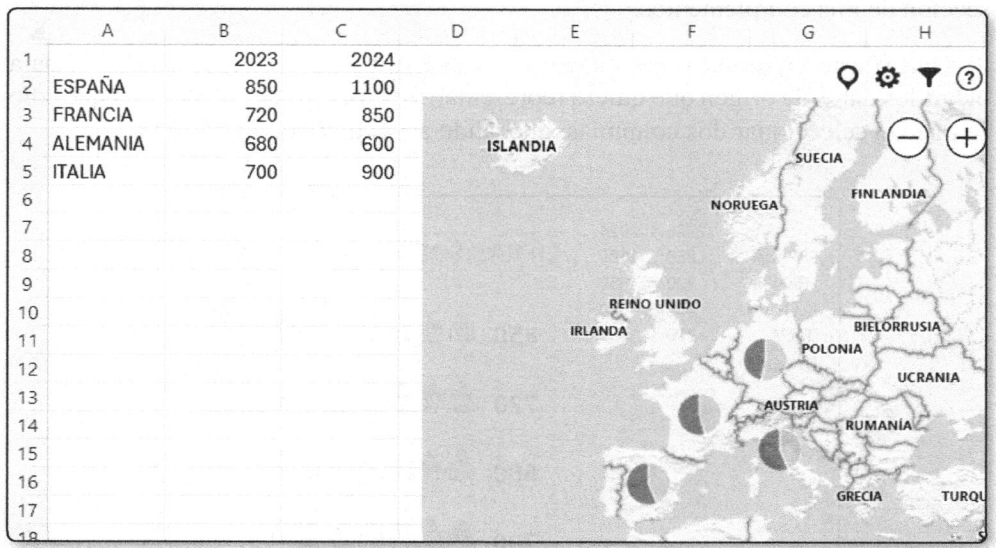

Figura 18.9. Mapa de Bing

Los datos son los mismos que utilicé en otros gráfico, puedo ver un círculo más grande o más pequeño según los números de cada país, incluso si elijo dos series como en este caso hace un gráfico de sectores para representar ambas columnas, Bing es capaz de detectar nombres de calles, ciudades, pueblos, etc.

En la parte superior derecha tengo los botones más y menos para regular el zoom que quiero aplicar al mapa.

Puedo hacer clic en el botón de configuración, el de la rueda dentada e indicarle si quiero ver mapas de carreteras o vista aérea. Puedo cambiar el color de los círculos y si son varias columnas puedo elegir si lo quiero ver como un gráfico de sectores.

18.7 PERSONAS

Los gráficos de personas son un complemento que se puede descargar, si no lo tengo instalado voy a la ficha Inicio, en Complementos elijo Gráfico de personas y hago clic en agregar.

Ahora ya está disponible el gráfico de personas dentro de los complementos en la sección de mis complementos.

Una vez insertado el objeto hago clic sobre el botón que tiene una tabla para elegir los datos de origen que quiero representar, voy a elegir de A2 a B5, ya que solo se pueden seleccionar dos columnas, quedando así el gráfico.

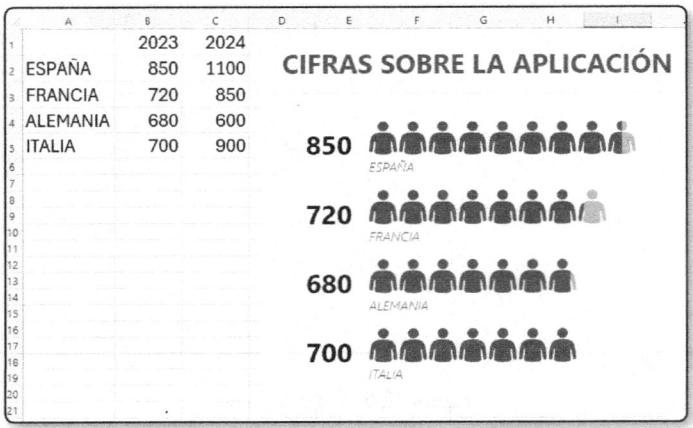

Figura 18.10. Gráfico de personas

Al hacer clic en configuración, en el botón de la rueda dentada, puedo elegir el tipo de gráfico, distintos tipos de dibujos de personas, en tema puedo elegir entre distintos colores de personas, fondos, etc. y en la opción de forma puedo cambiar las personas por otros iconos que están disponibles como puede ser un corazón, una bolsa de dinero, etc. y de esa manera hacer otras infografías.

18.8 CREAR PLANTILLAS DE GRÁFICOS

Cuando hago un gráfico hay veces que hago muchos cambios y me gusta cómo queda, si quiero guardar estos cambios para aplicárselos a otros gráficos que creé en un futuro voy a hacer con el botón derecho encima de un gráfico y elijo guardar como plantilla.

Después al insertar un gráfico dentro del asistente de gráficos está la carpeta plantillas donde puedo elegir esa plantilla para aplicar todos los cambios al gráfico que estoy haciendo.

19

ANÁLISIS DE DATOS

19.1 BUSCAR OBJETIVO

Hay veces que necesito hacer una ecuación en Excel ya que tengo una fórmula, pero el resultado final no es el esperado por lo que tengo que modificar uno de los datos de la fórmula. Voy a partir del siguiente ejemplo.

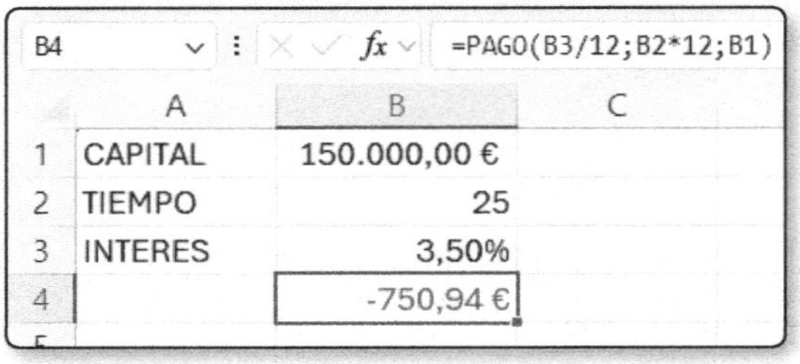
B4 =PAGO(B3/12;B2*12;B1)

	A	B	C
1	CAPITAL	150.000,00 €	
2	TIEMPO	25	
3	INTERES	3,50%	
4		-750,94 €	

Figura 19.1. Datos de ejemplo de buscar objetivo

En este ejemplo se puede observar que quiero pedir un crédito de 150.000 € a 25 años con un 3,5% de interés, para calcular lo que tengo que pagar me he situado en la celda B4 y he utilizado la función Pago de esta forma =PAGO(B3/12;B2*12;B1)

Esta función devuelve que debo de pagar 750,94 € al mes, pero yo he hecho mis cálculos y solo puedo pagar 600 € al mes, entonces ¿a cuánto tiempo debo pedir el crédito?

Voy a la ficha de Datos, Análisis de hipótesis, Buscar Objetivo donde debo de indicar los siguientes argumentos.

▼ Definir la celda: es la celda en la que está la fórmula a la que quiero cambiar el resultado, en este caso B4.

▼ Con el valor: es el valor que quiero que tenga esa fórmula, en este caso puedo pagar 600 €, pero la función Pago devuelve un valor negativo por lo que escribiré -600.

▼ Cambiando la celda: es el valor que quiero averiguar en este caso el tiempo es decir la celda B2.

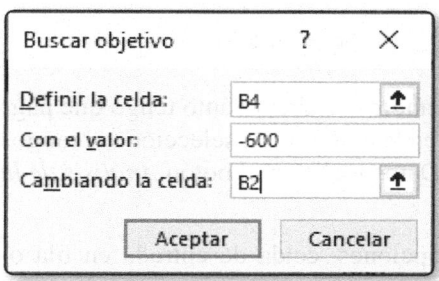

Figura 19.2. uscar objetivo

Hago clic en el botón Aceptar y Excel me indica que debo de pedir el crédito a 37,3758 años.

19.2 TABLA DE DATOS DE UNA DIMENSIÓN

Excel puede generar tablas de hipótesis, automáticamente basándose en suposiciones, necesito tener una referencia a una fórmula o función, y una o dos variables.

Una Tabla de hipótesis, es un rango de celdas que muestra cómo cambian los valores de las fórmulas, teniendo en cuenta una o dos de las variables que intervienen en ella.

Aunque Excel las llama Tablas de datos a mí me gusta llamarlas tablas de hipótesis, son el análisis de sensibilidad básico, pues ofrecen un método abreviado para calcular múltiples versiones en una sola operación, así como una manera de comparar juntos los resultados de todas estas variaciones.

Sigo con el ejemplo de Buscar Objetivo en el que he añadido distintos capitales.

	A	B
1	CAPITAL	150.000,00 €
2	TIEMPO	25
3	INTERES	3,50%
4		-750,94 €
5	80.000,00 €	
6	90.000,00 €	
7	100.000,00 €	
8	110.000,00 €	
9	120.000,00 €	

Figura 19.3. Datos de ejemplo

Lo que quiero hacer ahora es saber cuánto tengo que pagar del crédito si pido los capitales que he escrito en la columna A, selecciono el rango de datos desde A4 a B9, hago clic en la pestaña Datos y clic en el botón *Análisis de hipótesis*, y selecciono la opción *Tabla de datos*.

Solo aparecen dos opciones, celda de entrada en fila o en columna, como los capitales los he escrito en columna hago clic en la segunda opción, la fórmula que tengo en la celda B4 toma el capital de la celda B1, por lo que en celda de entrada en columna elijo la celda B1.

Ahora Excel sustituye en la fórmula la celda B1 por los valores que he escrito en la columna y me devuelve cuánto tengo que pagar según el capital que pida.

19.3 TABLA DE DATOS DOS DIMENSIONES

Ahora voy a crear una tabla con dos variables, sigo con el ejemplo anterior pero ahora va a cambiar el capital y el tiempo por lo que puedo partir de los siguientes datos.

	A	B	C	D	E	F
1	CAPITAL	150.000,00 €				
2	TIEMPO	25				
3	INTERES	3,50%				
4	-750,94 €	21	23	25	27	29
5	80.000,00 €					
6	90.000,00 €					
7	100.000,00 €					
8	110.000,00 €					
9	120.000,00 €					

Figura 19.4. Datos de ejemplo para crear una tabla con dos variables

En este caso tengo los capitales en columna y los años en fila, selecciono desde la celda A4 a la F9, voy a la pestaña Datos, hago clic en el botón *Análisis de hipótesis* y selecciono la opción *Tabla de datos*.

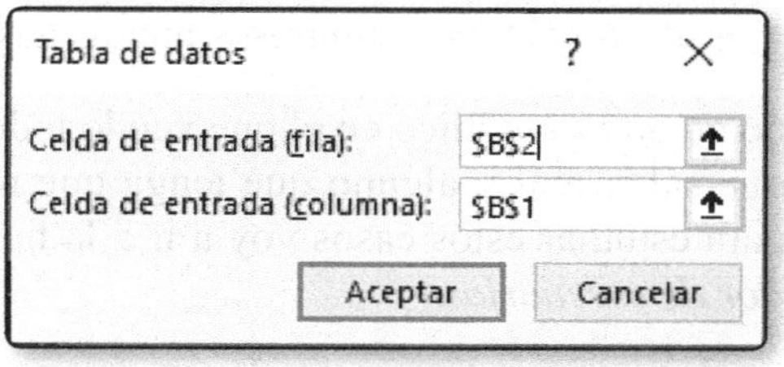

Figura 19.5. Tabla de datos con dos hipótesis

Como en el caso anterior tengo el capital en columna y la fórmula toma el capital de la celda B1 por lo que en la celda de entrada en columna escribo B1, ahora también tengo los años formando una fila y la fórmula toma los años de la celda B2 por lo que en la celda de entrada de fila debo escribir B2, de esa manera ya tengo hecha una tabla con dos variables para estudiar lo que tengo que pagar según cambia el capital y al tiempo que pido el crédito.

19.4 ADMINISTRADOR DE ESCENARIOS

Los escenarios van a servir para almacenar vistas que después puedo mostrar ante un público y para comparar los distintos supuestos.

Para crear los escenarios necesitaré algunos datos de partida, comenzaré con el siguiente ejemplo.

	A	B	C
1	GASTOS FIJOS	12.000,00 €	
2	UNIDADES PRODUCIDAS	10.000	
3	COSTE UNIDAD	3,00 €	
4	UNIDADES VENDIDAS	9.900	
5	PVP	7,00 €	
6			
7			
8	INGRESOS	69.300,00 €	=B4*B5
9	GASTOS	42.000,00 €	=B1+B2*B3
10	TOTAL	27.300,00 €	=B8-B9

Figura 19.6. Datos de ejemplo para administrador de escenarios

Voy a fabricar 10.000 bañadores, fabricar cada uno me cuesta 3 € además de unos costes fijos de 12.000 €, todos estos gastos se reflejan en la celda B9.

Los ingresos son el precio de venta al público por las unidades vendidas que se refleja en la celda B8 por último el total es ingresos menos gastos.

Pero estoy hablando de un caso idílico en el que vendo todo lo que he producido descontando alguno que salga mal y alguno que tenga que regalar, pero qué pasa si no lo vendo todo, para estudiar estos casos voy a ir a la ficha *Datos, Análisis de hipótesis, Administrador de escenarios.*

Lo primero que voy a hacer es añadir los escenarios, para ello hago clic en el botón Agregar, donde aparece.

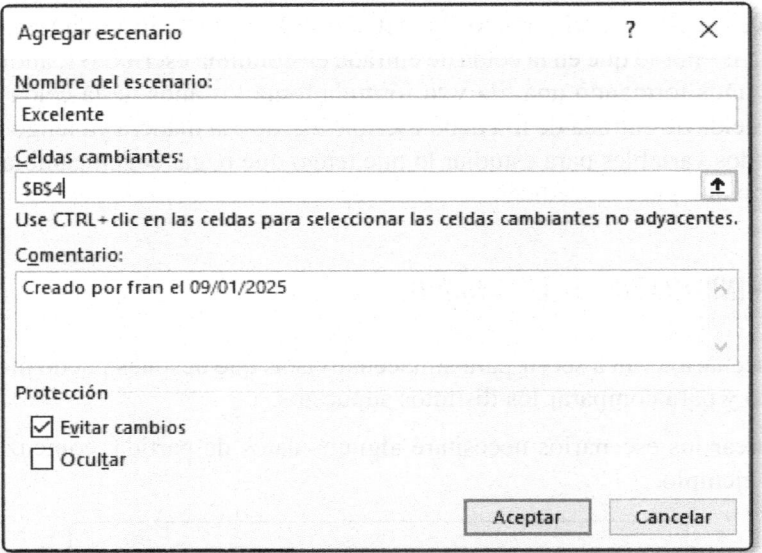

Figura 19.7. Creación de escenario

▼ El nombre del escenario: puedo poner el nombre que quiera, en este caso le voy a poner de nombre Excelente.

▼ Las celdas cambiantes: son las celdas a las que les voy a poder asignar un valor en cada escenario, no tienen por qué ser las mismas celdas en los distintos escenarios que me vaya creando, en este caso la celda cambiante es la celda B4 que son las unidades vendidas.

▼ Comentarios: puedo poner notas explicativas y proteger los escenarios al proteger la hoja.

Hago clic en el botón Aceptar y le asigno el valor 9900, le doy en el botón Agregar y de esta misma manera creo el escenario bueno con el valor 8000, el escenario malo con el valor 6000 y el escenario pésimo con el valor 4000.

Una vez creados todos los escenarios hago clic en el botón de Aceptar.

En el botón de Combinar puedo añadir escenarios de otras hojas u otros libros abiertos a los escenarios actuales.

En resumen, de escenario tengo dos opciones informe de Tabla dinámica, está opción es útil cuando he combinado escenarios de otros libros u hojas, sino tengo la opción resumen donde le puedo indicar desde la celda A8 a la celda B10.

Excel muestra un resumen de las celdas que he seleccionado y qué valores tomarían según cada uno de los escenarios, este informe se puede modificar.

Para mí la opción más importante es cuando vuelvo a la hoja donde he creado los escenarios, voy otra vez al cuadro de diálogo de escenarios, puedo seleccionar cada escenario y a continuación hacer clic en el botón Mostrar, de esa manera puedo volcar los valores almacenados en el escenario en la hoja y ver como cambian los datos de las fórmulas.

Así puedo mostrar los valores almacenados en los escenarios, modificando la hoja sin que tenga que tocar las celdas a la vista de toda la audiencia que tenga en ese momento.

19.5 CONSOLIDAR

Con la herramienta Consolidar puedo unificar datos que tenga distribuidos en distintos archivos o distintas hojas.

En este ejemplo voy a ser el responsable de hacer el pedido de limpieza de mi empresa, pero en mi empresa hay varios almacenes y me tienen que mandar el listado de existencias que hay en cada uno.

En este ejemplo voy a suponer que tengo dos almacenes, pero podría tener todos los almacenes que fueran en mi empresa la forma de hacerlo sería igual.

Para que sea más fácil la creación de los datos de ejemplo los voy a poner en distintas hojas de un mismo libro, pero podrían estar en distintos libros. Voy a partir de los siguientes datos.

En la Hoja1 tengo

	A	B	C
1		ENERO	MARZO
2	LEJÍA	25	7
3	PAPEL	18	9
4	AMONIACO	15	18
5	ESTROPAJOS	7	10

Figura 19.8. Datos de ejemplo Hoja1

En la Hoja2 tengo

	A	B	C
1		MARZO	ENERO
2	LEJÍA	15	25
3	AMONIACO	7	12
4	JABÓN	25	30
5	PAPEL	18	15
6	LIMPIACRISTALES	7	4

Figura 19.9. Datos de ejemplo de la Hoja2

Pero yo lo que quiero saber son las existencias que tengo en total de cada producto, quiero destacar que hay productos que tengo en las dos hojas, pero hay otros que están en solo una hoja, si están en las dos hojas le puedo indicar la operación de resumen que yo quiera.

Voy a situarme en la Hoja3 y voy a ir a la ficha de Datos, a la izquierda de Análisis de hipótesis esta consolidar, al hacer clic en este botón aparece la pantalla de Consolidar.

▸ Función: lo primero que hago es elegir la función de resumen que quiero utilizar en Consolidar, la mayoría de las veces será Suma, pero puedo elegir entre las típicas de bases de datos como, Recuento, Promedio, máximo, mínimo, producto, contar números, desviación típica, desviación estándar y dos tipos de varianza.

▸ Referencia: voy seleccionando las celdas de una de las hojas, en este ejemplo voy a la Hoja1 y selecciono de A1 a C5, pulso en el botón Agregar, en la Hoja2 selecciono de A1 a C6 y otra vez Agregar, así sucesivamente todos los datos que quisiera añadir, hay que fijarse que he seleccionado los rótulos.

Tengo que marcar la opción Fila superior y columna de la izquierda para que Excel tome tanto la primera columna como la primera fila como títulos y sume la lejía de Enero de la Hoja1 con la lejía de Enero de la Hoja2. Ahora hago clic en Aceptar.

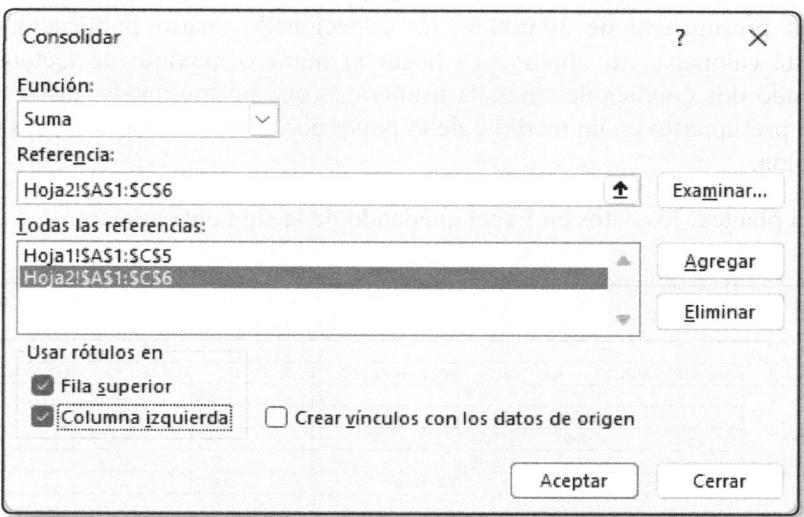

Figura 19.10. Consolidar inventarios

El resultado es que he unificado dos listados que sin esta herramienta me habría sido muy difícil de unificar y casi imposible si fueran 3 o más inventarios.

Cuando me sitúo en estas celdas el resultado veo que es un número por lo que si se actualizan los datos de las Hoja1 o de la Hoja2 no se actualizará el resultado.

Me sitúo más o menos en el centro de la Hoja 3, hago clic otra vez en consolidar y veré que sigue con las opciones que he marcado antes, voy a marcar también la opción Crear vínculos con los datos de origen y hago clic en Aceptar, veré que ahora las celdas resultado son fórmulas, pero fórmulas de esta Hoja3, ya que consolidar ha insertado filas para poner los datos y después ha ocultado esas filas, de esta manera si cambian los datos de origen sí cambia el resultado.

19.6 SOLVER

Solver es un complemento que viene con Excel pero que no se instala automáticamente, para instalarlo debo ir a Archivo, Opciones, Complementos, Complementos Excel y ahí marco la casilla Solver, después hago clic en el botón Aceptar.

Solver sirve para resolver sistemas de ecuaciones, se utiliza mucho para calcular presupuestos o en general hallar varias incógnitas.

Ahora soy el encargado de hacer una campaña de publicidad para mi empresa, tengo un presupuesto de 30.000 €, he seleccionado cuatro publicaciones para hacer esta campaña, mi objetivo es llegar al número máximo de lectores, pero cumpliendo dos condiciones más, la primera es que no me puedo gastar más del 40% del presupuesto en un medio y debo poner por lo menos dos anuncios en cada publicación.

Voy a plantear los datos en Excel quedando de la siguiente manera.

	A	B	C	D	E	F	G
1			ESTUDIO DE UNA CAMPAÑA PUBLICITARIA				
2							
3	PUBLICACIÓN	COSTE DEL ANUNCIO	LECTORES	Nº DE ANUNCIOS	COSTE TOTAL	PORCENTAJE	LECTORES TOTAL
4	EL PAÍS	1.300	778.000	1	1.300	33,33%	778.000
5	ABC	1.200	660.000	1	1.200	30,77%	660.000
6	EL MUNDO	900	475.000	1	900	23,08%	475.000
7	EXPANSIÓN	500	110.000	1	500	12,82%	110.000
8				TOTALES	3.900		2.023.000
9							
10							
11		PRESUPUESTO TOTAL			30.000		
12		NÚMERO MÍNIMO DE ANUNCIOS POR PUBLICACIÓN			2		
13		MÁXIMO DEL PRESUPUESTO EN UN DIARIO			40%		
14							

Figura 19.11. Ejemplo para explicar Solver

Hasta la columna D y la tabla de abajo son datos fijos que hay que escribir tal cual, la columna E Coste total es Coste de anuncio * Nº de anuncios, =B4*D4, en la celda E8 se suma. La columna F Porcentaje es igual al Coste total entre la suma total es decir =E4/$E$8, Lectores Total es el número de lectores por Nº de anuncios es decir C4*D4 y en G8 se suma la columna.

Lo que he hecho hasta ahora es el enunciado del problema, para resolverlo voy a la ficha de datos y hago clic en Solver.

En primer lugar, debo establecer el objetivo, el objetivo de mi campaña es llegar al número máximo de lectores por lo que será la celda G8 y el valor deseado es el máximo.

Ahora tengo que seleccionar las celdas variables, que son las que contienen el número de anuncios, que en este caso tienen inicialmente el valor 1, estas son las celdas que quiero averiguar, es decir D4:D7

Después añado las restricciones para ello hago clic en el botón Agregar.

▸ El porcentaje de cada anuncio debe ser menor del 40% es decir $F$4:$F$7<=$E$13

▸ El número de anuncios debe ser mayor o igual a 2, $D$4:$D$7>=$E$12

▸ El presupuesto es de 30.000 €, $E$8<=$E$11

▸ Una condición más es que el número de anuncios debe ser un número entero, $D$4:$D$7=entero.

El cuadro de diálogo de Solver debe de quedar de la siguiente manera.

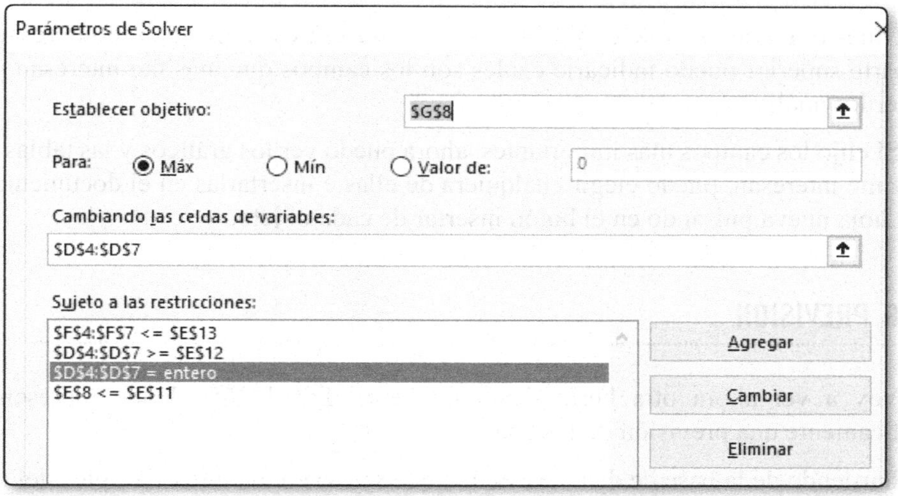

Figura 19.12. Solución de Solver

Una vez planteado el problema puedo hacer clic en el botón resolver y me mostrará la solución obtenida, hay veces que se puede ajustar un poco más a mano.

En este caso Excel me propone que ponga 9 anuncios en El País, 10 en ABC, 6 en El Mundo y 2 en Expansión.

Como es un sistema de ecuaciones puede tener varias soluciones y pueden ser igualmente validas, por lo que si te da soluciones distintas pero que cumplan todo lo que hemos indicado no te preocupes.

Este caso está perfectamente preparado para que la solución sea matemáticamente correcta pero también para que sea una solución lógica, en muchos casos puede pasar que la solución sea matemáticamente correcta pero no en la lógica por lo que se deberán poner más restricciones para conseguir una solución que cumpla todo lo que necesito.

Cuando vuelva esta hoja y haga clic en Solver me saldrá la pantalla con los últimos datos utilizados, es decir que se guarda lo que hacemos en Solver para poder modificarlo en un futuro, por eso te recomiendo usar solo un Solver por hoja, si quiero usar varias veces Solver es mejor hacerlo en distintas hojas.

19.7 ANÁLISIS DE DATOS

Analizar datos es parecida a una opción que existe en Power Bi, en la ficha de inicio, a la derecha tengo el botón de analizar datos, esta opción antes se llamaba ideas.

Muestra distintos gráficos y tablas, pero si no son esos los que me interesan en la parte superior puedo indicarle cuáles son los campos que más me interesan para hacer los análisis.

Si elijo los campos más importantes, ahora puedo ver los gráficos y las tablas que más me interesan, puedo elegir cualquiera de ellas e insertarlas en el documento en una hoja nueva pulsando en el botón insertar de cada objeto.

19.8 PREVISIÓN

Voy a ver ahora otra herramienta nueva en Excel 365, donde representaré gráficamente una previsión de los datos.

Partiendo de la base de datos base2025 que se usa en distintos ejemplos del libro he copiado en otras columnas la fecha y el total quedando de la siguiente forma.

	A	B	C	D	E	F	G	H	I	J	K
1	Fecha	Provinci	Vendedc	Artículo	Cantida	Precio unitaric	Total			Fecha	Total
2	13/05/2026	Barcelona	Guillermo	Bolígrafo	53	1,29 €	68,37 €			13/05/2026	68,37 €
3	9/09/2026	Barcelona	Guillermo	Bolígrafo	7	1,29 €	9,03 €			9/09/2026	9,03 €
4	25/02/2025	Barcelona	Guillermo	Lápiz	27	19,99 €	539,73 €			25/02/2025	539,73 €
5	14/01/2026	Barcelona	Guillermo	Portalápices	46	8,99 €	413,54 €			14/01/2026	413,54 €
6	30/05/2026	Barcelona	Guillermo	Portalápices	80	8,99 €	719,20 €			30/05/2026	719,20 €
7	16/06/2026	Barcelona	María	Escritorio	5	1.250,00 €	6.250,00 €			16/06/2026	6.250,00 €
8	22/01/2025	Barcelona	María	Portalápices	65	19,99 €	1.299,35 €			22/01/2025	1.299,35 €
9	24/11/2025	Barcelona	María	Set de bolígrafos	96	4,99 €	479,04 €			24/11/2025	479,04 €
10	6/08/2026	Barcelona	María	Set de bolígrafos	42	23,95 €	1.005,90 €			6/08/2026	1.005,90 €
11	11/12/2025	Barcelona	Sandra	Bolígrafo	68	1,29 €	87,72 €			11/12/2025	87,72 €
12	31/08/2025	Barcelona	Sandra	Escritorio	3	1.250,00 €	3.750,00 €			31/08/2025	3.750,00 €
13	31/01/2026	Barcelona	Sandra	Portalápices	87	15,00 €	1.305,00 €			31/01/2026	1.305,00 €
14	26/04/2026	Madrid	Carla	Lápiz	96	4,99 €	479,04 €			26/04/2026	479,04 €
15	11/07/2026	Madrid	Carla	Portalápices	29	1,99 €	57,71 €			11/07/2026	57,71 €
16	5/01/2025	Madrid	Juan	Bolígrafo	95	1,99 €	189,05 €			5/01/2025	189,05 €
17	14/08/2025	Madrid	Juan	Bolígrafo	35	4,99 €	174,65 €			14/08/2025	174,65 €
18	21/10/2025	Madrid	Juan	Lápiz	64	8,99 €	575,36 €			21/10/2025	575,36 €
19	31/03/2025	Madrid	Juan	Portalápices	60	4,99 €	299,40 €			31/03/2025	299,40 €
20	7/06/2025	Madrid	Juan	Portalápices	60	8,99 €	539,40 €			7/06/2025	539,40 €
21	17/02/2026	Madrid	Juan	Portalápices	4	4,99 €	19,96 €			17/02/2026	19,96 €
22	17/09/2025	Madrid	Juan	Set de bolígrafos	16	15,99 €	255,84 €			17/09/2025	255,84 €
23	3/07/2026	Madrid	Juan	Set de bolígrafos	62	4,99 €	309,38 €			3/07/2026	309,38 €

Figura 19.13. Calcular previsión

Selecciono los datos de las columnas J y K, voy a la ficha Datos, donde elijo Previsión y aparece la siguiente pantalla.

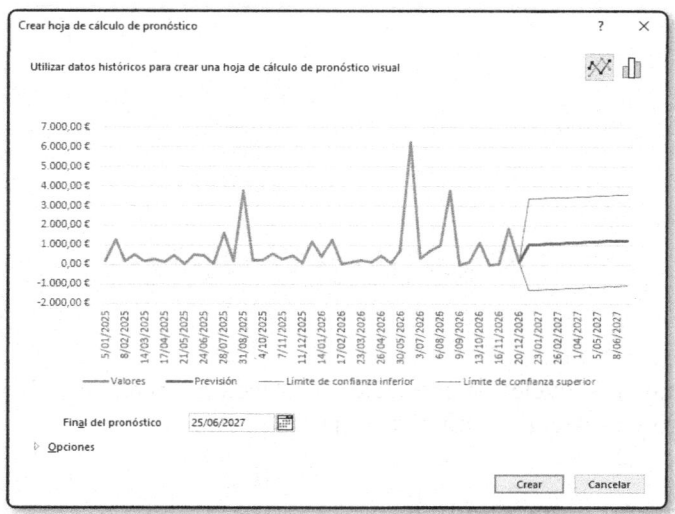

Figura 19.14. Gráfico de previsión

Veo un gráfico que está representando los datos que tengo y a partir de entonces tengo tres escenarios distintos donde Excel muestra las previsiones que puedo esperar, también le puedo indicar hasta dónde tiene que llegar el pronóstico de los datos, puedo cambiar el gráfico de líneas por un gráfico de columnas.

En la parte inferior están las opciones donde puedo personalizar todos los cálculos que hace esta herramienta, cuando le digo crear añade una hoja nueva donde muestra ese gráfico y una tabla donde puedo personalizar los cálculos que hace Excel.

20

PROTEGER DATOS EN EXCEL

En Excel hay tres niveles de protección, protección a nivel de archivo, protección a nivel de libro y protección a nivel de hoja.

20.1 PROTECCIÓN NIVEL ARCHIVO

Tanto en Word como en PowerPoint la protección a nivel de archivo es igual que en Excel.

Para proteger un archivo de Excel puedo hacerlo cuando vaya a guardarlo por primera vez o guardándolo posteriormente con la opción Guardar como, le indico examinar y en este cuadro de diálogo aparece un botón llamado Herramientas.

Al desplegarlo aparecen varias opciones y debo seleccionar Opciones generales. De esta forma aparece un nuevo cuadro de diálogo con los elementos indispensables para la protección del documento.

En este cuadro de diálogo puedo establecer dos contraseñas distintas.

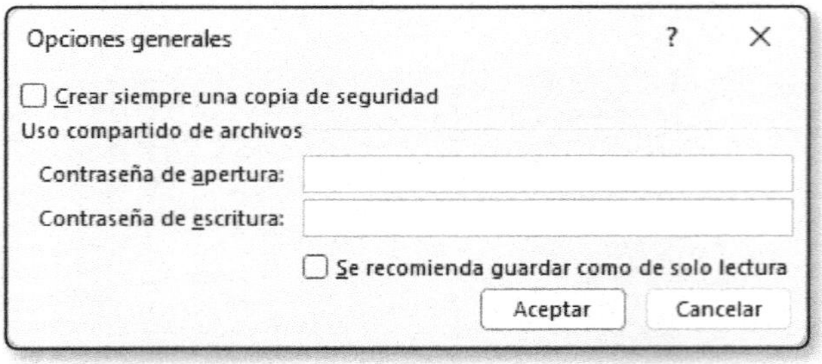

Figura 20.1. Protección a nivel de archivo

▼ La contraseña de apertura es para abrir el archivo, si no se la contraseña no lo puedo abrir, de esa manera evito que pueda ser leído por cualquier persona.

▼ La contraseña de escritura es para autorizar su modificación. Si pongo una contraseña de escritura, cualquier usuario puede escribir en ese archivo, pero al ir a guardar le pide esa contraseña y si no la sabe le va a llevar a la pantalla de guardar como, donde tendrá que guardar el archivo con otro nombre distinto del cual ya no soy el autor.

20.2 PROTECCIÓN NIVEL LIBRO

En la ficha de Revisar, en el grupo proteger me encuentro con la opción Proteger libro, al hacer clic en este botón veré la opción Proteger estructura y ventanas.

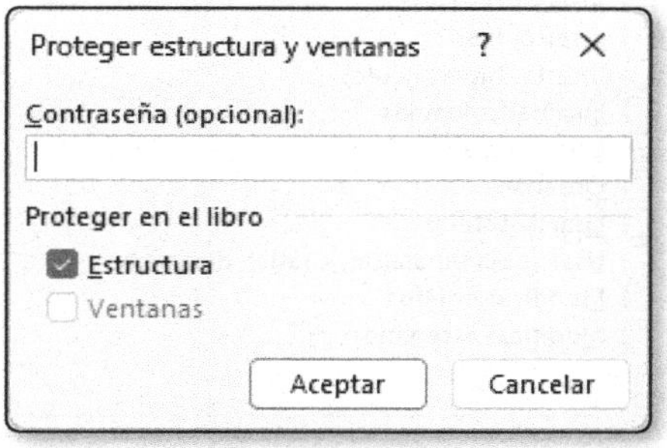

Figura 20.2. Proteger libro

Opcionalmente puedo poner una contraseña a esta protección ya que sino cualquier usuario podría desproteger el libro.

Tengo dos tipos de protección que son estructura y ventanas.

▼ La opción de ventanas aparece desactivada ya que solo se conserva por compatibilidad con versiones anteriores, pero ya no es accesible para aplicarla a libros nuevos.

▼ La opción de estructura bloquea el trabajo con hojas, es decir no puedo cambiar el nombre de las hojas, ni puedo añadir, ni borrar, ni copiar, ni mover hojas.

Muy importante y muy útil, el usuario no podrá mostrar hojas ocultas, donde puedo tener datos para hacer operaciones, pero no quiero que el usuario pueda ver esos datos.

20.3 PROTECCIÓN NIVEL HOJA

Para proteger una hoja, me sitúo en la ficha Revisar y en el grupo Proteger selecciono la opción Proteger hoja.

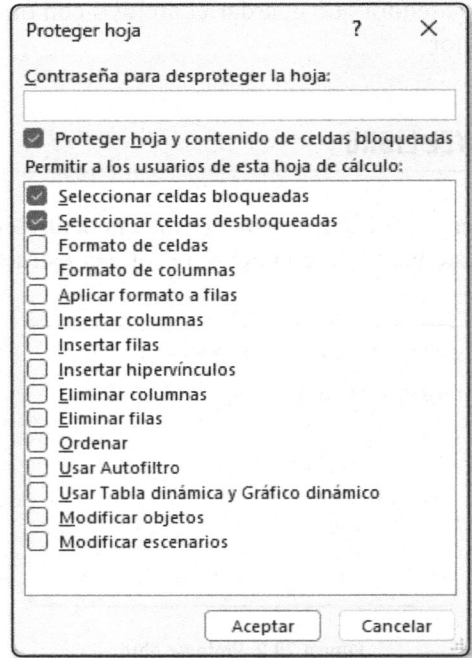

Figura 20.3. Proteger hoja

Desde este cuadro de diálogo puedo proteger la hoja y habilitar algunas acciones que puedan realizar los usuarios, aunque la hoja esté protegida.

Lo mejor es que solo se puedan seleccionar las celdas, solo en algunos casos está bien dar los permisos de usar autofiltros, ordenar la base de datos, o poder usar una tabla dinámica pero el resto de los permisos no se les suelen conceder a los usuarios.

En la parte superior de este cuadro de diálogo le puedo poner una contraseña, esta contraseña será pedida para desproteger la hoja ya que sino cualquier usuario podría desproteger la hoja y no serviría para nada.

Protejo la hoja y compruebo que no se puede escribir en ninguna celda de esta hoja, después desprotejo la hoja.

Muchas veces quiero que se pueda escribir en unas celdas si y en otras no.

Antes de proteger la hoja, selecciono el rango o la celda en cuestión donde el usuario quiero que pueda escribir, hago clic con el botón derecho y selecciono la opción Formato de celdas, aparece un cuadro de dialogo con varias pestañas.

También puedo acceder a esta Formato, celdas pulsando la combinación de teclas Control + 1 o acceder desde la ficha de Inicio, Formato.

Dentro de Formato celdas, me sitúo en la pestaña Proteger y desactivo la opción Bloqueada, de esta forma, aunque se bloquee la hoja, en la celdas seleccionadas se podrá escribir y modificar datos.

Si marco la opción de oculto, al proteger la hoja no se verá la fórmula que hay en las celdas que tengan este atributo.

Lo que haga en esta ficha no sirve de nada si no protejo la hoja, así que protejo la hoja y veré que en las celdas que he quitado el atributo de bloqueado si puedo escribir.

Pero en las demás celdas que estén bloqueadas, si intento escribir aparecerá un mensaje avisándonos de que la hoja está protegida y dice que debo desproteger la hoja para poder trabajar con las celdas. Para desproteger la hoja tan sólo debo hacer clic en el botón Desproteger hoja e introducir la contraseña correcta.

21

BASES DE DATOS

21.1 IMPORTAR DATOS

Si quiero importar datos de Access iré a la ficha de datos, obtener datos, de una base de datos y dentro de todas las opciones voy a elegir base de datos, Access.

A continuación, aparece una pantalla para elegir el archivo de la base de datos de la que quiero importar los datos, una vez que he elegido el archivo veo las tablas y consultas de esa base de datos, si quiero elegir varios elementos, tengo que marcar en la parte superior la opción seleccionar varios elementos.

Una vez que he elegido los elementos a importar puedo hacer clic en el desplegable que hay en el botón de cargar y elijo cargar en.

Aquí puedo elegir dónde quiero importar los datos, no hace falta que los importe a las celdas de Excel, puedo crear únicamente la conexión y agregar estos datos al modelo de datos, de esa manera podré acceder a los datos desde los Power Query.

Esta opción es muy útil para trabajar con bases de datos de más de 1.048.576 registros que son las filas que tiene Excel, ya que tengo los datos en el modelo de datos y desde Power Query puedo filtrar, combinar consultas, limpiar los datos, etc. y volcar a Excel los datos transformados.

Las otras opciones que tengo es importarlos en forma de tabla en Excel, crear una tabla dinámica o crear un gráfico dinámico.

Si importo los datos en una tabla de Excel, los datos se quedan vinculados con el origen de datos y se pueden actualizar en cualquier momento.

21.2 IMPORTAR DATOS DESDE UNA PÁGINA WEB

Una de las opciones más desconocidas de Excel es el importar datos de una página web y que los datos se queden vinculados con el origen de datos para que se puedan actualizar.

Lo primero que voy a hacer es ir a un navegador web y buscar la página de la que quiero importar los datos, copio la dirección web y voy a Excel a la ficha de Datos, Obtener datos, de otras fuentes, de la web.

Pego la dirección que he buscado, me aparece una pantalla con las tablas de la página que he buscado ya que los datos para que se puedan importar deben de estar en forma de tabla.

Una vez que he elegido la tabla puedo elegir dónde la quiero cargar pulsando en el desplegable del botón de cargar.

Esta opción es muy interesante ya que si pulso en botón de Actualizar todo se actualiza la información que tengo en Excel desde la página Web, esto sirve para tener los datos siempre actualizados, por ejemplo, datos muy volátiles como cambio de divisas, cotización en bolsa, etc.

21.3 IMPORTAR DATOS DESDE UN ARCHIVO DE TEXTO

Es muy común tener los datos en archivos de texto o CSV ya que de esta manera los datos se guardan sin ningún formato, por lo que estos datos ocupan lo mínimo posible.

Para poder importar los datos de un archivo de texto tengo que seguir un proceso parecido a importar datos de Access, voy a la ficha datos, obtener datos, desde archivo, desde texto/CSV.

Donde aparece la típica pantalla para elegir el archivo de texto del que quiero importar los datos, ahora aparece el asistente para que elija como quiero importar este archivo de texto.

Power Query ha reconocido que el archivo de texto elegido está separado por un determinado carácter, si no lo hubiera reconocido bien puedo cambiar el separador.

Una vez que veo bien los datos puedo pulsar en el desplegable del botón cargar y elegir si lo quiero cargar como tabla o solo la conexión, si lo cargo como solo conexión, aparecerá en la parte derecha con el resto de las consultas.

Si vuelco los datos en Excel se pueden actualizar en cualquier momento.

21.4 ORÍGENES DE DATOS

Excel cada vez reconoce más orígenes de datos, por ver los más importantes.

Al importar desde archivo puedo importar datos desde otro Excel, desde un archivo de texto o csv, desde XML o JSON, muy interesante el poder importar datos desde un PDF o desde una carpeta.

Puedo importar datos desde distintos formatos de bases de datos, desde distintas opciones de Azure.

También puedo importar datos de distintos servicios de Power Platform donde puedo destacar los orígenes de datos de Power Bi de un modelo semántico ya publicado.

También puedo importar datos desde una imagen, desde Sharepoint, desde Exchange, desde Dynamics 365, etc.

21.5 RELACIONES

Las relaciones es un concepto de bases de datos que debo conocer para poder sacar más provecho a mis bases de datos en Excel.

Normalmente las relaciones se usan con los datos importados de bases de datos, ya que si están relacionados en el origen también se importan las relaciones.

Las relaciones sirven para no tener que repetir los datos, un ejemplo muy típico es tener una tabla de Clientes con los datos de cada cliente y otra tabla con los Pedidos donde se guardan los datos de cada pedido.

Se pueden relacionar las dos tablas para no tener que repetir los datos de cada cliente en cada pedido, en este caso sería una relación uno a varios ya que un cliente puede hacer muchos pedidos.

Hay varios tipos de relaciones.

- Uno a uno: se relaciona un registro de una tabla con otro registro de otra tabla, solo se usan cuando son tablas que tienen muchos campos.
- Uno a varios: se relaciona un registro de una tabla con varios registros de otra tabla, es el tipo de relación que más se usa.
- Varios a varios: varios registros de una tabla se relacionan con varios registros de la otra tabla, este tipo de relación no es soportado en Microsoft Office.

Para poder hacer una relación de uno a varios tiene que haber un campo en común en las dos tablas, este campo no tiene que llamarse igual, pero deben de tener los mismos datos.

En la parte uno de la relación no puede haber valores repetidos ni valores en blanco, en la parte varios sí se deben repetir los datos.

Puedo crear relaciones en la ficha de datos, botón relaciones y al hacer clic en nuevo puedo elegir la tabla y el campo que se relacionan con qué tabla y campo los quiero relacionar.

21.6 CREACIÓN DE TABLAS Y ASPECTO DE LAS TABLAS

Los datos es mejor convertirlos en tabla para que tengan una estructura y sea más fácil trabajar con ellos, ofreciendo muchas de las funciones de filtrado, ordenación y totalización.

Para crear una tabla me sitúo en los datos y hago clic en la pestaña Inicio y en el grupo Estilos desplegamos el botón Dar formato como tabla.

Voy a partir del archivo Base no tabla que está en el material del libro.

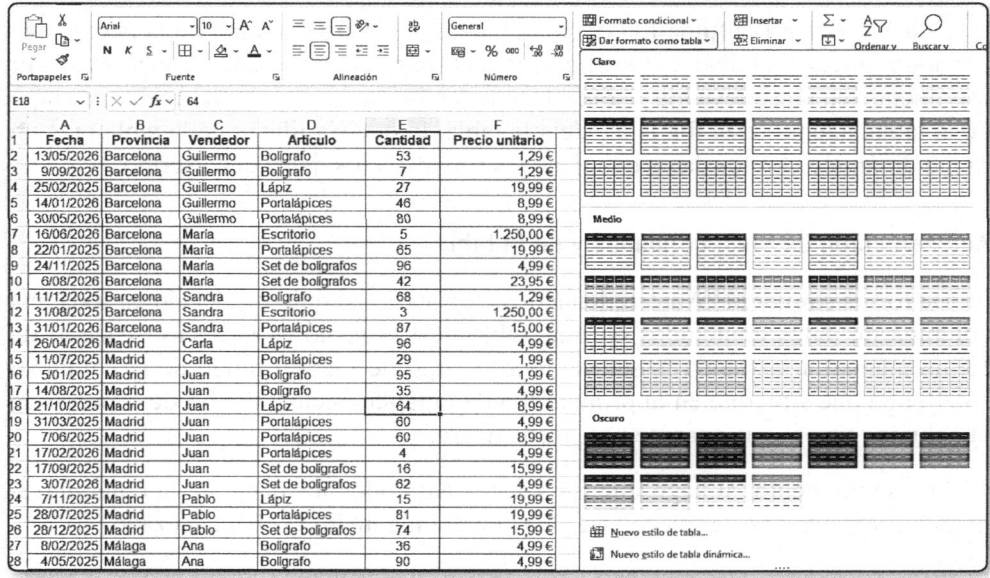

Figura 21.1. Convertir datos en tabla

Excel muestra distintos estilos para la tabla, al seleccionar un estilo, aparece un pequeño cuadro de diálogo que me propone un rango de datos para crear la tabla y me pregunta si la lista tiene encabezados.

Una vez creada la tabla, veré que se encuentra delimitada por un borde azul, que cada encabezado tiene una lista desplegable que puedo usar para filtrar de manera inmediata los datos y que aparece una nueva ficha en la Cinta de opciones con el nombre Diseño de tabla.

Mediante las opciones de la nueva pestaña que acaban de aparecer se puede cambiar el estilo, agregar un estilo distintivo a la fila encabezado y la primera columna, agregar filas de totales, exportar la tabla de datos, volver a convertirla en un rango de celdas o incluso crear una tabla dinámica a partir de ella.

Una opción muy importante es que le puedo asignar un nombre a esta tabla y por defecto a este rango dinámico, también le puedo cambiar el tamaño.

También puedo crear una tabla desde el botón Tabla de la pestaña Insertar o con la combinación de teclas Control + Q.

Cuando creo una tabla en Excel, estoy aportando a los datos funcionalidades de bases de datos y Excel relaciona los datos entre sí, como si de una base de datos se tratara.

Si me sitúo en la última fila de la Tabla, en la última columna de la derecha, si presiono la tecla Tabulador, Excel detecta automáticamente que lo lógico es seguir escribiendo en una nueva fila y sitúa el cursor en la fila de abajo y en el primer campo de la tabla, además esta fila la añade a la tabla, lo que significa que la tabla crea un rango dinámico con los datos que tiene y se adapta a los datos que escribo.

Autoselección de filas, columnas y de la tabla

De forma similar al "Autorrellenado" de fórmulas, si quiero seleccionar toda una columna de datos contenidos en una Tabla de Excel, no es necesario hacerlo de forma manual arrastrando la selección a lo largo de todo el rango de la columna, solo tengo que situarme en la primera fila de la tabla, encima del borde superior de la columna y veré que aparece una flecha negra.

En ese momento, si hago clic, se seleccionan todos los datos de la columna, si hago un segundo clic se selecciona toda la columna incluido el encabezado.

Todo lo dicho anteriormente es aplicable a filas, situando el cursor en el borde izquierdo de cualquier fila y para seleccionar la Tabla entera poniendo el cursor en la esquina superior izquierda de la primera celda de la tabla.

Títulos inteligentes ante el scroll de pantalla

Si tengo la celda activa dentro de la tabla y muevo la pantalla hacia abajo con el ratón o con la barra de desplazamiento vertical, los encabezados de la tabla no desaparecen, sino que los tendré disponibles a la altura de los nombres de las columnas.

Movimiento inteligente de columnas

Las columnas de una Tabla de Excel son campos u objetos que se pueden cambiar de orden simplemente arrastrándolas. Una vez seleccionada la columna a desplazar puedo arrastrarla hacia otra posición, aparecerá una línea gris que indica en qué posición se va a colocar.

Agrega automáticamente una columna

Si quiero añadir una columna a la derecha de una Tabla y que quede dentro del rango, sólo tengo que escribir el título del encabezado en la celda de la derecha que en principio está fuera del rango de la Tabla. Automáticamente, Excel agrega una columna al rango y reconoce lo que hemos escrito como un encabezado más.

Por ejemplo en la celda G1 escribo Total y ya veré que ha incluido esa columna en la tabla, en la celda G2 escribo el signo igual, ahora hago clic en la celda E2, pero en la fórmula no escribe esa celda sino el nombre de la columna [@Cantidad] escribo el signo * y hago clic en la celda F2 y escribe [@[Precio unitario]] quedando la fórmula =[@Cantidad]*[@[Precio unitario]].

Esta fórmula es muy importante porque no tengo que copiar la fórmula hacia abajo sino que automáticamente rellena toda la columna y lo que es más importante Excel sabe que toda la columna tiene la misma fórmula y no tiene que evaluar la fórmula celda a celda.

Fila de totales

En una Tabla de Excel, si añado una fila de totales puedo calcular rápidamente el total por las columnas que sea necesario, sin tener que realizar esta operación en una celda a parte y de forma manual, Excel permite añadir la operación de resumen que quiera, lo que hace es añadir una función Subtotales para que cuando se aplique un filtro muestre la operación solo con los datos visibles en cada momento.

Eliminar filas duplicadas de una tabla

Hay veces que tengo la sospecha que puedo tener valores duplicados, para eliminar esos valores repetidos voy a ir a la ficha datos y elijo la opción Quitar duplicados.

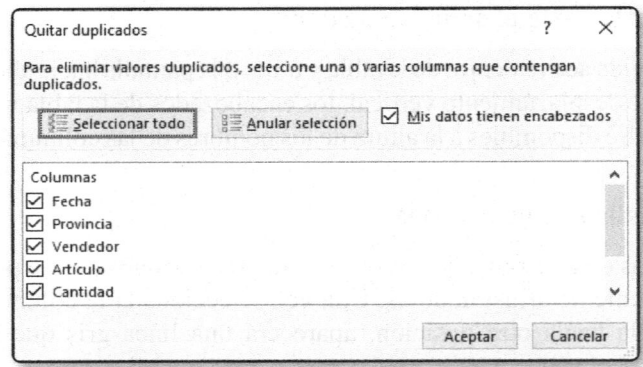

Figura 21.2. Quitar duplicados

Al hacer clic en este botón en la parte superior puedo elegir si los datos tienen encabezados o no.

En la parte inferior puedo marcar los campos que tienen que estar repetidos para que ese registro se estime como repetido y se elimine directamente con esta opción, lo único malo es que no se marcan los registros antes de eliminarse.

Si los datos están en forma de tabla en la ficha Diseño de tabla también está la opción Quitar duplicados.

Segmentación de datos

La segmentación de datos proporciona botones en los que puedo hacer clic para filtrar datos de una tabla o una tabla dinámica, es decir son unos filtros más bonitos y elegantes que los autofiltros.

Además del filtrado rápido, las segmentaciones de datos también indican el estado de filtrado actual, de este modo es fácil entender qué se muestra exactamente en una tabla filtrada.

Al seleccionar un elemento de la segmentación, dicho elemento se incluye en el filtro y los datos de ese elemento se mostrarán en el informe.

Para añadir una segmentación de datos debo situarme en la tabla para la que deseo crear una segmentación de datos, hago clic en la pestaña Diseño de tabla, en el botón Insertar segmentación de datos. Aparece un cuadro de diálogo con las columnas de la tabla y puedo activar las casillas de verificación de las columnas que desee añadir una segmentación para poder filtrar por esa columna.

Al hacer clic en Aceptar, Excel mostrará una segmentación de datos para cada columna que haya seleccionado en esta segmentación aparecen todos los valores de esa columna, en cada segmentación de datos, puedo hacer clic en los elementos en los cuales deseé aplicar el filtro.

Para seleccionar más de un elemento puedo pulsar la tecla CTRL y luego hacer clic en los elementos en los que desee aplicar el filtro, también puedo pulsar en el botón de selección múltiple de la parte superior de las segmentaciones.

Para quitar el filtro o filtros que haya puesto solo tengo que hacer clic en el botón de borrar filtro que se encuentra en la parte superior derecha de la segmentación.

Si hago clic en la segmentación aparece una ficha con las propiedades de esta segmentación donde puedo cambiar tamaño, número de columnas de la segmentación, colores, etc. es decir puedo personalizar la segmentación a mi gusto.

21.7 VALIDACIÓN DE DATOS

La validación de datos sirve para restringir el tipo de datos que se puede introducir en las celdas seleccionadas, pudiendo incluso mostrar un mensaje de error o aviso si llegara el caso y el dato que se introduce en la celda no cumple la condición previamente establecida.

Para aplicar una validación selecciono las celdas que quiero validar, voy a la pestaña Datos y hago clic en el botón Validación de datos.

Aparece un cuadro de diálogo Validación de datos como el que veo en la imagen donde puedo elegir entre varios tipos de validaciones.

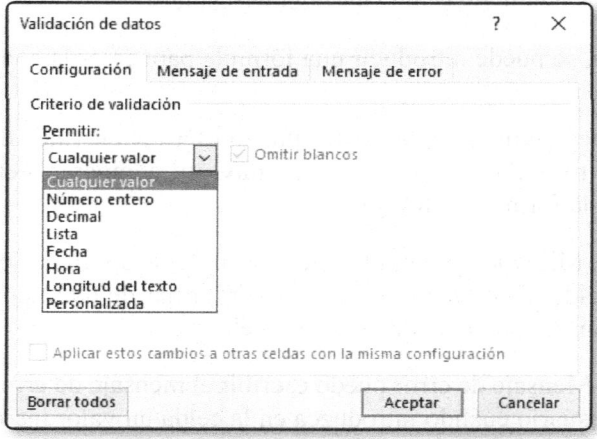

Figura 21.3. Opciones de validación

En la sección Criterio de validación indico la condición para que el dato que se introduzca sea correcto, tengo las siguientes opciones.

▶ Cualquier valor, es la opción que aparece por defecto ya que permite introducir cualquier tipo de dato en las celdas.

▶ Número entero, permite introducir números enteros, le puedo indicar que sea mayor o menor que un número, mayor o igual o menor o igual, que esté entre dos números o que no esté entre dos números, que sea igual o no sea igual a un número.

▶ Decimal permite introducir números decimales con las mismas condiciones que las vistas en número entero.

▶ Lista solo deja introducir los valores de la lista que indique, se pueden seleccionar los valores de unas celdas o escribir los valores separados por punto y coma, además está la opción Celda con lista desplegable, que al estar marcada hace que aparezca un desplegable en las celdas donde se aplica esta validación y se puede elegir los valores de la lista.

▶ Fecha, solo permite introducir fechas con las mismas condiciones que con los números.

▶ Hora, solo se pueden introducir horas con las mismas condiciones que las fechas y números.

▶ Longitud de texto, solo se pueden introducir un número determinado de caracteres con las mismas condiciones que las opciones anteriores.

▶ Personalizada, se puede introducir una fórmula para crear la condición.

En las opciones de números y fechas puedo escribir un valor fijo, elegir celdas o puedo escribir fórmulas, por ejemplo, es muy útil comparar fechas con la fecha actual utilizando la fórmula =HOY().

En la pestaña Mensaje de entrada puedo introducir un mensaje que se muestre al acceder a la celda. Este mensaje sirve para informar de qué tipos de datos y que intervalos son considerados válidos para esa celda.

En la pestaña Mensaje de error puedo escribir el mensaje de error que quiero que se le muestre al usuario cuando introduzca en la celda un valor incorrecto.

En estilo siempre dejo la opción Alto, ya que las otras opciones avisan que no se han cumplido las validaciones de datos, pero puedo ignorar el aviso e introducir el dato que no cumpla las validaciones.

Si quiero copiar las validaciones de unas celdas a otras puedo copiar y en pegado especial tengo la opción Validación que solo pega la validación de unas celdas en otras.

21.8 ORDENAR

Voy a partir de la misma base de datos base2025 que he utilizado en otras explicaciones de este libro, este archivo está en el material del libro.

Ordenar los datos es una parte esencial del análisis de datos ya que puedo visualizar los datos en el orden que necesite en cada momento.

Para ordenar los datos puedo hacer clic en el desplegable de los filtros de cada columna o puedo situarme en la columna por la que quiero ordenar y hacer clic en el botón AZ para ordenar ascendentemente o ZA descendentemente, de esa manera puedo ordenar la base de datos por una determinada columna.

Según el tipo de datos ordena los textos alfabéticamente (de la A a la Z o de la Z a la A), con los números (de menor a mayor o de mayor a menor) y con las fechas y horas (de más antiguos a más recientes y de más recientes a más antiguos.

Al hacer clic en el desplegable de los autofiltros puedo ordenar por color de la fuente, color de fondo o iconos de formato condicional.

Si hago clic en el botón ordenar y filtrar puedo elegir la opción Orden personalizado donde puedo ordenar por varios campos, es decir si coincide el primer nivel de ordenación, ordena por el segundo si también coincide por el tercero y así sucesivamente.

Algo muy común es querer un orden personalizado, es decir no quiero un orden alfabético, por ejemplo quiero ordenar por provincia pero quiero ver primero los de Madrid, después los de Barcelona y después el resto de las provincias, para ello voy a Orden personalizado, elijo ordenar por provincia, según los colores de la celda y en orden elijo Lista personalizada donde creo la lista Madrid, Barcelona, solo tengo que añadir los valores que se salen del orden normal, no hace falta poner todos los valores.

Si coincide la provincia quiero ordenar por Vendedor, si también coincide ordeno por artículo y si también coincide ordeno por fecha quedando este cuadro de diálogo como se puede ver en la imagen.

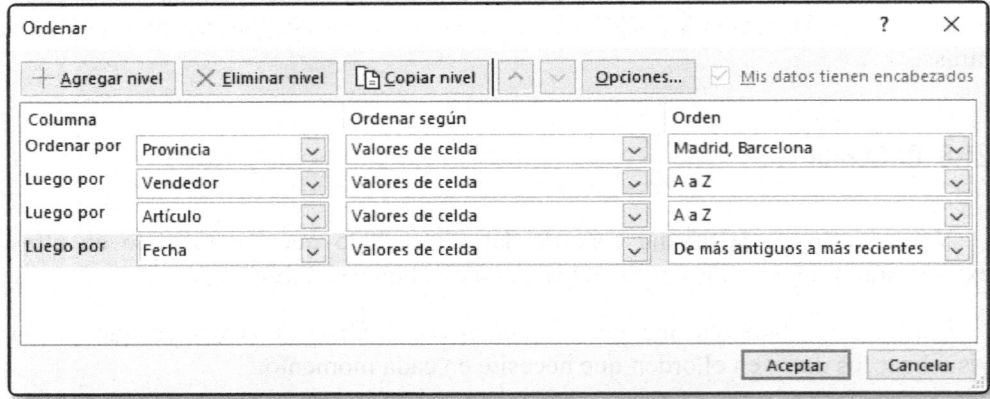

Figura 21.4. Orden personalizado

21.9 FILTROS AUTOMÁTICOS O AUTOFILTROS

Filtrar una base de datos permite visualizar solo aquellos registros que se correspondan con algún criterio fijado por mí.

En los encabezados de los campos aparecen unos desplegables para filtrar la información, si no aparecen los desplegables puedo activarlos desde la ficha de Inicio en el botón filtrar y ordenar, filtro.

Al hacer clic en este desplegable aparecen todos los valores sin repetir de esta columna, puedo elegir los valores que quiero visualizar haciendo clic en la casilla de verificación de la izquierda, incluso si no encuentro un valor lo puedo buscar.

Sigo con la base de datos de ejemplo base2025, en este caso los datos están en forma de tabla, pero los autofiltros se pueden usar igualmente en datos que no están en forma de tabla.

Según el tipo de datos que contenga la columna me encuentro con distintas opciones que me son útiles en los autofiltros.

En una columna de texto puedo hacer clic en el botón del autofiltro y elegir la opción Filtros de texto donde puedo elegir Filtro personalizado.

Voy a hacer clic en la columna vendedor en filtro personalizado.

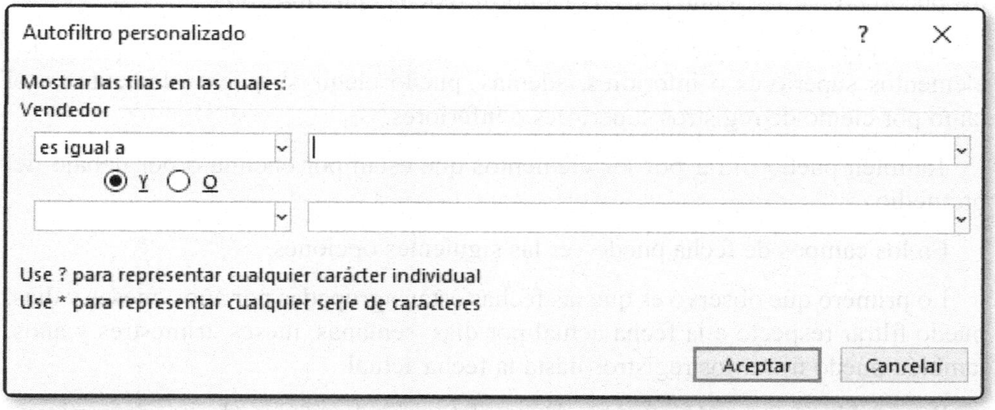

| Autofiltro personalizado | ? | × |

Mostrar las filas en las cuales:
Vendedor

es igual a

⦿ Y ○ O

Use ? para representar cualquier carácter individual
Use * para representar cualquier serie de caracteres

Aceptar   Cancelar

Figura 21.5. Pantalla de autofiltros personalizados

Puedo hacer clic en el desplegable para elegir la condición que quiero poner, puedo elegir entre igual, no es igual, comienza por, no comienza, termina, no termina, contiene, no contiene, etc.

Entre las opciones me llama la atención el tener disponibles las opciones mayor, mayor o igual, menor o menor o igual, lo que hace es filtrar por orden alfabético, algo que me puede resultar útil en algunos casos.

Como se ve en la imagen puedo escribir una o dos condiciones si escribo varias condiciones puedo unirlas con una Y o con una O. Con la Y se tienen que cumplir las dos condiciones para que se muestre el registro, con la O con que se cumpla una de las condiciones ya muestra ese registro.

Por ejemplo, en esta columna vendedor puedo poner que empiece por M y termina en A, si pongo entre medias una Y solo me mostrará a María ya que es el único vendedor que cumple las dos condiciones, pero si pongo una O mostrará a María, Sandra, Carla, Ana y Milagros.

También puedo usar los caracteres comodín, el carácter ? para determinar que en esa posición habrá un carácter, sea cual sea, y el asterisco * para indicar que puede haber o no un grupo de caracteres. El * no se usa mucho puesto que está la opción empieza por y termina por, pero ? se utiliza mucho ya que permite filtrar en una palabra tenga o no tenga tilde.

Para quitar el filtro, vuelvo a desplegar la lista y elijo la opción Seleccionar Todo, reaparecerán todos los registros de la lista. También puedo quitar el filtro pulsando en Borrar filtro en la pestaña Datos.

En los filtros de número tengo algunas opciones propias de este tipo de campos, los puedo probar haciendo clic en el autofiltro de la columna Total.

Diez mejores, aunque se llame así puedo elegir 10 o el número que quiera, los elementos superiores o inferiores, además, puedo elegir si quiero elementos o el tanto por ciento de registros superiores o inferiores.

También puedo filtrar por los elementos que están por encima o por debajo del promedio.

En los campos de fecha puedo ver las siguientes opciones.

Lo primero que observo es que las fechas están agrupadas por años, meses y días, puedo filtrar respecto a la fecha actual por días, semanas, meses, trimestres y años, también puedo filtrar los registros hasta la fecha actual.

Puedo filtrar todas las fechas de un determinado mes o de un determinado trimestre independientemente del año al que pertenezcan.

21.10 FILTROS AVANZADOS

Si quiero filtrar los registros de la lista por una condición más compleja, utilizaré el cuadro de diálogo Filtro avanzado que está en la ficha de datos.

Sigo con la base de datos de ejemplo base2025, antes de hacer clic en la opción de filtro avanzado debo de escribir las condiciones ya que usa los mismos criterios que las funciones de bases de datos.

En la celda J1 escribo Vendedor, que es el encabezado de una columna y debajo en la celda J2 la condición, por ejemplo, Juan.

Ahora sí hago clic en filtros avanzados donde aparece la siguiente pantalla.

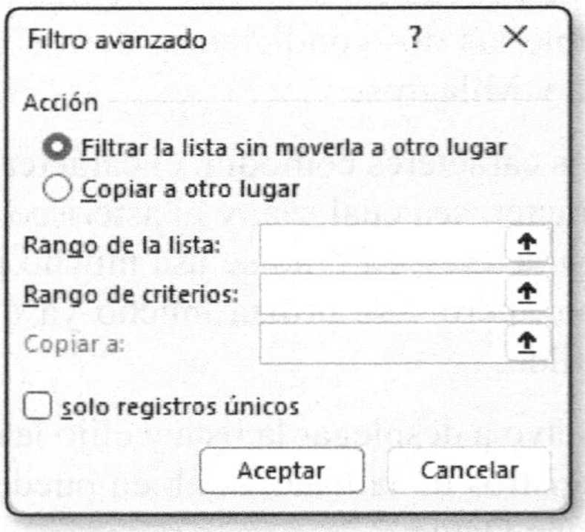

Figura 21.6. Filtro avanzado

Lo primero que le tengo que indicar es si quiero filtrar sobre la propia lista como si fuera un autofiltro o si quiero copiar la lista a otro lugar, le puedo indicar que lo copie a otro lugar.

En rango de la lista: selecciono los registros de la lista a los que quiero aplicar el filtro, podría ser A1:G44 o si los datos están en forma de tabla se puede poner el nombre de la tabla, si al elegir la opción Filtro avanzado me he situado dentro de la base de datos, Excel detecta automáticamente el rango de la base de datos.

Rango de criterios: selecciono las celdas donde se encuentran los criterios de filtrado en este caso J1:J2.

Si activo la opción de copiar a otro lugar le tengo que indicar dónde quiero que empiece el copiado por ejemplo L1.

En este caso le he dicho que extraiga los datos en la misma hoja ya que si le digo una celda de otra hoja da error, pero hay un truco, antes de pulsar en el botón filtro avanzado me situó en la hoja donde quiero extraer los datos y ya puedo elegir la celda que quiera de esa hoja.

Si marco la casilla Sólo registros únicos, las repeticiones de registros (filas con exactamente los mismos valores) desaparecerán.

En este caso al hacer clic en Aceptar veré que se han extraído los registros de Juan en las celdas seleccionadas.

Una vez que se han extraído los datos no mantienen ningún tipo de vínculo con el origen.

Ahora en la celda K1 voy a escribir artículo y en la celda K2 lápiz, de esta manera los criterios serán de la celda J1 a la K2, los nombres de los campos van siempre en la misma fila, en este caso al poner los criterios en la misma fila las condiciones se unen con una Y, es decir que tienen que cumplir todas las condiciones para que se muestren.

Voy a repetir la operación anterior haciendo clic en el filtro avanzado, le indico las mismas opciones, pero en rango de criterios pongo de J1 a K2, elijo donde quiero extraer los datos y veré que están los registros del Vendedor Juan que el Artículo sea lápiz.

Voy a hacer otro cambio, voy a mover lápiz de la celda K2 a la K3 y repito la operación de hacer clic en filtro avanzado, lo dejo otra vez todo igual menos el rango de criterios que será de J1 a K3, le indico donde lo quiero extraer y al hacer clic en el botón de Aceptar veré que en el rango seleccionado están todos los registros de Juan O que el producto sea lápiz, es decir que solo tiene que cumplir una de las dos condiciones.

Los nombres de los campos van siempre en la misma fila, si las condiciones van en la misma fila, estas condiciones se unen con una Y, si al escribir los criterios las condiciones las escribo en distintas filas, las condiciones en vez de unirse con una Y se unen con una O.

En un filtrado básico no puedo poner condiciones en varios campos y que estas condiciones se unan con una O, tampoco puedo extraer directamente los datos filtrados a otras celdas.

21.11 FUNCIONES DE BASES DE DATOS

Las funciones de bases de datos me permiten hacer distintas operaciones en las bases de datos usando los mismos criterios que he usado para los filtros avanzados.

Al igual que en los filtros estas funciones tienen una gran ventaja sobre las funciones suma.si.conjunto, contar.si.conjunto, etc. en las funciones de bases de datos puedo poner varias condiciones y unirlas con una O sin embargo en las otras funciones las condiciones se unen siempre con una Y es decir se tienen que cumplir todas las condiciones.

Sigo con el ejemplo anterior donde tengo en la celda J1 Vendedor y en J2 Juan, ahora quiero saber cuántas unidades ha vendido Juan, no los registros de Juan, es decir quiero un número no unos registros.

Me sitúo en una celda en blanco y hago clic en el botón Fx para acceder al asistente de funciones, elijo la categoría base de datos y selecciono la función Bdsuma, todas las funciones de bases de datos tienen la misma sintaxis lo que cambia son los cálculos que hace cada una.

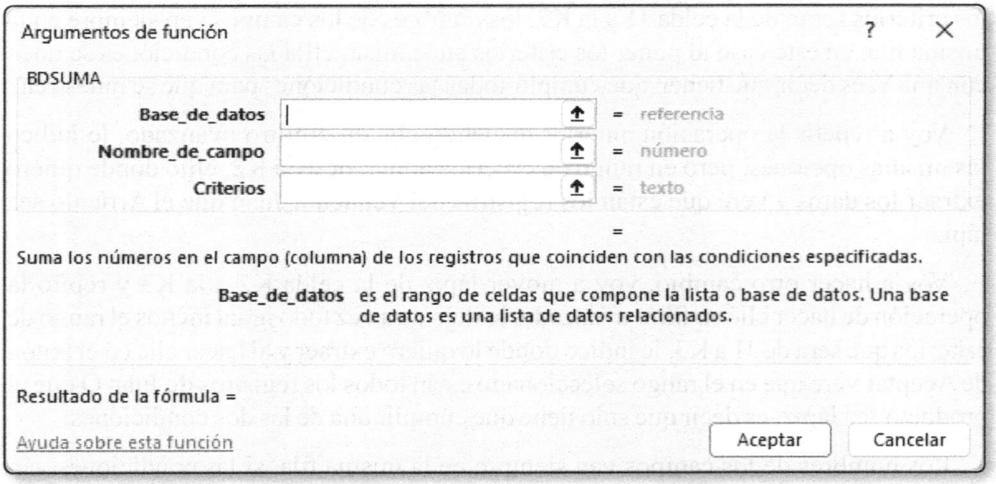

Figura 21.7. Función Bdsuma

Base de datos hace referencia a las celdas donde están los datos o si los datos están en forma de tabla, hay que poner el nombre de la tabla con los encabezados incluidos.

Nombre de campo es el nombre de la columna donde quiero operar, es solo la celda donde está el nombre.

Criterios son las condiciones con las que quiero operar, son los mismos criterios que los explicados en los filtros avanzados.

Al hacer clic en el botón aceptar ya me indica que Juan ha vendido 396 unidades y si cambio el nombre del vendedor, como es una función se actualiza automáticamente y muestra las ventas de ese vendedor.

Si la base de datos está en forma de tabla la fórmula queda de la siguiente manera =BDSUMA(Tabla1[#Todo];Tabla1[[#Encabezados];[Cantidad]];J1:J2),   donde Tabla1 es el nombre de la tabla.

Las funciones de bases de datos van a operar en la columna seleccionada con las condiciones indicadas, en Excel tengo las siguientes funciones de bases de datos.

▶ Bdcontar: cuenta las celdas en las que hay números, para todos los efectos las fechas son números.

▶ Bdcontara: cuenta las celdas que no están vacías es decir haya números o texto.

▶ Bddesvest: calcula la desviación estándar basándose en una muestra.

▶ Bddesvestp: calcula la desviación estándar basándose en la población total.

▶ Bdextraer: devuelve un elemento de la base de datos, si hay varios registros que cumplan las condiciones indicadas da error porque no sabría qué valor poner.

▶ Bdmax: devuelve el valor más grande.

▶ Bdmin: calcula el valor más pequeño.

▶ Bdproducto: multiplica los valores de la columna indicada.

▶ Bdpromedio: halla la media de los valores que cumplen las condiciones indicadas.

▶ Bdsuma: suma los valores de los registros que cumplen las condiciones.

▶ Bdvar: calcula la varianza basándose en una muestra.

▶ Bdvarp: calcula la varianza basándose en la población total.

21.12 EJEMPLO DE TRABAJAR CON BASES DE DATOS

Partiendo de la base de datos de ejemplo base2025 voy a desarrollar un ejemplo donde voy a combinar varias de las opciones que he explicado para ver su funcionamiento conjunto.

Por ejemplo, en la celda P1 escribo la función Únicos y selecciono los vendedores, de esa manera tengo la lista de los vendedores.

Para que salgan en orden pongo por fuera la función ordenar quedando la fórmula =ORDENAR(UNICOS(Tabla1[Vendedor])) en caso de que los datos los tenga en forma de tabla, sino sería =ORDENAR(UNICOS(C2:C44)).

Ahora en la celda S1 añado una validación de Lista con celda con lista desplegable y como origen la lista de los vendedores que he obtenido antes, de esa manera al hacer clic en el desplegable puedo elegir el vendedor que quiera.

En la celda S2 escribo la función Filtrar, donde la matriz es toda la base de datos y en incluir le indico que la columna vendedor sea igual a S1 quedando la fórmula de la siguiente forma =FILTRAR(Tabla1[#Todo];Tabla1[[#Todo];[Vendedor]]=S1).

De esa manera al cambiar el valor de la celda S1 con el desplegable veré los registros de ese vendedor, también puedo montar distintas fórmulas bien con funciones de bases de datos o con funciones si.conjunto que hagan referencia a esta celda para obtener los resultados que se necesiten en cada momento.

22

TABLAS DINÁMICAS

22.1 CREAR UNA TABLA DINÁMICA

Una tabla dinámica permite mostrar y analizar fácilmente la información resumida sobre datos ya almacenados en Excel o en otra aplicación.

Sigo con el mismo ejemplo de los casos anteriores es decir con el archivo base2025.

Me sitúo dentro de la base de datos y en la ficha Insertar, Tabla dinámica voy a elegir de una tabla o rango, si los datos están en forma de tabla, Excel pone el nombre de la tabla, sino pone las celdas donde está la base de datos.

También le puedo indicar si quiero la tabla dinámica en una nueva hoja de cálculo o en una hoja de cálculo existente. Además, puedo añadir la tabla dinámica al modelo de datos de Excel.

22.2 TABLA DINÁMICA DESDE EL MODELO

Cuando importo datos en Excel 365 lo voy a hacer a través de Power Query, una opción muy importante que tengo es importar los datos al modelo para que no se tengan que mostrar en las celdas.

De esa manera se ahorra mucho tiempo de memoria, por lo que nuestros archivos van a trabajar de una manera mucho más efectiva.

Otra ventaja de importar los datos al modelo es que puedo trabajar con bases de datos con millones de registros y puedo hacer una tabla dinámica donde resumo esos datos, para elegir esta opción solo debo hacer clic en la parte inferior del botón insertar tabla dinámica donde puedo elegir desde el Modelo de datos.

De esta forma tendré los campos del modelo de datos para poder crear la tabla dinámica que desee.

22.3 TABLA DINÁMICA DESDE POWER BI

Si trabajo con Power Bi y Excel me puede resultar muy útil el crear una tabla dinámica con los datos que tenga publicados en Power Bi, para ello hago clic en la parte inferior del botón de insertar tabla dinámica y elijo la opción de Power Bi.

Ahora en la parte derecha de la pantalla aparecen los últimos datos publicados desde Power Bi, sino encuentro el conjunto de datos de Power Bi que estoy buscando en la parte superior de la pantalla tengo la opción para buscarlo, cuando lo encuentro puedo insertar una tabla dinámica o una tabla.

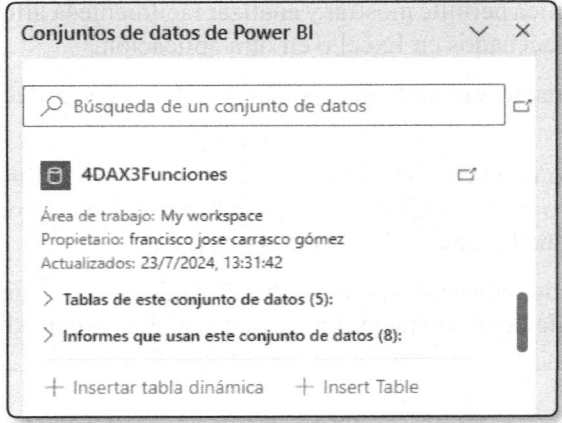

Figura 22.1. Insertar datos de Power Bi

22.4 DISEÑAR LA TABLA DINÁMICA

Cuando inserto una tabla dinámica en la parte superior aparecen dos pestañas nuevas como son Analizar tabla dinámica y diseño, en la parte de la derecha aparece la siguiente pantalla.

En este caso voy a insertar una tabla dinámica basada en el archivo base2025 que está en el material del libro.

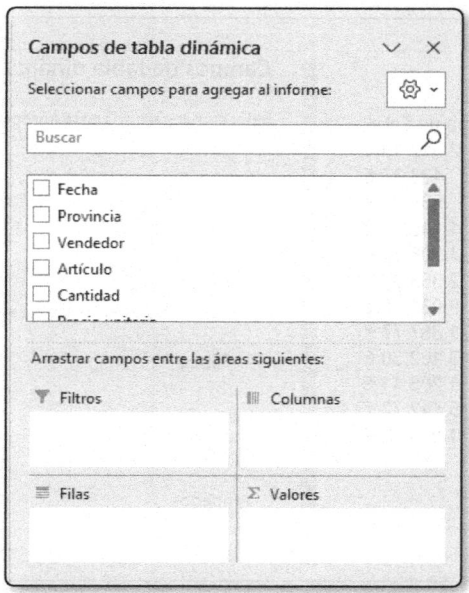

Figura 22.2. Pantalla para diseñar la tabla dinámica

En la parte superior de la pantalla se pueden ver los campos de la base de datos.

En la parte inferior están las distintas áreas de la tabla dinámica, en cada área puedo añadir todos los campos que quiera, pero te recomiendo que vayas poniendo los campos de uno en uno y vayas viendo si la tabla dinámica sigue siendo legible.

Para añadir un campo en cualquier área solo hay que arrastrar el campo al área correspondiente.

Los campos que ponga en el área de filtros sirven para filtrar la información, pero no agrupa por estos campos.

Los campos que ponga en filas y en columnas sirven para agrupar y filtrar por esos campos.

Los campos que ponga en valores sirven para operar y ver los resultados que desee.

En este caso voy a empezar haciendo una tabla dinámica muy sencilla voy a añadir el campo vendedor en Filas y el Total en valores, quedando la tabla dinámica de la siguiente manera.

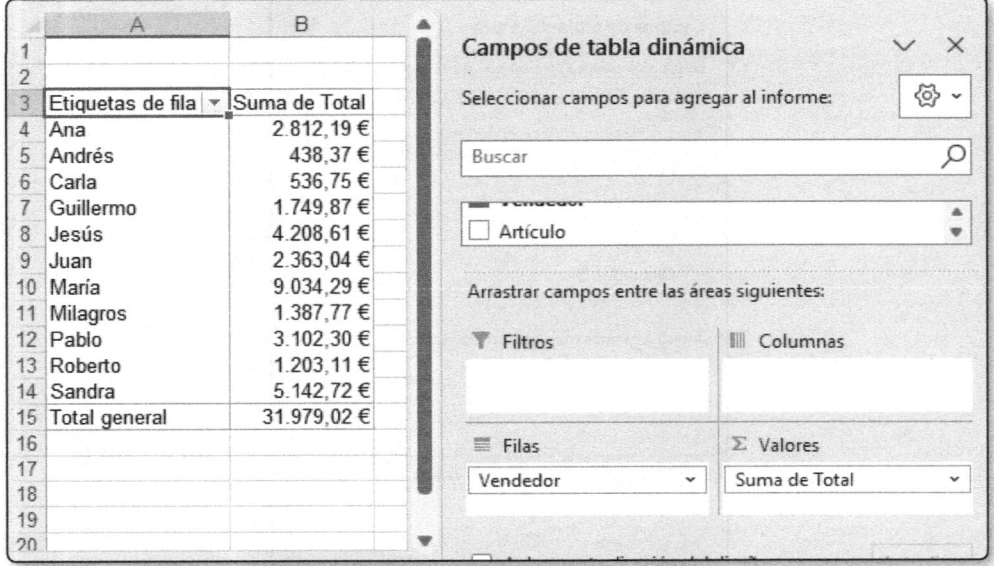

Figura 22.3. Diseño de la primera tabla dinámica

Este es el tipo de tabla dinámica más sencillo un campo en las filas para agrupar y un campo para operar en valores. En este caso puedo observar la suma del total de cada vendedor.

Puedo ir añadiendo otros campos, en este caso voy a añadir el campo Fecha en columnas, veo que la fecha la ha agrupado automáticamente, aunque ya explicaré como modificar esta agrupación y en filtros voy a añadir el campo Provincia.

22.5 ORDENAR UNA TABLA DINÁMICA

Si quiero cambiar el orden de la tabla dinámica puedo hacer clic con el botón derecho en el campo por el que quiero ordenar y tengo la opción de indicarle orden ascendente o descendente.

Pero hay un truco para personalizar el orden. Hago clic en el valor del campo que quiero cambiar de sitio, y situó el puntero del ratón en el borde, cuando aparecen cuatro flechas puedo hacer clic y arrastrar para situar ese valor donde quiera, de esa manera puedo personalizar el orden en que se muestra ese campo.

22.6 MODIFICAR UNA TABLA DINÁMICA

Una de las mayores ventajas de las tablas dinámicas es que son dinámicas, es decir que puedo modificarlas de una manera muy sencilla.

Por ejemplo, puedo mover el campo provincia de filtros a columnas y veo cómo cambia la tabla dinámica.

O puedo arrastrar el campo provincia fuera de las áreas de los datos y de esa manera desaparece de la tabla dinámica.

O puedo volver a arrastrar el mismo campo o cualquier otro campo que tenga disponible a las distintas áreas de la tabla dinámica.

Después de hacer las modificaciones de la tabla dinámica la dejo como estaba antes de hacer los cambios.

22.7 AGRUPAR DATOS EN TABLAS DINÁMICAS

Las tablas dinámicas en Excel son de gran ayuda para obtener reportes rápidos y efectivos de nuestra información, en esta ocasión te mostraré cómo agrupar los datos de una tabla dinámica para mejorar nuestro análisis.

Cuando los datos están agrupados puedo hacer clic en el + que aparece al lado de las agrupaciones para ver el detalle o menos para volver a contraer la información.

También tengo los botones + y − en la pestaña Analizar tabla dinámica para expandir o contraer todos los valores de una agrupación.

1. Agrupar por fechas en una tabla dinámica

   Cuando añado un campo de tipo fecha en una tabla dinámica en filas o en columnas, es posible agrupar la información por cualquiera de las siguientes unidades de tiempo: años, trimestres, meses, días, horas, minutos y segundos.

   Era una novedad de la versión 2016 que al poner una fecha en filas o en columnas automáticamente lo agrupa.

   Si quiero personalizar la agrupación puedo seleccionar la opción Agrupar, Crear Grupo de campo. Se mostrará el cuadro de diálogo Agrupar permitiéndome seleccionar la opción deseada:

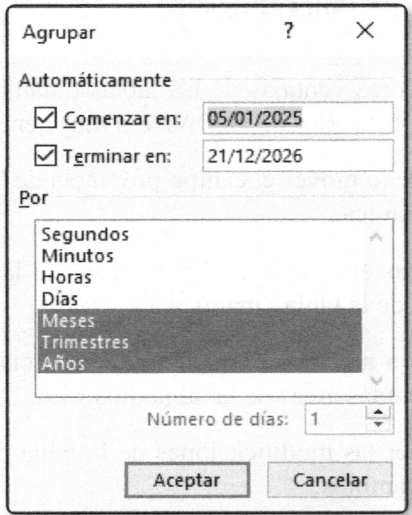

Figura 22.4. Agrupación por fechas

Si agrupo por días puedo indicarle cada cuantos días quiero agrupar, algo muy típico es agrupar por semanas por lo que le puedo indicar cada 7 días, pero en ese caso hay que tener cuidado con la fecha de inicio, en este caso es 5/1/25 que es domingo por lo que haría los grupos de domingo a sábado por lo que hay que cambiar la fecha de inicio a 30/12/24 para que sea de lunes a domingo.

En este caso como tengo pocos datos voy a agrupar solo por años y por trimestres.

2. Agrupar elementos numéricos de una tabla dinámica

Cuando hablamos de campos numéricos siempre se piensa en utilizar este campo en valores para operar con ese campo, pero en este caso voy a quitar el campo Vendedor de las filas y voy a añadir el campo cantidad.

Al situarme encima de ese campo puedo hacer clic en Grupo, Crear Grupo de campo donde aparece la siguiente pantalla.

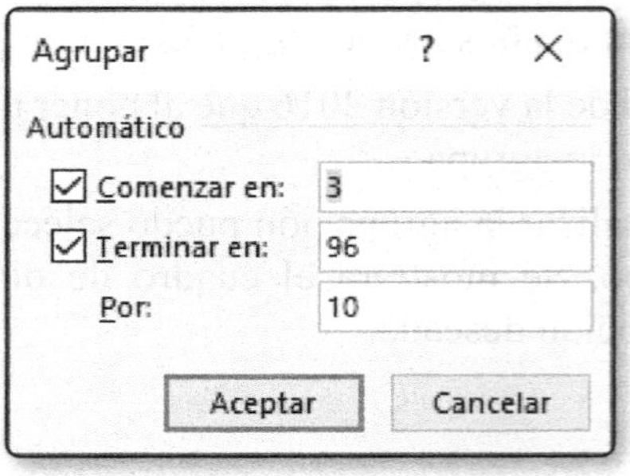

Figura 22.5. Agrupación por campo numérico

Ahora puedo indicar el número inicial y final, así como el tamaño de la agrupación que deseo. Si quiero que agrupe de 10 en 10 será recomendable que le indique que comience en 1.

3. Agrupar elementos seleccionados de una tabla dinámica

   Es posible agrupar solamente algunos elementos de la tabla dinámica de acuerdo con alguna selección que realice. Para ello debo seleccionar los elementos mientras mantengo pulsada la tecla CTRL.

   Voy a quitar la cantidad de las filas y voy a poner otra vez los vendedores, ahora selecciono a Ana, Carla, María, Milagros y Sandra y hago clic en Grupo, Crear Grupo de selección, puedo hacer clic en Grupo1 y en la barra de fórmulas puedo cambiar el nombre por el de Chicas, selecciono el resto de los vendedores los agrupo y les pongo el nombre de Chicos.

   De esta manera puedo ver la información detallada o agrupada según lo que necesite en cada caso.

4. Desagrupar elementos agrupados de una tabla dinámica

   Para desagrupar los elementos que tenga agrupados en la tabla dinámica puedo hacer clic con el botón derecho en el campo a desagrupar y seleccionar la opción Desagrupar.

   También me puedo situar en el campo y el botón Grupo puedo hacer clic en Desagrupar

22.8 CREAR GRÁFICOS DINÁMICOS

Un gráfico dinámico, es una representación gráfica de los datos que contiene una tabla dinámica, de esta manera se pueden interpretar de una manera más rápida los datos.

Para crear un gráfico dinámico de la tabla dinámica deberé hacer clic en el botón Gráfico dinámico de la pestaña Analizar, al hacer clic en este botón se abrirá el cuadro de diálogo de Insertar gráfico, allí deberé escoger el gráfico que más me convenga.

Para cambiar el formato del gráfico a otro tipo de gráfico que me agrade más o me convenga más según los datos que tengo utilizaré las pestañas de Analizar, Diseño y Formato, que aparecen en la cinta de opciones cuando el gráfico está seleccionado.

También puedo crear un gráfico dinámico directamente desde la pestaña insertar, gráfico dinámico.

Algunos gráficos no son compatibles con los datos de tabla dinámica; si selecciono uno de esos gráficos, Excel nos informará.

Cómo funciona un gráfico dinámico

Los gráficos dinámicos no toman los datos como elementos separados, sino que se alimentan de toda la tabla dinámica como fuente de datos. Por eso, al modificar la tabla dinámica, los cambios se verán reflejados automáticamente en el gráfico, es decir se quedan vinculados la tabla dinámica y el gráfico dinámico.

Esto es una gran ventaja de los gráficos dinámicos frente a los gráficos clásicos.

Debido a que los gráficos dinámicos son alimentados de esta particular forma, permiten añadir, eliminar, filtrar y actualizar los campos del gráfico al igual que una tabla dinámica, lo que resulta una característica muy importante para hacer análisis de datos y reportes más dinámicos e interactivos.

Características de los gráficos dinámicos

Para crear gráficos dinámicos efectivos debemos tener en cuenta algunas características de esta funcionalidad de Excel.

En los gráficos dinámicos cualquier cambio en la tabla dinámica se refleja en el gráfico dinámico y viceversa.

Los gráficos dinámicos ignoran los Subtotales y Totales Generales de una tabla dinámica, es decir, no los muestran en el gráfico.

Los beneficios de la Segmentación de datos en las tablas dinámicas también se aplican para gráficos dinámicos.

El eje Y del gráfico, corresponde al área de Columnas de una Tabla Dinámica, el eje X del gráfico corresponde al área de Filas de una Tabla Dinámica.

Es muy importante que tengas en cuenta que NO toda tabla dinámica está configurada apropiadamente para crear un gráfico dinámico útil.

Al configurar los campos adecuadamente, para crear un gráfico de barras efectivo, obtengo un reporte mucho más apropiado, ya que puedo comparar los resultados obtenidos entre las diferentes categorías y puedo hacer filtros si quiero tener un nivel de detalle superior.

Limitaciones en gráficos dinámicos

Así como las tablas dinámicas tienen limitaciones, lo mismo sucede con los gráficos dinámicos:

▶ No se pueden crear gráficos tipo: XY (Dispersión), Burbujas o Cotizaciones a partir de los datos de una tabla dinámica.

▶ Si se reestructuran los campos de la tabla dinámica, el formato personalizado que ha sido aplicado, se pierde.

▶ El tamaño del espacio que ocupa el título del gráfico no se puede modificar directamente.

Sin embargo, con un correcto uso de las características de gráficos dinámicos se pueden crear informes bastante robustos y las limitaciones pierden importancia.

Antiguamente los gráficos dinámicos eran los únicos gráficos que admitían filtros por lo que se utilizaban más antes, pero siguen teniendo mucha importancia para interpretar los datos que tengo.

Para modificar el gráfico dinámico es muy similar a un gráfico normal por lo que es muy personalizable, lo que más cambian son los filtros.

22.9 SEGMENTACIÓN DE DATOS

En una tabla dinámica se pueden usar las segmentaciones, para ello estando en la tabla dinámica hago clic en el botón insertar segmentación de datos, donde puedo elegir por los campos que quiero segmentar.

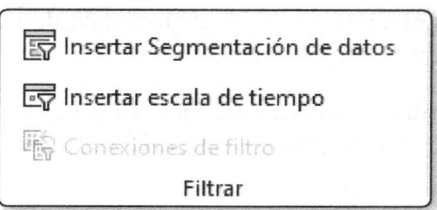

Figura 22.6. Opciones para segmentar datos

Cuando elijo uno o varios campos aparece una lista con todos los valores de esos campos y al hacer clic sobre ese valor se filtrarán los datos en la tabla dinámica.

Si quiero visualizar varios valores puedo dejar pulsada la tecla de control o puedo hacer clic en el botón que tiene 3 checks con tres líneas, de esa manera cada vez que seleccione un valor se añade a los valores mostrados en vez de sustituir un valor por el elegido.

Si pulso en el botón que tiene un embudo con un aspa rojo, borro los filtros que se hayan aplicado con esta segmentación en la tabla dinámica.

Al aplicar la segmentación sobre una tabla dinámica también se aplica a todos los gráficos dinámicos que haya hecho desde esa tabla.

22.10 ESCALA DE TIEMPO

La escala de tiempo es una segmentación especial que solo se aplica a campos de tipo fecha, por lo que al hacer clic en el botón de escala de tiempo solo puedo elegir los campos de este tipo de datos.

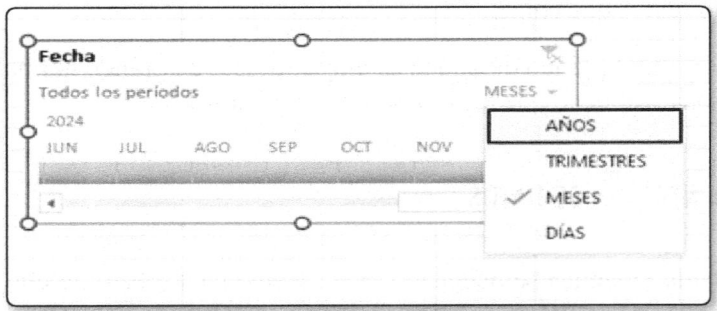

Figura 22.7. Segmentación escala de tiempo

Al poner esta segmentación puedo elegir la escala de tiempo que desee, puedo elegir entre años, trimestres, meses y días.

Puedo hacer clic y arrastrar en cualquier periodo para ver un periodo más amplio, lo que no puedo hacer es seleccionar un periodo discontinuo con la tecla de control.

22.11 CUADRO DE MANDO – DASHBOARD

Un cuadro de mando o dashboard es un resumen de datos que lo puedo hacer combinando lo que he explicado hasta ahora.

Lo primero es poner en una misma hoja varias tablas dinámicas con la información que quiera ver en cada una de ellas, además de añadir gráficos dinámicos, segmentaciones, un título, etc. podría tener un aspecto parecido a este.

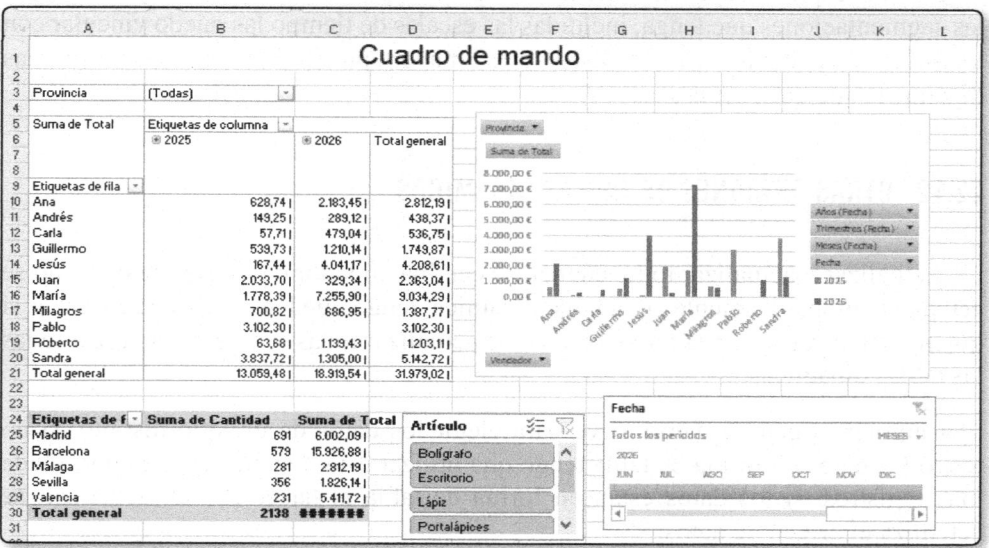

Figura 22.8. Posible aspecto de un cuadro de mando

En cada tabla dinámica le pongo un nombre para identificarlas mejor, para ello voy al botón tabla dinámica y le pongo un nombre, en este caso podría llamar a una tabla dinámica Completa y a la otra tabla la puedo llamar Provincias.

Puedo seleccionar una segmentación y hacer clic en el botón conexiones de informes donde aparece la siguiente pantalla.

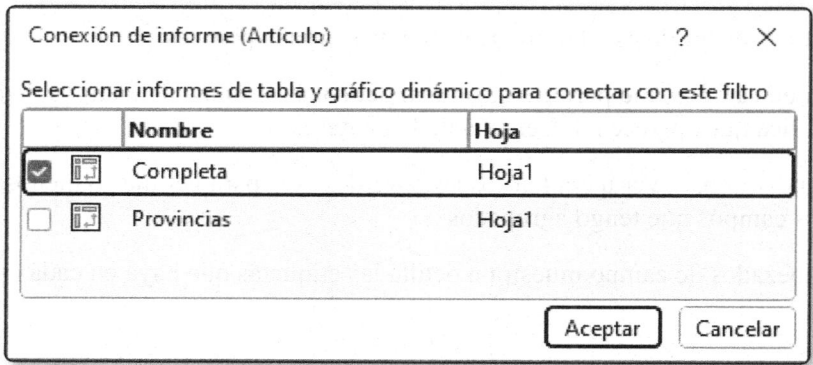

Figura 22.9. Lista de tablas dinámicas del libro

Donde puedo conectar cada segmentación con todas las tablas dinámicas del libro que quiera y de esa manera filtrar en todas ellas a la vez.

Esto hace que sea una herramienta muy potente para visualizar datos ya que todas las segmentaciones que tenga, incluidas las escalas de tiempo las puedo vincular con todas las tablas dinámicas que desee de esa manera puedo filtrar en todas las tablas dinámicas que quiera a la vez.

22.12 OTRAS OPCIONES DE TABLAS DINÁMICAS

Actualizar y actualizar todo, cuando se cambia un valor en la base de datos no se actualiza automáticamente en la tabla dinámica, tengo que hacer clic en actualizar si quiero actualizar solo esta tabla dinámica o actualizar todas si quiero actualizar todas las tablas dinámicas.

Cambiar origen de datos, sirve para elegir los datos de un sitio distinto, si no tengo los datos en forma de tabla tengo que utilizar esta opción cada vez que añada más registros, si los datos están en forma de tabla al hacer clic en actualizar se actualiza el origen de datos.

Borrar todo me permite borrar todo lo que hay en la tabla dinámica para empezar a diseñar la tabla dinámica desde cero.

Borrar filtros elimina todos los filtros que le esté aplicando a la tabla dinámica y de esa manera volver a ver todos los registros, esta opción es muy útil porque muchas veces se han aplicado distintos filtros a la tabla dinámica y quiero volver a ver todos los registros.

Mover tabla dinámica, permite mover la tabla dinámica al lugar que le indique.

Mostrar, dentro de este botón me encuentro varias opciones.

▸ Lista de campos, me permite mostrar u ocultar la ventana de campos de la tabla dinámica que aparece a la derecha de la pantalla.

▸ Botones +/- para ver u ocultar los botones de + y – para ver más o menos detalle en los campos que tengo agrupados.

▸ Encabezados de campo muestra u oculta las etiquetas que haya en cada campo.

22.13 PROPIEDADES DE LOS CAMPOS

En las tablas dinámicas, puedo usar las funciones de resumen en los campos de valor para combinar los valores de datos de origen subyacente.

Si las funciones de resumen y los cálculos personalizados no proporcionan los resultados que necesite, puedo crear mis propias fórmulas con campos y elementos calculados.

Una tabla dinámica puede mostrar varias operaciones de resumen de los datos, por defecto si el campo colocado en el área de valores es numérico, la operación es la Suma, si el campo es texto la operación por defecto es Cuenta.

Pero si necesito modificar la operación de resumen, solo tengo que hacer clic en el desplegable que aparece en la operación del campo y seleccionar configuración del campo valor.

También puedo acceder a la configuración del campo valor haciendo clic con el botón derecho encima del campo o seleccionar el campo y en la pestaña Analizar tabla dinámica puedo hacer clic en el botón Configuración del campo.

Las operaciones de resumen que puedo elegir son varias, en el cuadro de dialogo de configuración del campo valor, elegiré la más adecuada.

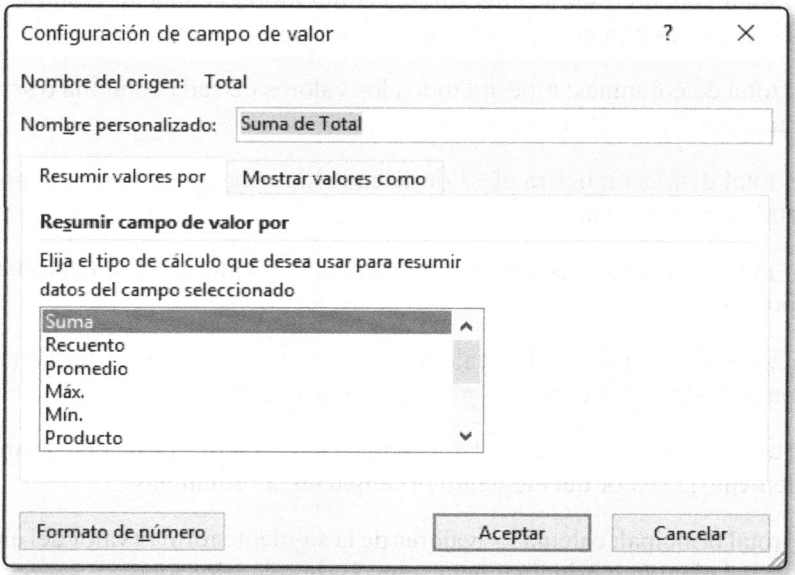

Figura 22.10. Configuración del campo valor

Es muy común poner varias veces el mismo campo y cambiar la operación de resumen para que muestre distintos resultados.

En este caso podría añadir el campo total dos veces, que una vez calcule la suma y otra vez un recuento para saber cuántos registros hay.

Después de elegir la operación de resumen puedo cambiar el nombre de este campo.

Además de cambiar la operación de resumen, también puedo cambiar el formato de este campo haciendo clic en el botón Formato de número.

22.14 CÁLCULOS CON EL CAMPO VALOR

En una tabla dinámica también puedo hacer cálculos personalizados, a través del cuadro de dialogo configuración del campo valor, pero en este caso cambiando a la pestaña, mostrar valores como.

Estos son los cálculos que podemos elegir.

▸ Sin cálculo: muestra el valor que se introduce en el campo.

▸ % del total general: muestra los valores como un porcentaje del total general de todos los valores o puntos de datos en el informe.

▸ % del total de columnas: muestra todos los valores de cada columna o serie como un porcentaje del total de la columna o serie.

▸ % del total de filas: muestra el valor de cada fila o categoría como un porcentaje del total de la fila o categoría.

▸ % de: muestra los valores como un porcentaje del valor del Elemento base en el Campo base.

▸ % del total de filas principales: calcula los valores de la siguiente forma:(valor del elemento) / (valor del elemento principal en las filas).

▸ % del total de columnas principales: calcula los valores de la siguiente forma:(valor del elemento) / (valor del elemento principal en las columnas).

▸ % del total principal: calcula los valores de la siguiente forma:(valor del elemento) / (valor del elemento principal del campo Base seleccionado).

▶ Diferencia de: muestra los valores como la diferencia del valor del Elemento base en el Campo base.

▶ % de la diferencia de: muestra los valores como la diferencia de porcentaje del valor del Elemento base en el Campo base.

▶ Total en: muestra el valor de elementos sucesivos en el campo Base como un total acumulado.

▶ % del total en: calcula el valor de los elementos sucesivos en el campo Base que se muestra como un total acumulado como porcentaje.

▶ Clasificar de menor a mayor: muestra la jerarquía de los valores seleccionados en un campo específico, enumerando el elemento más pequeño en el campo como 1, y cada valor mayor tendrá un valor de jerarquía más alto.

▶ Clasificar de mayor a menor: muestra la jerarquía de los valores seleccionados en un campo específico, enumerando el elemento más grande en el campo como 1, y cada valor menor tendrá un valor de jerarquía más alto.

▶ Índice: calcula los valores de la siguiente forma:((valor en celda) x (Total general de Totales generales)) / ((Suma total de filas) x (Suma total de columnas))

22.15 CREAR UN CAMPO CALCULADO

Usaré un campo calculado cuando quiera usar los datos de otro campo en la fórmula.

En la pestaña Analizar, en el grupo Cálculos, hago clic en Campos, elementos y conjuntos y, después, hago clic en Campo calculado.

En el cuadro Nombre, escribo un nombre para el campo.

En el cuadro Fórmula, escribo la fórmula para el campo.

Para usar los datos de otro campo en la fórmula, haré clic en el campo en el cuadro Campos y, después, clic en Insertar campo. Por ejemplo, para calcular el IVA le indicaré que es igual a Total * 1,21.

A continuación, haré clic en Agregar.

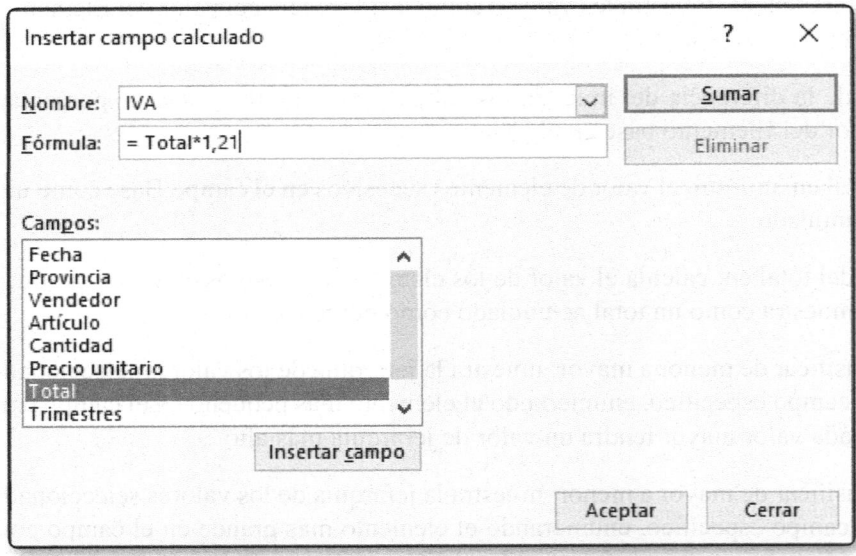

Figura 22.11. Crear campo calculado IVA

Los campos calculados me permiten hacer operaciones con distintos campos para añadir las operaciones a una tabla dinámica.

Si quiero modificar un campo calculado al acceder a esta pantalla puedo hacer clic en el desplegable del nombre y elegir el campo a modificar.

Si sumo o resto dos campos o multiplico o divido por una constante fija no hay ningún problema, pero si multiplico o divido dos campos sí que puede haber problemas ya que Excel primero suma y después multiplica o divide, por lo que el resultado no es correcto.

Mi consejo es que solo utilices los campos calculados para operaciones sencillas, es mejor crear columnas calculadas en el origen de datos.

22.16 REFERENCIA A CELDAS DE UNA TABLA DINÁMICA

Muchas veces quiero hacer referencia a un valor de una tabla dinámica desde fuera de la tabla dinámica, tengo dos formas de hacerlo.

Si hago clic en cualquier celda fuera de la tabla dinámica, puedo escribir el signo de igual y después hacer clic en una celda de la tabla dinámica.

Automáticamente Excel inserta la función ImportarDatosDinámicos que hace referencia a esa celda como parte de la tabla dinámica, por lo que si copio el contenido de la celda siempre pondrá el mismo resultado.

Puedo hacer clic en el botón tabla dinámica, clic en el desplegable opciones, Generar ImportarDatosDinámicos y quito el check.

De esa manera cuando me sitúo fuera de la tabla dinámica, escribo el signo igual y hago referencia a una celda de la tabla dinámica, ahora hace referencia a la celda, por lo que al copiar la fórmula va haciendo referencia a las celdas contiguas.

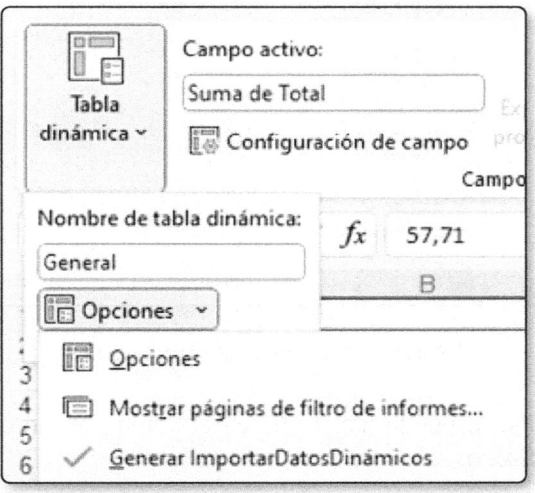

Figura 22.12. Importar datos dinámicos

22.17 DISEÑO DE TABLA DINÁMICA

Ahora voy a explicar distintas opciones del diseño del informe, para ello voy a poner varios campos en las filas y ninguno en las columnas, en este caso en las filas voy a añadir los campos vendedor y artículo, quedando la tabla dinámica de esta forma.

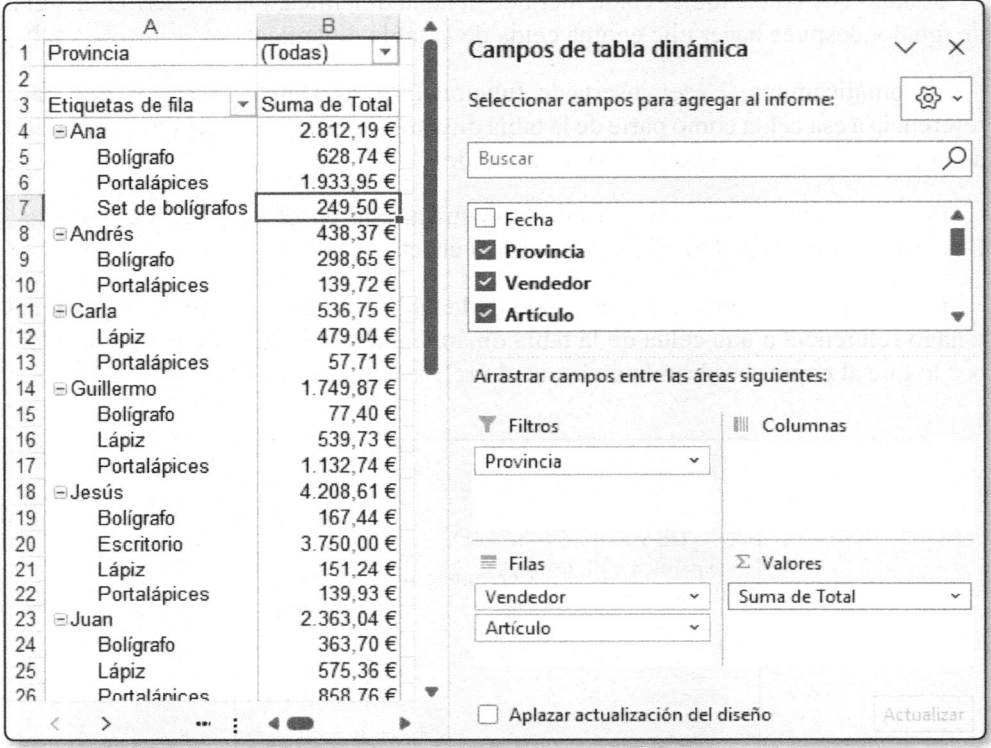

Figura 22.13. Diseño de la tabla dinámica

En la ficha de diseño puedo hacer clic en el botón Diseño del informe y elegir entre los distintos diseños.

▸ Mostrar en formato compacto, de esa manera el segundo campo del apartado de filas se sitúa en la misma columna que el primer campo.

▸ Mostrar en formato esquema pone el segundo campo en la siguiente columna, pero la primera fila la deja en blanco.

▸ Mostrar en formato tabular pone el segundo campo en la siguiente columna en la misma fila que la primera columna, a mí particularmente esta es la opción que más me gusta.

En la opción de subtotales podemos elegir.

▹ No mostrar subtotales.

▹ Mostrar todos los subtotales en la parte inferior del grupo.

▹ Mostrar en la parte superior del grupo, no funciona en el diseño tabular ya que pone los subtotales en la parte inferior.

En el botón Diseño del informe también puedo repetir todas las etiquetas de elementos, lo cual es muy útil sobre todo si copio la información fuera de la tabla dinámica.

Además, puedo insertar filas en blanco entre los grupos.

Puedo elegir distintos diseños, si quiero formatos especiales para los encabezados de filas y columnas y si quiero filas y columnas con bandas.

También puedo elegir si quiero ver los totales de filas, columnas, filas y columnas o ninguno.

22.18 CREAR VARIAS TABLAS DINÁMICAS

Para crear varias tablas dinámicas a partir de la existente voy a tabla dinámica, opciones, mostrar páginas de filtro de informes.

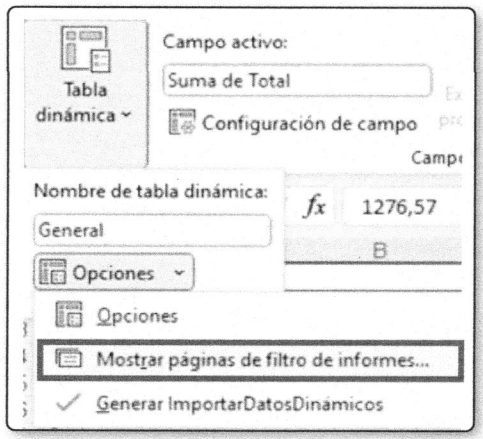

Figura 22.14. Mostrar páginas de filtro

Donde aparece una lista con todos los campos que tenemos en los filtros del informe.

En este caso solo tengo la provincia por lo que al hacer clic en aceptar creará una hoja nueva, con la tabla dinámica correspondiente por cada provincia que estuviéramos viendo en la tabla original.

Las tablas dinámicas creadas tienen todos los registros lo que ocurre es que se han filtrado y solo se ven los datos de cada provincia en cada una de las hojas creadas, pero si se quita el filtro se pueden volver a ver todos los registros.

22.19 FORMATO CONDICIONAL

Dentro de las tablas dinámicas también puedo aplicar el formato condicional, la única diferencia es que en la parte superior del formato condicional aparecen las opciones para elegir a que partes de la tabla dinámica quiero aplicar el formato condicional.

23

CREACIÓN DE PLANTILLAS Y FORMULARIOS

En todos los programas de Microsoft Office es importante el trabajar con plantillas para no tener que empezar desde cero documentos que son muy parecidos. Para ello cuando voy a Archivo, Nuevo puedo elegir entre varias plantillas o buscar una plantilla para descargarla.

Puedo ahorrar tiempo al utilizar plantillas de Excel, ya que no necesito comenzar desde cero en la elaboración de un informe o reporte, algunos ejemplos de plantillas son las facturas, agendas, horarios, inventarios, presupuestos, etc.

Pero también puedo crear mi propia plantilla, por ejemplo, voy a crear una plantilla para calcular cuánto debo pagar en un crédito.

En un archivo nuevo voy a escribir Capital en la celda A1, Tiempo en la celda A2 e interés en la celda A3.

Voy a rellenar las celdas contiguas con unos datos de ejemplo poniendo en la celda B1 100.000 € en la B2 30 y en la B3 4%.

En la celda B4 escribo la función Pago para calcular cuánto tengo que pagar al mes para eso utilizo esta fórmula =PAGO(B3/12;B2*12;B1).

Veo que el resultado es -477,42 € que es lo que tengo que pagar al mes, voy a borrar los datos de las celdas B1, B2 y B3, pero al hacerlo la fórmula da error por lo que tengo que modificar la fórmula, voy a poner la función Si.Error por delante quedando la fórmula de esta forma =SI.ERROR(PAGO(B3/12;B2*12;B1);"").

Una vez que he hecho la fórmula voy a preocuparme por las celdas, lo primero que voy a hacer es añadir validaciones de la celda B1 a la celda B3 para que solo se puedan poner los valores esperados dentro de un rango, por ejemplo, que el capital tenga que ser menor de 700.000 €, el tiempo menor de 50 años y el interés menor del 16%.

A continuación, selecciono las celdas de la B1 a la celda B3 voy a formato celdas, proteger y le quito la opción de bloqueado.

Ahora voy a la ficha Revisar, Proteger hoja, donde pongo una contraseña y le digo aceptar, de esta manera el usuario solo podrá escribir en estas tres celdas.

Pruebo que funciona todo correctamente y voy a Archivo, Guardar como donde le pongo de nombre Pago y en tipo de archivo Plantilla que tiene la extensión Xltx, además cuando le he dicho plantilla ya me lleva a la carpeta donde Excel guarda las plantillas para que después la pueda escoger cuando creo un archivo Nuevo.

Otra opción que tengo a la hora de hacer plantillas es utilizar los controles de formulario que pone Excel a mi disposición.

Para acceder a estos controles voy a mostrar la pestaña Programador, si no la tengo visible hago clic en Archivo, opciones, Personalizar cinta de opciones, y marco la opción Programador.

Ahora puedo hacer clic en el botón insertar donde puedo elegir los controles de formulario que puedo insertar.

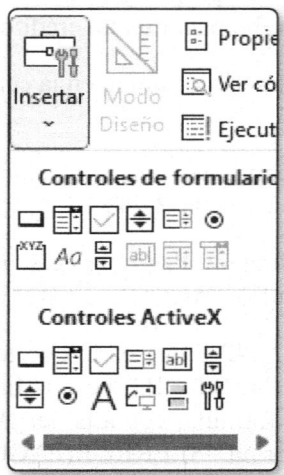

Figura 23.1. Objetos de formulario

La ventaja de usar estos Objetos de formulario es que puedo limitar y facilitar lo que puede poner el usuario.

Para empezar, puedo poner una o varias casillas, en cada una puedo escribir un texto, estas casillas permiten marcar o no cada casilla de una manera independiente, por ejemplo, si estoy preguntando por aficiones podría añadir una casilla para poner leer, otra para practicar deporte, etc.

Si hago clic encima del cuadro veré que se puede activar o desactivar esta casilla, si hago clic con el botón derecho encima del botón puedo elegir formato del control donde le puedo indicar el valor por defecto que puede ser activado, desactivado o mixto, también puedo vincular el valor de un objeto con una celda, lo cual es muy útil para después obtener la información real del formulario.

El resto de las pestañas del formato del control son para personalizar propiedades de formato y poder adecuar la visualización del objeto.

Al hacer clic en este objeto también puedo asignarle una macro para que según el valor que elija se ejecuten unas determinadas órdenes que estén en una macro.

Otro control que tengo es insertar un cuadro de grupo, el icono que tiene este control es un cuadrado con las letras XYZ en la parte superior.

Dentro de este cuadro de grupo puedo añadir varios botones de opción, de esta manera puedo elegir solo una opción de las que están dentro del grupo, este control es el que tiene dibujado un círculo negro con otro blanco alrededor.

Por ejemplo, podría poner de texto del grupo Continente y añadir distintos botones de opción, en uno podría poner América, en otro Europa, en otro Asia, etc.

En el grupo no hay ninguna propiedad nueva, al hacer clic sobre él con el botón derecho, en los botones de opción tampoco hay nada de especial, pero en este caso te recomiendo dejar una de las opciones siempre marcada.

También puedo añadir un cuadro combinado o un cuadro de lista para elegir una opción entre varias, la diferencia está en que el cuadro combinado ocupa menos ya que hay que hacer clic en la flecha para que se despliegue la lista.

Al acceder al formato del control haciendo clic con el botón derecho sobre él, en la ficha control en la propiedad Rango de entrada, puedo elegir de qué celdas tiene que tomar Excel los valores a mostrar, también puedo vincular el control con una celda para volcar el valor seleccionado.

Antiguamente se utilizaba mucho este objeto para elegir una opción entre varias, pero ahora me gusta más crear una celda con una validación en la que pongo como condición una lista.

Estos son los objetos más comunes para crear un formulario, de esta manera se hace una plantilla o un documento más restrictivo para el usuario, pero también más elegante.

24

MACROS

24.1 ¿QUÉ ES UNA MACRO?

Una macro es un conjunto de instrucciones que sirven para automatizar procesos.

Es decir, una tarea que tengo que realizar muchas veces y que son varios pasos puedo grabar estos pasos y ejecutarlos todos juntos de una vez.

A diferencia de otras versiones anteriores de Excel, en Excel 365 el formato estándar de los libros o formato XLSX no permite guardar macros, algo que sí era posible en versiones previas a la versión 2007 de Excel.

Sin embargo, existe un formato específico para este tipo de libros, con extensión XLSM. Esto permite identificar rápidamente a los libros que contienen macros y, por lo tanto, contenido potencialmente peligroso.

Hay que tener en cuenta que una macro puede efectuar operaciones que afecten al sistema y los datos almacenados en él, razón por la que hay que extremar la precaución al abrir un libro con macros creado por otra persona y sobre todo cuando no tengo una garantía explícita de su contenido.

Entre los peligros existentes está, la pérdida de información, borrado de ficheros, inserción de virus, etc.

Antes de grabar una macro sería muy útil contar con la pestaña desarrollador en la cinta de opciones.

Las macros y las herramientas de VBA se pueden localizar todas juntas en la pestaña Desarrollador, que no está visible de forma predeterminada, por lo que el primer paso consiste en habilitarla.

Para activar la pestaña Programador seguiré estos pasos:

▼ Hago clic en la pestaña Archivo.

▼ A continuación, clic en Opciones.

▼ Después hago clic en Personalizar la cinta de opciones.

▼ En las Pestañas principales, activo la casilla Programador, en otras versiones puede llamarse desarrollador.

Una vez que aparezca la pestaña, esta permanecerá visible a menos que desactive la casilla o deba reinstalar un programa de Microsoft Office.

Si no quiero activar la pestaña Programador, puedo grabar macros también desde la pestaña Vista de la cinta de opciones, haciendo clic en el último botón Macros, pero hay que tener en cuenta que muchas de las herramientas que están en la pestaña programador, tendré que ir a buscarlas a otros lugares de Excel, como por ejemplo la seguridad de las macros o los controles o complementos, por lo que mi consejo es tener activa la pestaña Programador.

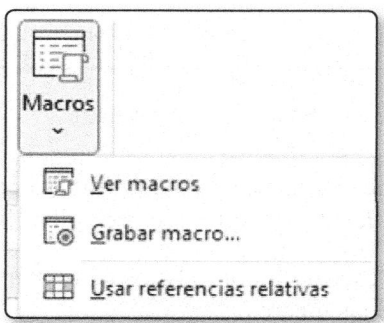

Figura 24.1. Macros desde la pestaña Ventana

24.2 GRABAR UNA MACRO

Existen varios lugares en Excel donde se puede crear una macro, otra de ellas es hacer clic sobre el botón que aparece en la parte izquierda de la barra de estado, a la derecha de la palabra Listo.

Otra forma sería desplazarse a la ficha Vista, desplegando el botón Macro y seleccionando la opción Grabar macro.

Por último, se puede grabar una macro desde la pestaña *Programador o Desarrollador* si la he activado.

Da igual desde donde haga clic, en la opción Graba macro aparecerá un cuadro de diálogo en el que debo introducir un nombre para la macro, generalmente el nombre será identificativo a la función que realizará la macro.

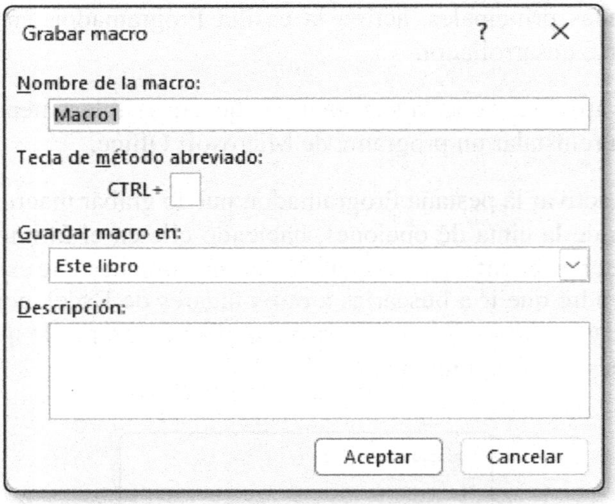

Figura 24.2. Grabar macro

En el nombre de la macro está totalmente prohibido poner espacios o puntos, si pongo cualquiera de esos dos caracteres no podré grabar la macro.

Lo que puedo hacer es escribir guiones bajos o alternar mayúsculas y minúsculas para escribir el nombre de las macros.

Puedo definir un método abreviado de teclado, para que cuando pulse esa combinación de teclas se ejecute la macro, esto solo lo haré en las macros más comunes.

Las combinaciones de teclas Control más una tecla están todas reservadas y son importantes por lo que siempre cuando pongo una combinación de teclas escribo la letra en mayúsculas para que tenga que ejecutar la macro pulsando las teclas Control+Shift+ la letra elegida.

Es muy importante definir dónde se guardará la macro; la macro la puedo guardar en el mismo libro, o bien, guardarla en el libro de macros personal, es importante saber que, para poder ejecutar una macro, el libro en el que esta la macro tiene que estar abierto.

La ventaja de guardarla en el libro personal es que la macro estará disponible para cualquier documento de Excel que tenga en mi usuario, ya que este libro se abre y se oculta cada vez que entro en Excel.

Sin embargo, si quiero que una macro esté disponible solo en un libro o ese libro lo quiero compartir con otras personas y que puedan ejecutar las macros entonces tengo que guardar las macros en este libro.

Una vez lo tenga todo configurado, procederé a pulsar el botón Aceptar. A partir de ese momento, todo lo que haga dentro de Excel quedará reflejado en la macro.

Si cuando estoy grabando la macro hago clic fuera de Excel no grabará las órdenes que estoy ejecutando.

Durante la grabación de la macro, puedo efectuar cualquier operación: introducir datos, insertar filas y columnas, editar fórmulas o establecer formatos, por mencionar tan sólo algunas. Cuando haya finalizado los pasos, tan sólo hay que hacer clic en el botón *Detener grabación...*, que aparece en los mismos sitios que antes ponía grabar macro.

Pero mucho cuidado cuando estoy grabando una macro, si muevo la ruedecilla del ratón se graba, si hago cualquier cosa se graba, por lo que es muy importante hacer solo y exclusivamente lo que quiero que ejecute la macro.

Si muevo la celda activa cuando estoy grabando una macro puedo elegir entre referencias absolutas y relativas.

Por defecto cuando muevo la celda activa de una celda a otra, la macro graba a la celda que he ido para que al ejecutar la macro vaya siempre a esa celda y llevar a cabo las órdenes grabadas. Es decir, referencias absolutas.

Esto es muy útil para rellenar plantillas o documentos parecidos donde hay que ir siempre a las mismas celdas.

Sin embargo, otras veces me puede interesar garbar un movimiento relativo, es decir el movimiento desde la celda en la que estoy hasta la celda destino, por ejemplo, ir a la celda de debajo.

Las referencias relativas se utilizan mucho al trabajar con bases de datos.

Las referencias relativas se pueden activar desde la ficha Vista o Programador.

Hay que tener cuidado cuando empiezo a grabar una macro ver el tipo de referencia que esta activada porque si he grabado antes otra macro y estaba marcada la opción referencias relativas, esta opción no se ha desmarcado y empezará a grabar esta macro con esta opción activada.

24.3 BOTÓN DE MACROS Y SEGURIDAD

Una vez que ya tengo la macro guardada, podre ejecutarla pulsando la combinación de teclas que le asigne. Hay que tener en cuenta que quizás tenga que situarme o seleccionar las celdas correspondientes antes de ejecutar la macro.

Cuando se ejecuta una macro no se puede deshacer lo que hace, por lo que si no sé qué macro debo ejecutar primero debo guardar el libro para poder volver al punto en el que estoy.

Si no recuerdo la macro que debo ejecutar o la combinación de teclas que le asigné, puedo hacer clic directamente en el botón Macros en la pestaña Programador o en la pestaña Vista y se abrirá el siguiente cuadro de diálogo.

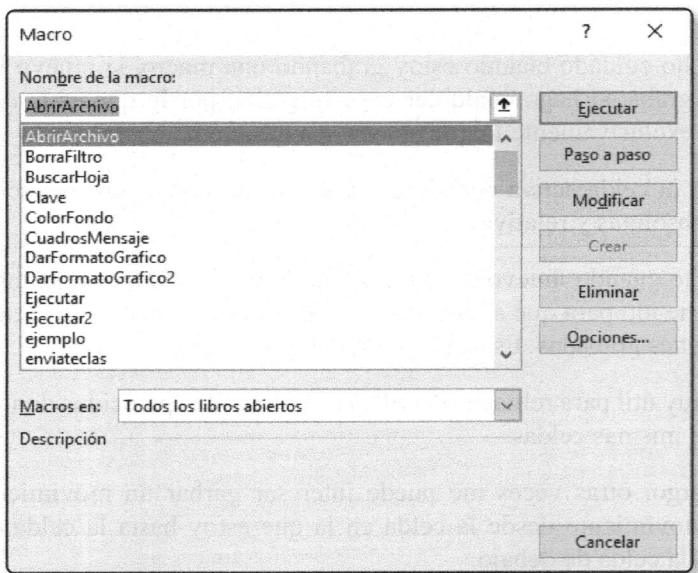

Figura 24.3. Ventana de macros

Esta es la forma más común de ejecutar una macro, sólo tengo que seleccionar la macro deseada y hacer clic en el botón Ejecutar.

Si hago clic en el botón Opciones podré visualizar y cambiar combinación de teclas asignada y la descripción de la macro seleccionada.

Desde este cuadro de diálogo también se pueden eliminar o modificar las macros haciendo clic en los botones correspondientes.

Para la modificación de la macro, pulso el botón Modificar y para realizar un seguimiento pulsaremos el botón Paso a paso. En ambos casos, se abrirá una nueva ventana que, en realidad, es todo un entorno de desarrollo en VBA de macros y funciones.

Aunque puedo usar el editor que tengo abierto para efectuar cualquier modificación en la macro, lo cierto es que no resulta muy recomendable hasta que no tenga unas nociones del modelo de objetos de Excel y el propio lenguaje.

Siempre que abra un libro de Excel con macros, se mostrará bajo la cinta de opciones, un mensaje de advertencia para habilitar las macros de ese libro.

Este mensaje, nos indica que las macros se han deshabilitado, de forma que no puedan producir daños en el documento o el equipo.

Para habilitar las macros, debo hacer clic en el botón habilitar contenido que aparece junto a la advertencia.

Para cambiar la seguridad de las macros puedo ir a la ficha de programador y elegir seguridad, se abrirá una nueva ventana donde podré configurar la seguridad de Excel.

En muchas empresas el usuario no puede cambiar estas opciones ya que están desactivadas para que el usuario no pueda cambiarlas y de esa manera ejecutar macros peligrosas que pueden afectar a la red de toda la empresa.

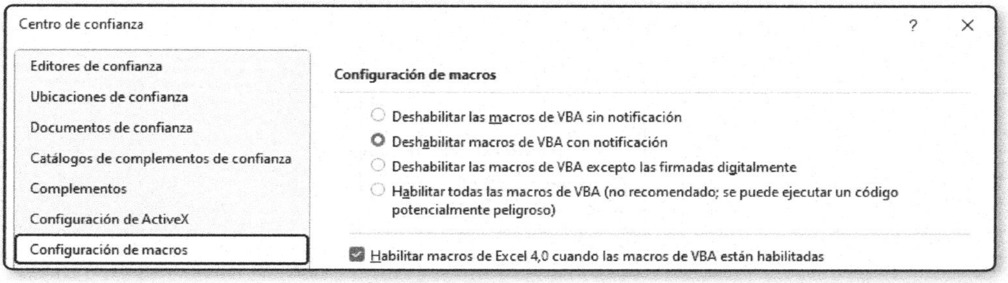

Figura 24.4. Configuración de la seguridad de macros

Las opciones que hay son las siguientes.

▸ Deshabilitar todas las macros sin notificación: demasiado restrictiva, no me dejaría ni ejecutar las macros que yo hiciera, esta opción solo se debe elegir si no deseo trabajar con macros.

▸ Deshabilitar todas las macros con notificación: esta es la opción más común ya que me permite elegir en qué libros quiero habilitar las macros.

Una vez que habilito una vez las macros de ese libro, cada vez que abra el libro podré acceder a las macros.

Al habilitar las macros ya puede que se esté ejecutando código de las macros, programando en VBA no es difícil hacer un código que se ejecute cuando se abra el libro y se ejecuta al habilitarlo.

▸ Deshabilitar las macros que no estén firmadas digitalmente: solo se podrán ejecutar las macros que tengan una firma digital de una persona o una empresa haciéndose responsables de la macro.

▸ Habilitar todas las macros: Excel ya nos dice que no es recomendable esta opción ya que se puede ejecutar cualquier código lo cual es altamente peligroso.

24.4 BOTONES EN LA HOJA

También puedo ejecutar una macro añadiendo un botón en la hoja de cálculo.

Puedo utilizar un botón (control de formulario) para ejecutar una macro que realiza una acción cuando un usuario hace clic en él.

Para añadir un botón en la pestaña Programador, en el grupo controles, hago clic en Insertar, a continuación, en Controles de formulario, hago clic en botón.

Figura 24.5. Botón de los controles de formulario

A continuación, hago clic en la ubicación de la hoja de cálculo donde desee situar la esquina superior izquierda del botón, también puedo dibujar un rectángulo para asignarle un tamaño al botón.

Al soltar aparece la ventana emergente de Asignar Macro, donde le indico qué macro tiene que ejecutar el botón cuando se haga clic en él, después hago clic en el botón Aceptar.

Para especificar las propiedades de control del botón, haré clic con el botón secundario sobre el botón y a continuación clic en Formato de control, se pueden cambiar muchas propiedades, pero no se puede cambiar el color de fondo de un botón.

Cuando hago clic con el botón secundario sobre el botón también puedo elegir la opción Modificar texto para escribir el texto que desee o asignar macro para cambiar la macro que debe de ejecutar el botón.

También puedo asignar una macro a una imagen o a una forma que inserte en la hoja.

24.5 BOTONES EN LA BARRA DE HERRAMIENTAS

También puedo añadir un botón en la barra de herramientas para ejecutar una macro, para ello voy al menú Archivo, opciones, barra de herramientas.

En el desplegable superior elijo Macros y aparece una lista con todas las macros que tengo disponibles.

Solo tengo que elegir la macro que quiera añadir a la barra de herramientas y hacer clic en el botón Agregar, una vez que está en la lista de la derecha seleccionaré la macro y pulsaré en el botón Modificar, de esa manera puedo cambiar la imagen del botón y el texto que aparece cuando sitúe el puntero del ratón sobre ese botón, no se pueden añadir otras imágenes solamente las que están disponibles desde esta opción de Excel.

Lo más común es hacer una barra de herramientas para todos los archivos de Excel por lo que se suelen poner macros que estén en el libro de macros personal, pero en la parte superior de la derecha puedo indicarle si la barra de herramientas quiero que sea para todos los documentos o solo para el libro en el que estoy.

Si quiero personalizar la cinta de opciones sería igual pero realmente solo se personaliza en casos muy específicos.

24.6 ¿HASTA DÓNDE LLEGAN LAS MACROS?

Uno de los mayores problemas de las macros es la rigidez de las órdenes que se graban, por ejemplo, para hacer un gráfico, la macro tiene que grabar el rango de origen de los datos, por lo que al ejecutar la macro siempre van a elegir los datos de las mismas celdas.

Muchas veces pasa lo mismo al insertar fórmulas o distintos cálculos que si se graban las celdas siempre se ejecutan sobre esas celdas.

24.7 FICHA AUTOMATIZAR

Se ha añadido a Excel de escritorio la ficha de automatizar.

Figura 24.6. Ficha automatizar

En esta ficha se pueden grabar y ejecutar Scripts, el lenguaje Script se espera que un futuro reemplace a VBA, pero hay muchas aplicaciones en VBA por lo que no va a ser algo ni rápido ni fácil.

Cuando haga un libro XLSM se puede abrir desde la versión web, pero no se pueden ejecutar las macros VBA.

Cuando grabo una macro aparece una pantalla que indica si quiero crear el script correspondiente, pero de momento no es tan potente como VBA.

Desde esta ficha también se pueden grabar scripts o crear uno nuevo desde el código.

Parte 2

POWER BI

25

INTRODUCCIÓN

Siempre se ha necesitado analizar los datos para poder sacar conclusiones y tomar las decisiones adecuadas, pero con los datos en bruto, es decir con una base de datos, no se puede analizar la información global de los datos.

En la versión de Excel 2010, Microsoft lanzo los complementos Power Pivot, Power Query, Power Map y Power View, en la versión de Excel 2013 se hicieron muy populares estos complementos y en 2015 Microsoft lanzo la primera versión de Power Bi tomando como base estos complementos de Excel, desde entonces Power Bi se va actualizando constantemente lanzando una actualización cada mes.

Power BI es una potente herramienta de inteligencia empresarial que permite crear informes que facilitan la toma de decisiones.

Power BI permite conectar con una amplia variedad de fuentes de datos, desde archivos de texto o PDF, a hojas de cálculo simples, otros informes publicados, bases de datos como SQL Server, Oracle, etc. de esta manera creamos el modelo semántico de datos del informe.

Con Power BI, se pueden crear informes, paneles, tarjetas de resultados y áreas de trabajo personalizados, desde la versión Desktop solo se pueden crear informes.

Cuando los objetos de Power Bi están publicados, los datos de pueden actualizar automáticamente para mostrar la información casi en tiempo real, esto es útil en escenarios volátiles que cambian rápidamente.

Para crear un informe y compartir la información con otras personas se deben de seguir varios pasos, primero importar los datos, después hay que limpiar los datos, crear columnas nuevas, a continuación, se crea el informe y por último se publica y se comparte con las personas que se necesite en cada caso.

Para crear el informe se puede descargar gratuitamente Power Bi Desktop desde las páginas de Microsoft.

Este es el vínculo de descarga *https://www.microsoft.com/es-es/download/details. aspx?id=58494*

No hace falta descargar la versión anterior, solo hay que descargar el archivo correspondiente e instalarlo.

Microsoft lanza una versión nueva cada mes por lo que te recomiendo que si tienes Power Bi instalado desde hace tiempo lo vuelvas a descargar e instalar.

Una vez creado el informe, el siguiente paso es publicar el informe para lo que se necesita una cuenta de Microsoft 365 que tenga Power Bi y para poder compartir los objetos publicados se necesita una versión de pago de Power Bi o utilizar una versión de prueba de 60 días.

Para poder ver un informe compartido también se necesita una versión de pago.

Una vez que está el informe publicado se pueden crear tarjetas, paneles, áreas de trabajo, flujos, etc. a esta parte de trabajar con Power Bi en la web se llama el Servicio de Power Bi.

Una vez que se han importado los datos, el siguiente paso es transformar estos datos en bruto y hacer que estos datos sean útiles para su análisis, para ello hay que hacer clic en la ficha de *Inicio*, en el botón *Transformar datos*, opción *Transformar datos*.

Figura 25.1. Acceso a Power Query

Al hacer clic en la opción *Transformar datos*, se abre el editor de Power Query, que es casi igual que en Excel, ya que como explique estos complementos de Excel han evolucionado en Power BI.

A la izquierda están las distintas consultas que había en Power BI, en este caso las consultas clientes, pedidos y detalles de pedidos.

En la parte de la derecha esta la ventana *Configuración de la consulta* donde se puede cambiar el nombre de la consulta, debajo aparece el historial con los pasos que se han aplicado dentro de Power Query.

También se puede cambiar el nombre de la consulta haciendo un doble clic en la consulta en el panel de consultas situado a la izquierda de la pantalla.

En este historial en la parte de la izquierda de cada paso aparece un aspa, al hacer clic en esa aspa se deshace ese paso, no solo se puede deshacer el último paso, se pueden deshacer pasos anteriores, pero hay que tener mucho cuidado para que el resultado no sea incongruente con las acciones posteriores.

En algunos pasos aplicados en la parte de la derecha aparece una rueda dentada, esta rueda dentada aparece en las acciones que ha aparecido un cuadro de diálogo para elegir las opciones necesarias, al hacer clic en esta rueda dentada aparece el mismo cuadro de diálogo para modificar las opciones que se han elegido anteriormente.

En este caso, cómo voy a hacer muchos cambios, voy a hacer una copia de clientes, pedidos y detalles de pedidos, aunque cuando esté trabajando realmente en un proyecto no lo haré a no ser que quiera probar distintas opciones.

Hago clic con el botón derecho del ratón en clientes y le puedo indicar duplicar o referencia, duplicar hace una copia independiente de ese objeto mientras que referencia va a hacer una copia, pero si hacemos cambios en el origen sí que se verán reflejados en el destino. En este caso duplico clientes, pedidos y detalles de pedidos.

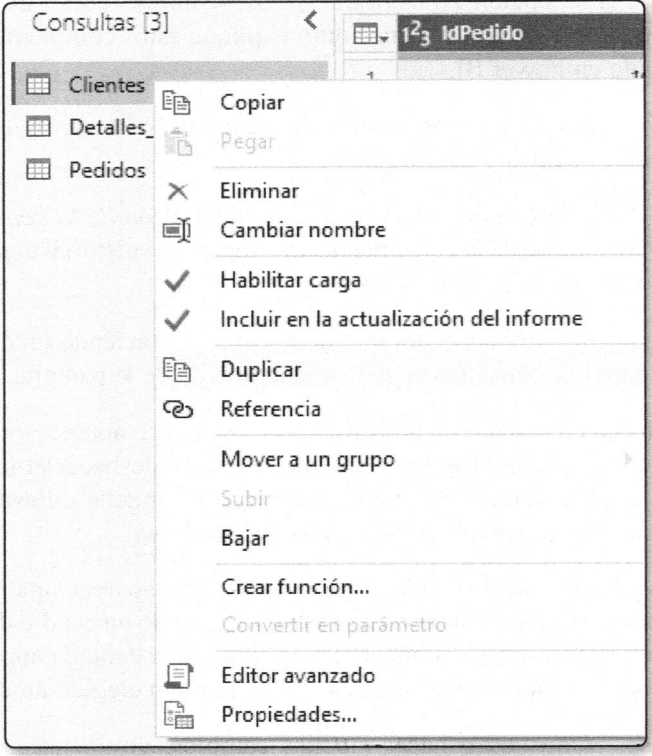

Figura 25.2. Duplicar una consulta

Esto es útil para preservar los datos originales y hacer pruebas, después se pueden borrar estas copias, o borrar los originales y cambiar el nombre a las copias si los resultados son los deseados.

26

PREPARAR LOS DATOS

26.1 LIMPIEZA DE DATOS

Una vez que están los datos en Power Query, lo primero que hay que comprobar es que a la izquierda de cada uno de los nombres de los campos tenemos un icono que nos muestra el tipo de dato que es.

Normalmente se importan bien los campos, pero por ejemplo los campos de fecha, Power Query muchas veces los detecta como fecha y hora, se puede cambiar directamente y decirle que sean solamente de fecha haciendo clic en el símbolo del tipo de dato.

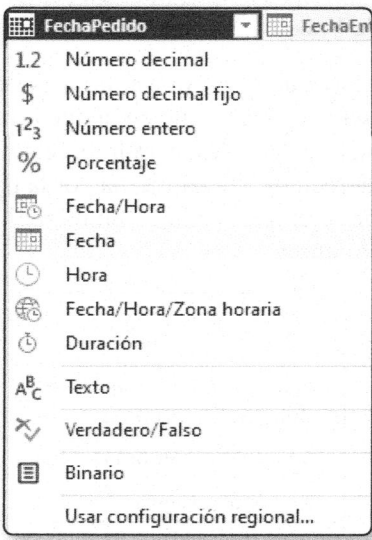

Figura 26.1. Cambiar tipo de dato

Si aparece un mensaje que nos avisa que queremos cambiar el tipo de columna lo más común es sustituir el paso actual sin necesidad de añadir un nuevo paso.

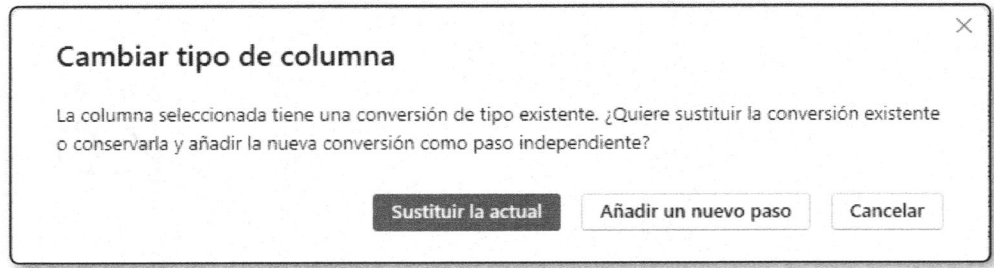

Figura 26.2. Añadir o modificar paso

Esto se puede y se debe hacer en todos los campos, también se pueden seleccionar varias columnas haciendo clic en el encabezado de cada una y después haciendo clic en la ficha de *Inicio, Tipo de datos*.

Al igual que en Excel, se puede ordenar la base de datos en este caso la consulta por el campo que se necesite, hay que situarse en la columna por la que se quiere ordenar la consulta y hacer clic en el botón de *Ordenar ascendente* o *descendente*.

También existen los autofiltros para tener solo los registros que se necesiten, en este caso las fechas no aparecen agrupadas por años, meses y días como en Excel.

En los campos de texto y en los campos numéricos, los autofiltros sí que son más similares a los autofiltros de Excel.

Dentro de Power Query hay que elegir que columnas ver, para ello, hay que hacer clic en el botón *Elegir columnas* y hacer clic en la opción *Ir a columna*, esto es muy útil cuando las consultas son muy grandes, para ir directamente a la columna deseada sin tener que moverse a la derecha y a la izquierda por la pantalla, estando en la tabla pedidos puedo hacer clic, por ejemplo, en la columna región destinatario y al decirle aceptar ya me lleva a esa columna.

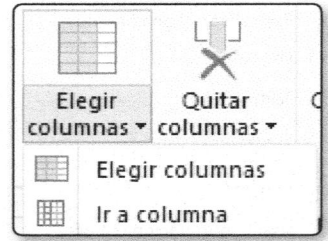

Figura 26.3. Opciones de elegir columnas

En el botón *Elegir columnas* también está la opción *Elegir columnas*.

Al indicar *Elegir columnas* se puede quitar el check de las columnas que no se necesiten y de esa manera se eliminan esas columnas.

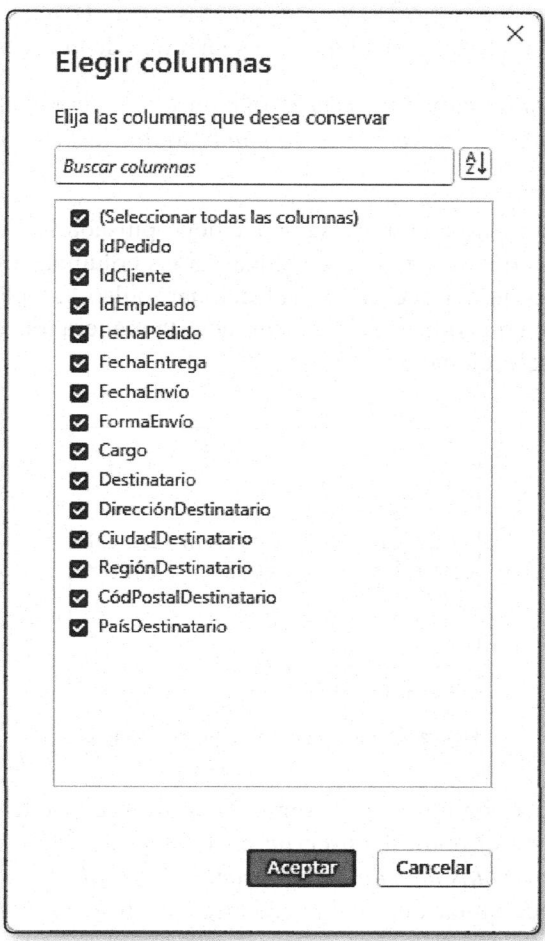

Figura 26.4. Elegir columnas de la consulta pedidos

Para localizar más fácilmente las columnas en la parte superior derecha hay un botón AZ para visualizar los campos en el orden natural que están en la consulta o en orden alfabético.

Si conozco el origen de datos quizás me sea útil el orden natural, pero si no lo conozco casi seguro que será mejor el orden alfabético para localizar las columnas que quiera.

Esto facilita mucho el trabajo porque muchas veces se importan los datos de una tabla, pero de diez columnas solo se necesitan dos, así que se pueden quitar el resto y de esa manera hacer más ligero el modelo semántico de nuestro informe.

En la opción *Quitar columnas* está la opción *Quitar columnas* que elimina las columnas seleccionas y *Quitar otras columnas* quita las columnas que no están seleccionadas.

Para seleccionar varias columnas se puede dejar pulsada la tecla Control y hacer clic en las columnas que se quiera seleccionar, si las columnas están seguidas hago clic en la primera columna que quiero seleccionar, pulso la tecla Shift y hago clic en la última columna que quiero seleccionar, de esta manera todas las columnas que están en medio se seleccionan.

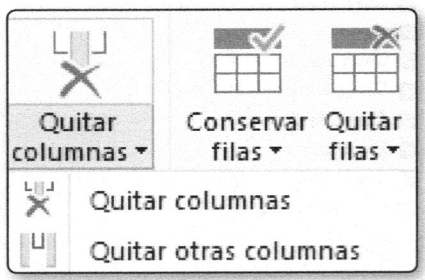

Figura 26.5. Opciones para quitar columnas

Después de hacer limpieza de columnas también se puede hacer limpieza de filas, al hacer clic en el botón *Conservar filas* están las opciones *Conservar filas superiores, Conservar filas inferiores* o *Conservar intervalo de filas*, con esta opción por ejemplo se puede quitar una fila de cada tres, es muy útil con algunos modelos de importación.

Para comprobar los errores se puede hacer un duplicado de la consulta y después elegir la opción *Conservar errores*, lo mismo se puede decir de la opción conservar duplicados.

Lo primero que se debe hacer cuando se importan datos y se crean las consultas es hacer limpieza de todos los datos que no necesitamos.

26.2 COMBINAR CONSULTAS

Las relaciones casi siempre son de uno a varios, esto significa que por ejemplo un cliente puede haber hecho muchos pedidos.

Las relaciones se usan para no tener que repetir siempre la información del cliente.

En este ejemplo voy a crear una consulta con clientes y con los pedidos para poder ver tanto clientes como pedidos en una misma consulta.

Estando en clientes, en la ficha de *Inicio* hago clic en el desplegable de la derecha donde pone *combinar consultas*.

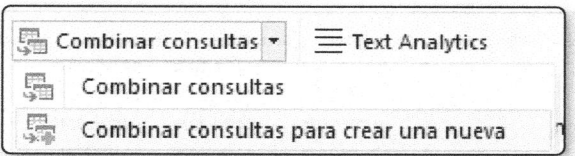

Figura 26.6. Opciones de combinar consultas

Aquí se puede elegir combinar en la consulta seleccionada o crear una nueva, en este caso le voy a indicar combinar consultas para crear una nueva para no modificar las consultas que tengo.

Se va a combinar esta consulta de clientes con la consulta de pedidos.

Para que se puedan combinar dos consultas deben tener un campo en común, es decir un campo que se repita que este caso es el de IdCliente.

En la consulta de clientes es donde están los datos de los clientes y los datos del campo IdCliente no se pueden repetir ni puede haber ningún registro en blanco, sin embargo, en la tabla de pedidos es decir la parte varios de la relación, sí se puede repetir el campo IdCliente.

No es obligatorio que estos campos se llamen igual, hay que seleccionar los campos de las dos tablas por los que se quiere crear la relación.

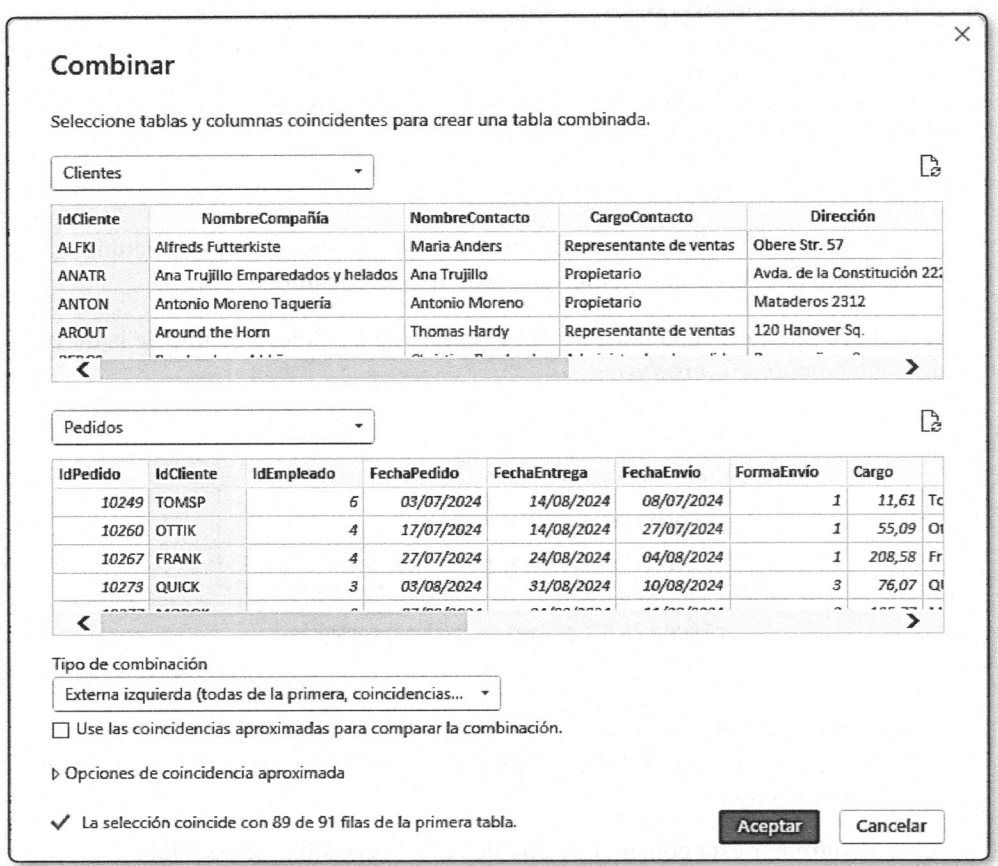

Figura 26.7. Ventana de combinar consultas

Para los usuarios más avanzados de bases de datos existe la opción *Tipo de combinación* en la cual se puede elegir que registros de una y otra tabla se tienen que incluir en la combinación.

La opción por defecto es *Externa izquierda*, es decir todos los registros de la parte uno que tengan registros relacionados en la parte varios, es decir todos los clientes que tienen pedidos y sus correspondientes pedidos. Este tipo de combinación es el estándar en relaciones de bases de datos.

En la parte inferior se puede marcar la opción de *Coincidencias aproximadas*, esta opción es muy útil cuando se importan datos de Excel, Txt, etc. ya que estos formatos no tienen integridad referencial en sus datos, es decir que en la parte varios de la relación se pueden añadir un código, aunque no existan en la parte uno.

En un programa de bases de datos si no tiene esta opción en el momento que hubiera un código que no coincide no se podría crear la relación, ni aquí se podría crear la combinación.

Una vez que se eligen las opciones necesarias en cada caso se hace clic en aceptar y aparece la tabla de clientes y la tabla de pedidos, donde se pueden realizar las siguientes acciones.

En la última columna de la consulta que se crea, hace referencia a la consulta que se ha relacionado, si en cualquier registro se hace clic en la parte blanca, en la parte inferior de la consulta se ven los registros relacionados, en este caso los pedidos de cada cliente.

	Región	CódPostal	País	Teléfono	Fax	Pedidos
1		null 12209	Alemania	030-0074321	030-0076545	Table
2		null 05021	Guatemala	(5) 555-4729	(5) 555-3745	Table
3		null 05023	México	(5) 555-3932	null	Table
4		null WA1 1DP	Reino Unido	(71) 555-7788	(71) 555-6750	Table
5		null S-958 22	Suecia	0921-12 34 65	0921-12 34 67	Table
6		null 68306	Alemania	0621-08460	0621-08924	Table
7		null 67000	Francia	88.60.15.31	88.60.15.32	Table
8		null 28023	España	(91) 555 22 82	(91) 555 91 99	Table
9		null 13008	Francia	91.24.45.40	91.24.45.41	Table
10	BC	T2F 8M4	Canadá	(604) 555-4729	(604) 555-3745	Table
11		null EC2 5NT	Reino Unido	(71) 555-1212	null	Table
12		null 1010	Argentina	(1) 135-5555	(1) 135-4892	Table
13		null 05022	México	(5) 555-3392	(5) 555-7293	Table
14		null 3012	Suiza	0452-076545	null	Table
15	SP	05432-043	Brasil	(11) 555-7647	null	Table
16		null WX1 6LT	Reino Unido	(71) 555-2282	(71) 555-9199	Table
17		null 52066	Alemania	0241-039123	0241-059428	Table
18		null 44000	Francia	40.67.88.88	40.67.89.89	Table
19		null WX3 6FW	Reino Unido	(71) 555-0297	(71) 555-3373	Table
20		null 8010	Austria	7675-3425	7675-3426	Table
21						

IdPedido	IdCliente	IdEmpleado	FechaPedido	FechaEntrega	FechaEnvio	FormaEnvio	Cargo	Destinatario	DirecciónDestinatario	CiudadDestinatari
10643	ALFKI	6	23/08/2025	20/09/2025	31/08/2025	2	29,46	Alfreds Futterkiste	Obere Str. 57	Berlín
10692	ALFKI	4	01/10/2025	29/10/2025	11/10/2025	2	61,02	Alfreds Futterkiste	Obere Str. 57	Berlín
10702	ALFKI	4	11/10/2025	22/11/2025	19/10/2025	1	23,94	Alfreds Futterkiste	Obere Str. 57	Berlín
10835	ALFKI	1	13/01/2026	10/02/2026	19/01/2026	3	69,53	Alfreds Futterkiste	Obere Str. 57	Berlín
10952	ALFKI	1	14/03/2026	25/04/2026	22/03/2026	1	40,42	Alfreds Futterkiste	Obere Str. 57	Berlín
11011	ALFKI	3	07/04/2026	05/05/2026	11/04/2026	1	1,21	Alfreds Futterkiste	Obere Str. 57	Berlín

Figura 26.8. Consulta combinada con los registros relacionados en la parte inferior

Pero si se hace clic donde pone Table, lo que hace Power Query es cambiar el origen de datos y en esta consulta solo se mostraría los pedidos de ese cliente, por lo que después habría que deshacer este paso si se quiere seguir con la consulta de las dos tablas.

Cuando se combinan las dos consultas, en la parte superior aparece un botón con dos flechas, al hacer clic en ese botón aparecen dos opciones *Agregar* o *Expandir*.

Agregar sirve para añadir en la tabla que es la parte uno de la relación operaciones que se hacen en la parte varios, en este caso dentro de clientes se puede añadir la suma del cargo que está en pedidos o calcular cuantos pedidos ha realizado cada cliente.

Según el tipo de campo se puede realizar distintas operaciones de resumen, se puede calcular sumas, recuentos, promedios, máximos, mínimos y medianas.

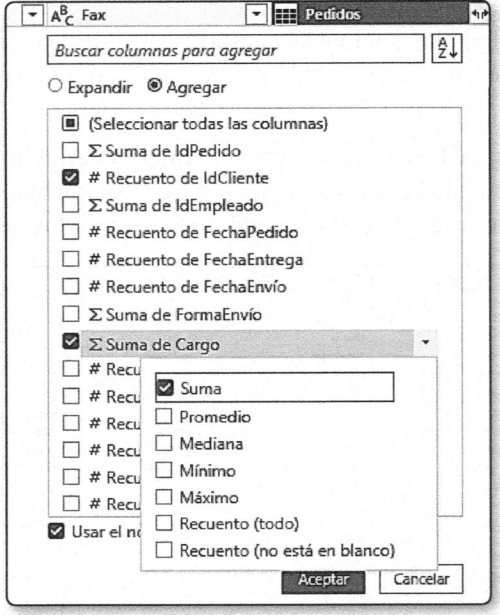

Figura 26.9. Cálculos en la parte varios

Cuando se crea cualquier columna calculada en Power Query hay que asegurarse que el tipo de columna es el correcto, ya que sino al utilizarlo en Power Bi dará problemas.

Deshago los últimos pasos que he dado para ver la otra opción que existe es *Expandir*, en esta opción se pueden añadir los campos de la parte varios de la relación a la parte uno, en este caso se pueden añadir las columnas de pedidos a la consulta de clientes, también se puede elegir si se quiere usar el nombre de la columna original como prefijo.

El resultado es la unión de las dos consultas, como si estuviera mal hecha la consulta puesto que se repiten los datos.

En este caso la consulta pasará de tener noventa y una filas a tener ochocientas treinta y dos filas, que son las filas que tiene la tabla de pedidos. Ahora dentro de cada cliente se repiten los datos de cada cliente, pero también podemos ver los datos de cada uno de los pedidos en la misma tabla.

Las consultas solo se pueden combinar de dos en dos por lo que si se quisiera añadir detalles de pedidos hay que empezar otra vez el proceso.

Anexar consultas

Desde Power Query también se pueden importar los datos directamente, en la ficha de *Inicio* se puede hacer clic en *Nuevo origen* y aparecen las mismas opciones que hay en Power Bi.

Una opción que es muy interesante es carpeta, con esta opción se pueden importar todos los archivos que haya en una carpeta, esto resulta especialmente interesante cuando los datos están separados por distintos espacios temporales años, trimestres, etc. o en distintos espacios territoriales como países, provincias etc.

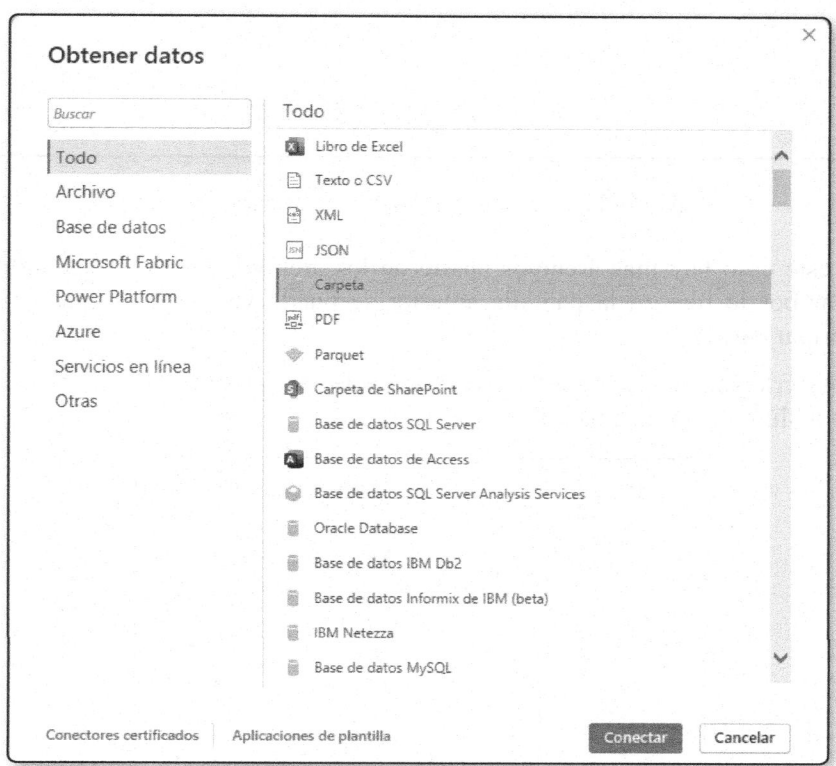

Figura 26.10. Anexar desde carpeta

Lo primero que hay que hacer es elegir la ruta de la carpeta haciendo clic en *Examinar*, después se hace clic en el botón *Aceptar*.

A continuación, se muestra una ventana con los archivos de esa carpeta, si solo están los archivos a consolidar se puede hacer clic en el botón *Confirmar y transformar datos,* pero si existen otros archivos se debe hacer clic en el botón *Transformar datos* para filtrar los archivos que se desean combinar.

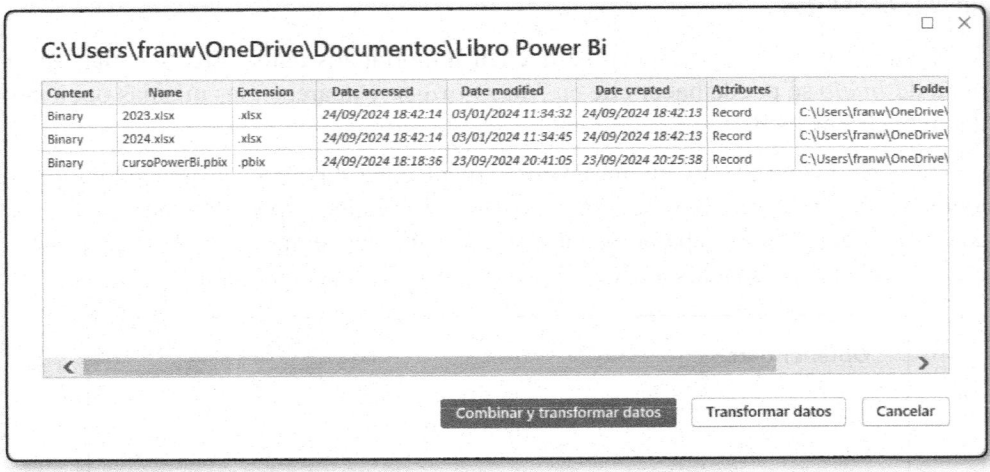

Figura 26.11. Listado de archivos de la carpeta seleccionada

En este caso hay más archivos aparte de los archivos de Excel que se desean importar por lo que en la pantalla anterior se puede ver que hay que pulsar en transformar datos.

Al hacerlo aparece la siguiente pantalla donde hay que filtrar los archivos que se desean incluir en esta anexación.

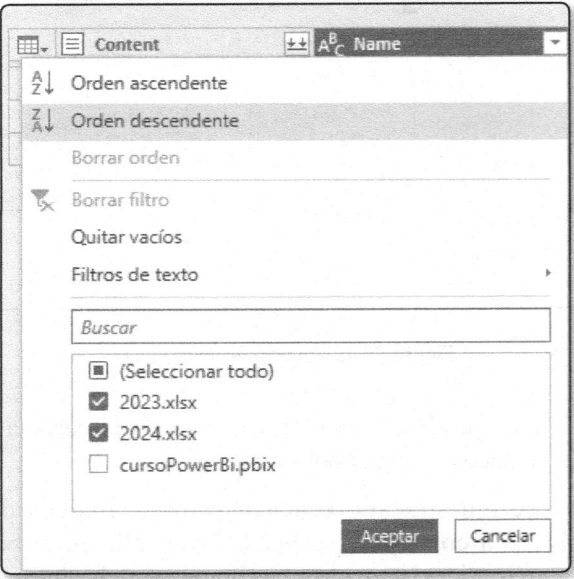

Figura 26.12. Filtrado de archivos

Ya solo queda hacer clic en el botón que tiene dos flechas dibujadas y Power Query une todos los archivos seleccionados en una única consulta.

Estos archivos deben de tener una estructura muy parecida, mejor si es idéntica, solo cambian los registros que hay en cada consulta.

Si Power Query pregunta por la consulta modelo se puede elegir cualquiera.

De esta forma se pueden unir muchos archivos de una manera automática y construir un informe con los datos que estaban dispersos en varios archivos.

Además, Power Query crea el campo Source.Name, en el cual indica de qué archivo proviene cada registro.

Esta opción es muy útil cuando la información está muy dispersa y no tener que importar los archivos de datos uno por uno.

Si estos datos estuvieran en consultas dentro de Power Query, se puede elegir la opción de anexar consultas que hace lo mismo.

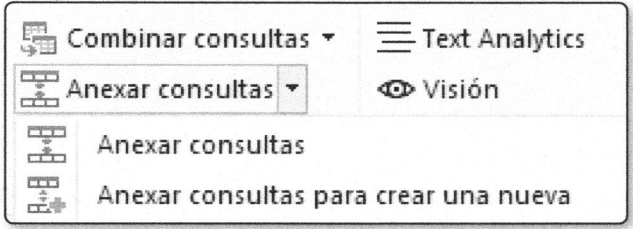

Figura 26.13. Opciones para anexar consultas

Se pueden anexar todas las consultas que se necesiten a la vez, lo que puede resultar más pesado al hacerlo de esta manera es que previamente hay que importar las consultas.

26.3 CAMBIAR ORIGEN DE DATOS

Con la opción *Nuevo origen* se pueden importar datos desde muchos orígenes distintos, incluso se pueden tener orígenes de DirectQuery y otros datos importados, algo que antes no se podía.

En orígenes recientes aparecen los últimos orígenes de datos que se han utilizado.

Hay veces que se cambia el origen de datos de sitio o se cambia el nombre, no hay ningún problema, en *Configuración del origen de datos* aparecen todos los sitios de donde se obtienen los datos y en cualquier momento se puede cambiar el origen para que Power Query use los datos de otra carpeta o de otro archivo distinto.

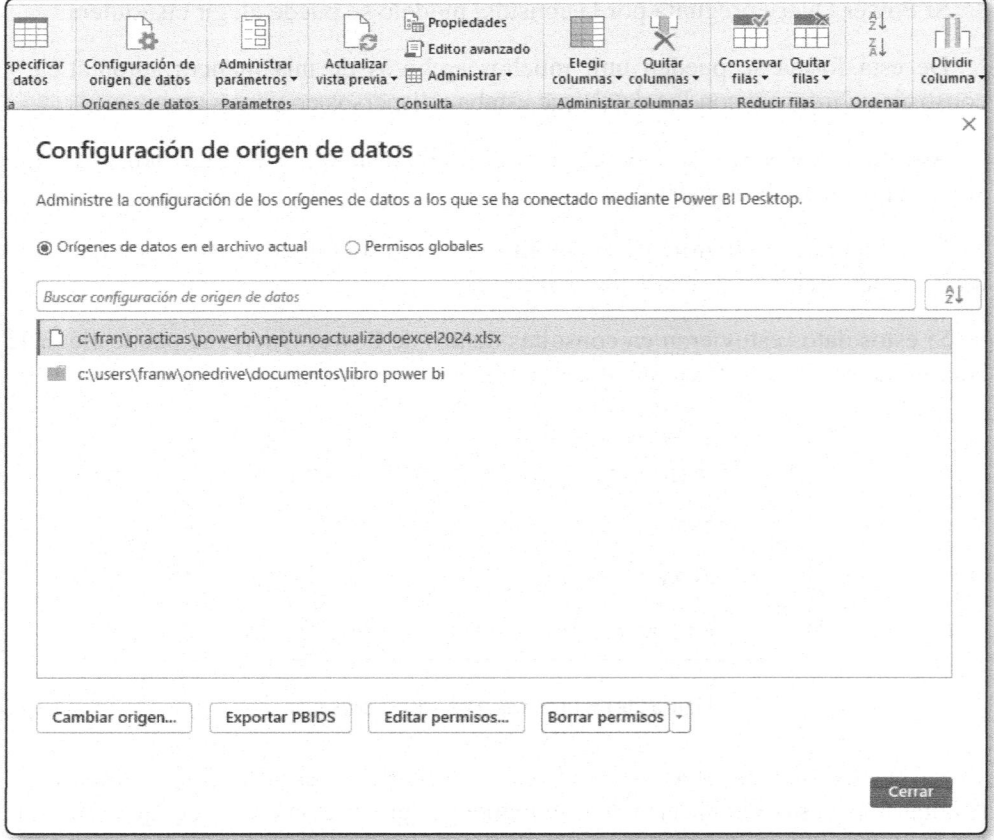

Figura 26.14. Cambiar origen de datos

Esta opción es muy importante, imagínate el siguiente caso.

En nuestra empresa hay que hacer un informe nuevo no acumulativo todos los meses, ¿cuál es la mejor manera de hacerlo y la más rápida?, solo hay que guardar el informe de Power Bi con otro nombre y cambiar el origen de datos, por eso se guardan todos los pasos aplicados, para poder aplicárselos a cualquier origen de datos que se seleccione.

Si el informe fuera acumulativo solo habría que hacer clic en el botón *Actualizar*.

26.4 CREAR Y MODIFICAR COLUMNAS

Unir y separar

Los datos nunca están como se necesitan por lo que vamos a ver cómo podemos unir y separar columnas.

Para unir columnas la manera más fácil es ir seleccionando las columnas en el orden que se desea que aparezcan.

Por ejemplo, en la consulta de clientes, se puede seleccionar la columna Dirección a continuación se selecciona la columna código postal y a continuación la columna ciudad.

En la ficha *Transformar*, está la opción *Combinar columnas*, también existe esta opción en la ficha *Agregar columnas*, en la ficha de *Agregar columnas* Power Query crea una columna nueva, mientras que, en *Transformar* une estas tres columnas en una única columna.

También se puede especificar el separador entre cada una de las columnas, así como el nombre de la columna.

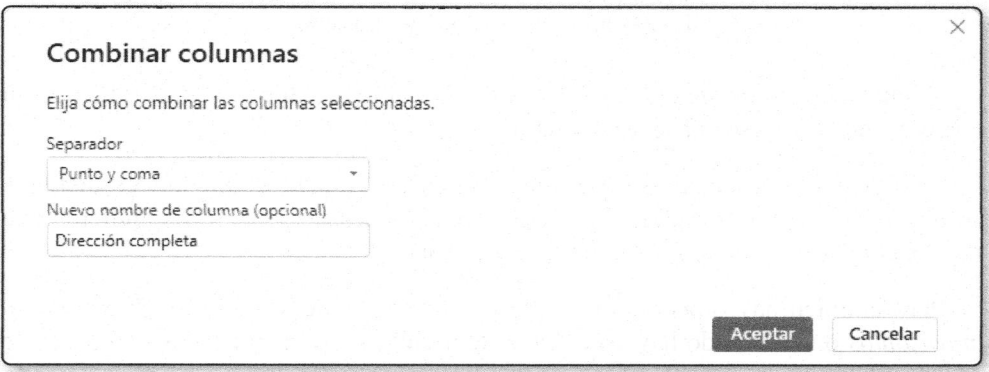

Figura 26.15. Se puede elegir el separador y el nombre de la columna

Esto es muy útil, pero también existe la opción, al contrario.

En la ficha *Transformar* está la opción *Dividir columna*, en este caso se va a separar el contenido de una columna en varias, está la opción por delimitador, que sería para deshacer el paso anterior, ya que hay un carácter por el cual está delimitado en este caso es el punto y coma, que ya los detecta automáticamente Power Query, se puede indicar cuando lo tiene que hacer, solamente una vez en el carácter que está situado más a la izquierda, solamente una vez en el carácter que está situado más a la derecha o cada vez que aparece este delimitador.

Hay otras opciones, *Por Número de caracteres*, donde se le indica cada cuantos caracteres se quiere la división, se le puede decir cada tres caracteres, solo una vez al principio o solo una vez al final de la columna.

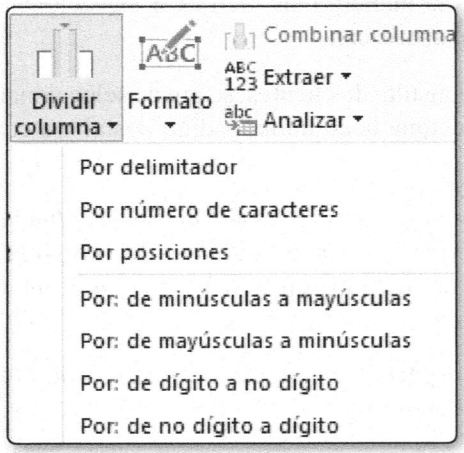

Figura 26.16. Opciones de dividir columna

O también se le puede indicar *Por posiciones*, donde le hay que ir escribiendo en qué caracteres se desea hacer la división.

Esto es muy útil cuando se necesitan extraer los caracteres que hay en distintos números o en distintos códigos, por ejemplo, si se desean separar los números que hay en el IBAN de número de cuenta de un banco.

Pero también hay otras opciones, Power Query puede separar de *Minúsculas a mayúsculas* o sea cuando hay un cambio de minúsculas a mayúsculas o al revés de *Mayúsculas a minúsculas*, también existen las opciones *De dígito a no dígito* cuando hay un número y el siguiente carácter no es número o De no dígito a dígito, esta opción es muy útil para separar los nombres de las calles del número.

Estas últimas opciones no existen en Excel y hay veces que se echa de menos.

Formato

Las opciones de *Formato* también están tanto en *Agregar columna* como en *Modificar* por lo que se pueden modificar los datos que hay en las consultas o crear nuevas columnas.

En la opción de *Formato* con la opción *Minúsculas* se cambia el texto a minúsculas, *Mayúsculas* cambia el texto a mayúsculas, *Poner en Mayúsculas cada palabra* es muy útil para nombres propios ya que cambia la primera letra de cada palabra en mayúsculas y el resto en minúsculas.

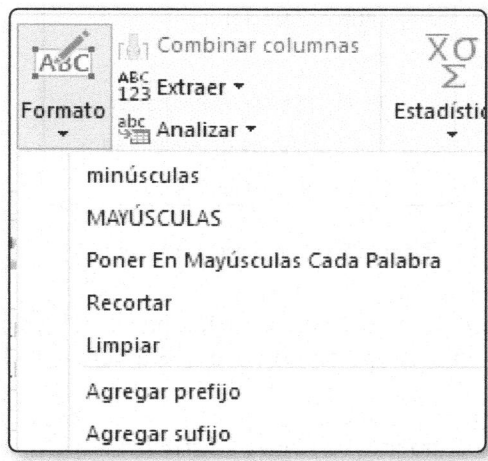

Figura 26.17. Opciones de formato de texto en Power Query

También está la opción de *Recortar*, esta opción quita los espacios que hay al principio y al final de una columna y si en medio hay más de un espacio, los quita y deja solo uno, como la función espacios de Excel.

A continuación, está la opción de *Limpiar* que elimina los caracteres no imprimibles, cuando se importan datos hay veces que se importan más caracteres de los que se ven, con esta orden se pueden eliminar esos caracteres que no se ven y que pueden hacer que la consulta pese mucho más y por lo tanto sea más lenta.

También de una manera muy sencilla se puede *Agregar prefijo* o *Agregar sufijo*, es decir un texto por delante o por detrás de los datos de la columna seleccionada.

Para eliminar las columnas creadas, lo más rápido es hacer clic con el botón derecho en el nombre de la columna y elegir la opción *Quitar*.

Extraer

Otra opción que existe, que es muy fácil de utilizar es la de *Extraer*, está tanto en *Transformar* como en *Agregar columna*.

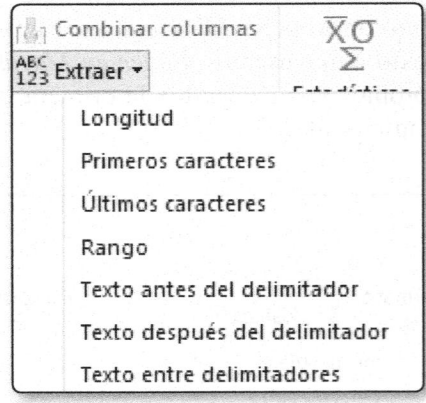

Figura 26.18. Opciones de extraer texto

Longitud sustituye el contenido de la columna por el número de caracteres, si después de hacer clic en esta opción no es lo que quieres, deshaz la acción que has ejecutado.

También se pueden extraer los *Primeros caracteres* o *Últimos caracteres* de una columna, donde hay que especificar el número de caracteres.

Con la opción *Rango* se pueden extraer los caracteres que hay entre un carácter y otro.

Texto antes del delimitador extrae el texto que haya antes del delimitador por ejemplo antes de una coma.

Exactamente igual se puede utilizar la opción *Texto después del delimitador* que extraerá el texto que haya después de un delimitador que puede ser una coma o cualquier otro.

O también se puede elegir *Texto entre delimitadores*, que extraerá el texto entre dos comas o entre los dos delimitadores que elijamos.

Estas opciones también se pueden utilizar en Excel, pero en este caso son funciones o fórmulas que hay que aprender, aquí en Power Query se puede ver que son muy fáciles estas opciones, ya que simplemente hay que hacer clic en las fichas y opciones que aparecen.

Operaciones

Existen bastantes opciones para hacer cálculos, hay que situarse en la columna que queremos operar, en este caso hago clic en la consulta Detalles de pedidos y en la ficha de *Agregar columna*, hago clic en Estándar y elijo la operación que deseo hacer por ejemplo voy a hacer clic en multiplicar, aparece una pantalla donde se puede elegir multiplicar por un valor o por otra columna, al hacer clic en aceptar ya se creará la nueva columna.

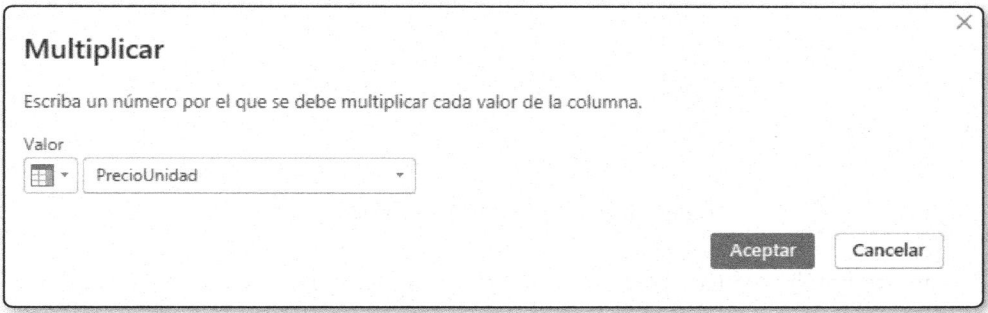

Figura 26.19. Añadimos una columna que es resultado de multiplicar otras dos

Si se seleccionan dos columnas al hacer clic en multiplicar directamente multiplica las dos columnas en una nueva sin que aparezca ninguna otra pantalla.

Una vez creada la columna se puede hacer un doble clic en el título de la columna para cambiar el nombre, también hay que asegurarse que el tipo de columna creado es el esperado.

Estas opciones también existen en la ficha *Transformar,* pero entonces Power Query modifica los datos de esa columna, no se crea una columna nueva.

Si se selecciona una columna de tipo fecha, por ejemplo, en la tabla de pedidos, también se puede ir a la ficha *Agregar columna* y hacer clic en el botón *Fecha,* donde aparecen muchas opciones.

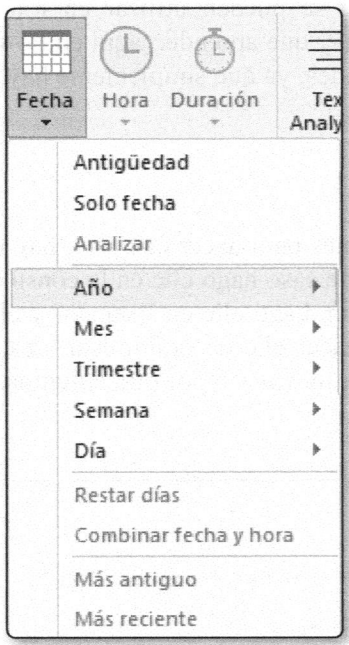

Figura 26.20. Opciones para operar con fechas

En este botón se puede elegir *Antigüedad* y Power Query calculara la diferencia en días entre la fecha actual y la fecha que hay en cada fila, *Solo fecha* o hacer operaciones con las distintas partes de la fecha.

En *Año* están las opciones para que muestre solo el año, el inicio del año o el fin del año.

En *Mes* se puede calcular inicio del mes, fin del mes, días del mes o incluso que Power Query ponga el nombre del mes en texto.

Igualmente, con la opción *Trimestre*, donde se puede obtener el trimestre del año, cuando empieza o cuando acaba el trimestre.

Hay que destacar que Excel no trabaja con trimestres, sin embargo, en Power Query y Power Bi los trimestres son una parte más de la jerarquía de fechas.

Con la opción *Semana* se puede calcular la semana del año, la semana del mes, cuando se inicia la semana o cuando acaba la semana.

En *Día* se puede calcular solo día, el día de la semana, día del año comienzo del día o final del día.

También se pueden seleccionar dos fechas y en Fecha se puede elegir la opción *Restar días* entre esas dos fechas, de esa manera devuelve cuantos días ha pasado entre esas dos fechas, también se puede elegir la fecha *Más reciente* o la fecha *Más antigua*.

Hay muchas opciones para hacer operaciones directamente seleccionando las columnas y con las opciones que tenemos en los menús, sin necesidad de tener que aprendernos funciones ni fórmulas como en Excel.

Estas opciones están en la ficha *Agregar columnas,* pero la mayoría también está en *Transformar* para modificar la columna seleccionada.

Columna a partir de ejemplos

Las siguientes opciones solo se encuentran en la ficha *Agregar columnas*, la primera que aparece es *Columna a partir de los ejemplos*.

En cualquier consulta al hacer clic en esta opción se muestra en la pantalla las distintas columnas de la consulta y una columna en blanco donde se puede escribir el texto que tiene que aparecer, Power Query detecta las columnas utilizadas y traslado ese modelo al resto de las filas.

	IdCliente	NombreCompañia	NombreContacto	CargoContacto	Dirección	Columna1
1	ALFKI	Alfreds Futterkiste	Maria Anders	Representante de ventas	Obere Str. 57	
2	ANATR	Ana Trujillo Emparedados y helados	Ana Trujillo	Propietario	Avda. de la Constitución 2222	
3	ANTON	Antonio Moreno Tequería	Antonio Moreno	Propietario	Mataderos 2312	
4	AROUT	Around the Horn	Thomas Hardy	Representante de ventas	120 Hanover Sq.	AROUT Thomas Hardy
5	BERGS	Berglunds snabbköp	Christina Berglund	Administrador de pedidos	Berguvsvägen 8	
6	BLAUS	Blauer See Delikatessen	Hanna Moos	Representante de ventas	Forsterstr. 57	
7	BLONP	Blondel père et fils	Frédérique Citeaux	Gerente de marketing	24, place Kléber	
8	BOLID	Bólido Comidas preparadas	Martín Sommer	Propietario	C/ Araquil, 67	
9	BONAP	Bon app'	Laurence Lebihan	Propietario	12, rue des Bouchers	
10	BOTTM	Bottom-Dollar Markets	Elizabeth Lincoln	Gerente de contabilidad	23 Tsawassen Blvd.	
11	BSBEV	B's Beverages	Victoria Ashworth	Representante de ventas	Fauntleroy Circus	

Figura 26.21. Texto en columnas

Es importante recordar que Power Query diferencia entre mayúsculas y minúsculas.

Una vez escrito el texto se puede pulsar la combinación de teclas Control+Enter para que rellene toda la columna y ver si lo reconoce bien.

En la parte superior de la pantalla aparece la fórmula que utiliza Power Query en lenguaje M, que es el lenguaje que está por detrás de Power Query.

Si se rellenan todas las filas de una manera correcta se puede hacer clic en Aceptar.

Esta es otra forma de unir varias columnas, aunque en la mayoría de los casos suele ser más rápido seleccionar las columnas y elegir la opción *Combinar columnas* explicada anteriormente.

Columna personalizada

En Excel se puede hacer una fórmula escribiendo las celdas y entre medias se pueden escribir los signos matemáticos con las operaciones que se quieren hacer.

En la ficha *Agregar columna* está la opción *Columna personalizada* donde se puede escribir el nombre de la columna y debajo se puede escribir la fórmula con las columnas de la consulta.

Las columnas también se pueden elegir de la lista de la derecha, entre medias de las columnas se debe escribir el signo matemático con la operación que se desee hacer en cada caso.

En este caso podría calcular el Total que sería PrecioUnidad * cantidad, pero esto también lo podría hacer seleccionando las dos columnas y eligiendo la opción de multiplicar explicada anteriormente.

Pero si ya se ha calculado el Total y quiero saber el Total con descuento sí que lo tendría que hacer en esta opción de columna personalizada ya que no hay otra opción para realizar este cálculo.

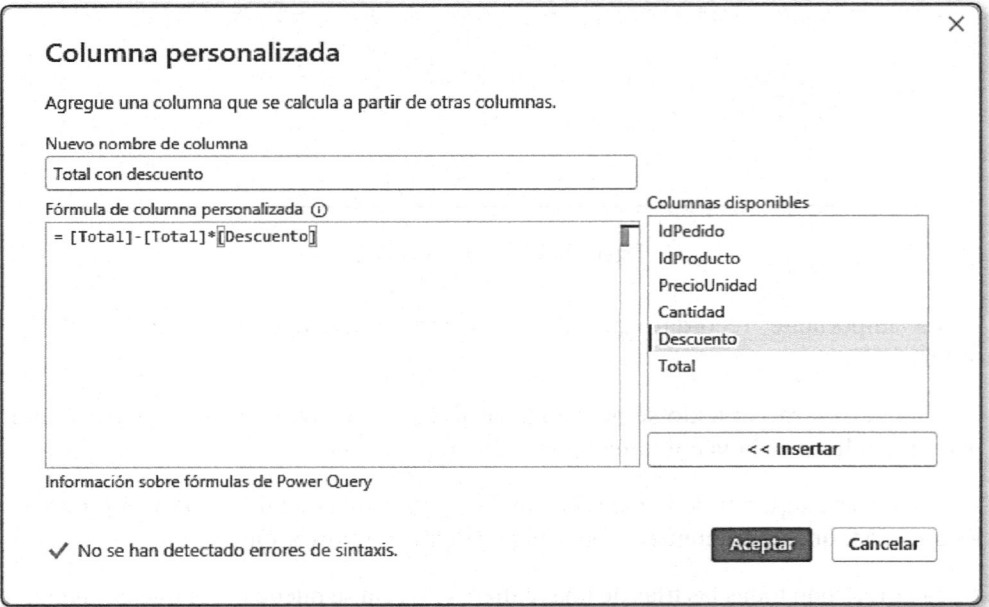

Figura 26.22. Cálculo personalizado en Power Query

Siempre que se crea un campo calculado, Power Query no sabe si es un texto o un número por lo que hay que tener mucho cuidado e indicarle el tipo de dato que es cada columna.

Con esta opción se pueden hacer cálculos más complejos no solo una operación entre dos campos.

Pero también se pueden hacer campos calculados para campos de texto, pare ello se puede usar el operador & (Ampersand) que se utiliza para concatenar textos, si se quiere añadir un texto fijo debe de ir entre comillas.

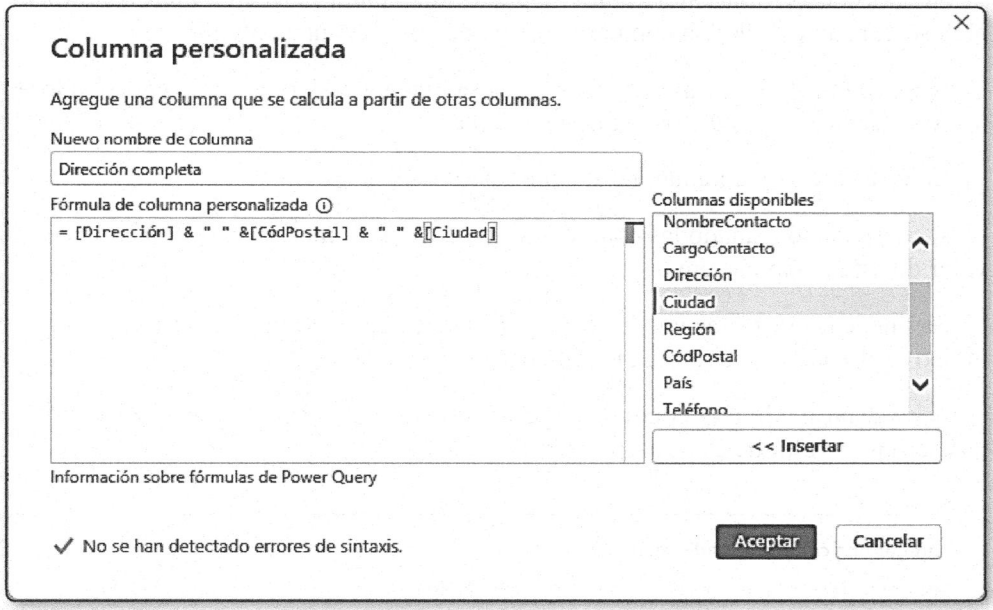

Figura 26.23. Columna calculada de texto

En este caso le indicamos que este campo es de texto.

En Power Query no se usan funciones ya que habría que aprender lenguaje M que se corresponde con un uso muy avanzado de Power Query.

Columna condicional

Aunque en Power Query no voy a usar funciones hay una opción que hace las veces de la función condicional Si de Excel, en la ficha *Agregar columna* está la opción *Columna condicional*.

Me voy a situar en la consulta Detalles de pedidos, donde antes he creado la columna Total y Total con descuento.

Al hacer clic en esta opción aparece una pantalla donde hay que indicar el nombre que va a tener la columna que se está creando.

Un poco más abajo en esta misma pantalla hay que elegir en qué columna se quiere poner la condición, a continuación, la condición que se desea evaluar y con el valor que se desea comparar, en caso de que se cumpla la condición en esta columna pondrá el valor de salida.

Además de escribir valores fijos se pueden comparar unas columnas con otras e incluso el resultado de esa comparación puede devolver una columna.

Se pueden añadir varias cláusulas y de esa manera poder devolver varios valores distintos según las condiciones que se cumplan.

En este caso voy a llamar a esta columna Portes.

A continuación, añado las condiciones, si el Total es mayor que 1000 entonces el valor de esta columna será 0.

Se pueden poner más condiciones por lo que añado otra condición en la que le indico si el Total es mayor de 500 entonces la salida será 5.

Se podrían añadir más condiciones, pero en este caso si no cumple las condiciones ya escritas el valor de este campo será 12.

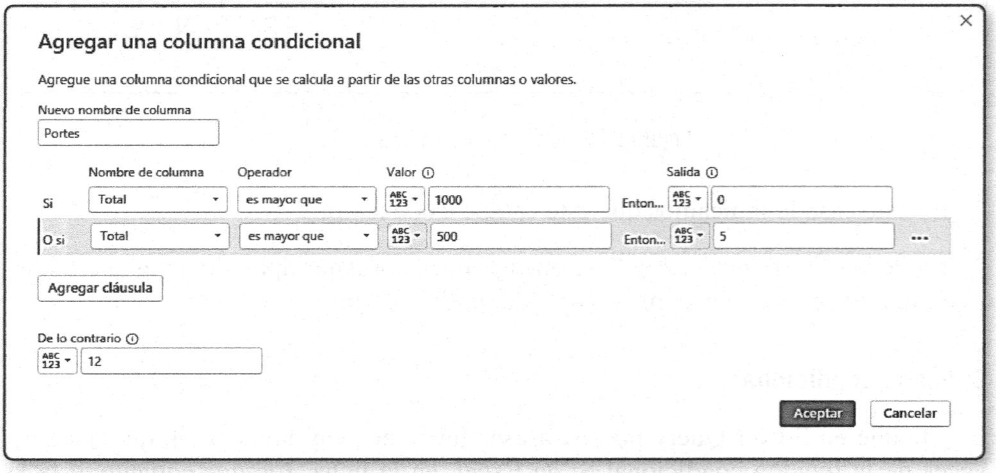

Figura 26.24. Creación de columna condicional

Si se desea delimitar los valores de una columna es importante en el orden que se ponen las condiciones.

Hay una última opción que sirve para asignar el valor escrito si no se cumple ninguna condición de las escritas previamente.

Una vez más hay que tener en cuenta que al ser una columna calculada hay que indicar a Power Query el tipo de columna que es.

Columna Índice

En todos los programas de bases de datos es muy normal el poder añadir una columna que sea índice, es decir, una columna que no se repita en ningún registro y que no tenga ningún valor en blanco, esta opción se utiliza mucho para crear códigos únicos para hacer relaciones.

En la ficha *Agregar columna* está la opción *Columna Índice* donde al hacer clic en el desplegable hay distintas opciones.

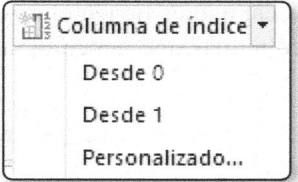

Figura 26.25. Opciones de creación de columna índice

Desde cero crea un número correlativo para cada fila empezando desde el 0.

Desde uno crea un número correlativo para cada fila empezando desde el 1, o en la opción *Personalizado*, donde se puede indicar en qué número tiene que empezar y de cuánto en cuanto se tiene que incrementar, la opción más común es empezar en uno y que se vaya incrementando de uno en uno.

26.5 OPCIONES DE VISTA

Voy a hacer clic en la pestaña *Vista* y ver las opciones que tiene.

Configuración de la consulta muestra u oculta la ventana *Configuración de la consulta* situada a la derecha de la pantalla, es muy común ocultarla para ganar espacio de visualización de la consulta, pero después muchas veces no se sabe cómo volver a mostrar esta ventana.

Barra de fórmulas sirve para visualizar la barra de fórmulas, realmente como las fórmulas están en lenguaje M y no vamos a trabajar con ellas lo mejor es ahorrarnos ver las fórmulas, todo lo contrario que en Excel donde es imprescindible la barra de fórmulas para poder modificar los cálculos e incluso entender los cálculos que se hacen en cada momento.

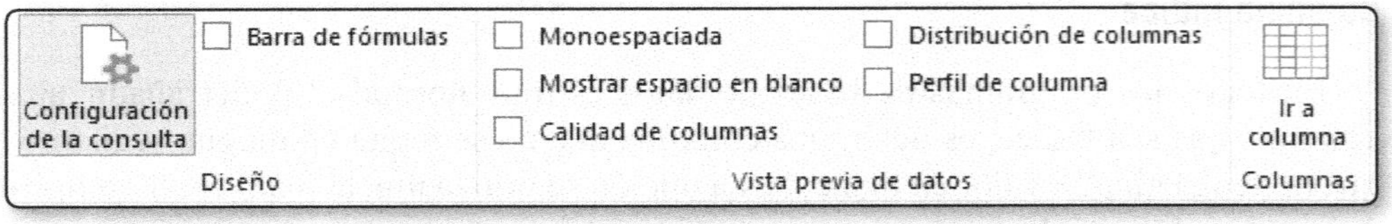

Figura 26.26. Opciones de la ficha Vista

Monoespaciada muestra el texto como si estuviera escrito con una máquina de escribir. A mí personalmente no me gusta, pero si a alguien le gusta la puede utilizar, en esta vista todos los caracteres tienen el mismo ancho, por lo que es muy útil para detectar errores en columnas que deben de tener un número de caracteres determinado.

Mostrar los espacios en blanco sirve para que interprete los tabuladores y Enters como tal y no solo como espacios.

Ahora vienen tres opciones que nos aporta mucha información sobre los datos que se disponen para hacer el informe.

Muy importante la opción *Calidad de columnas*, al hacer clic en esta opción Power Query muestra en la parte superior de cada columna cuantos valores son válidos, cuántos hay que son errores y cuántos hay que están vacíos.

Se puede hacer clic en *Distribución de columnas* donde Power Query muestra cuántos registros son únicos y cuántos son distintos, esta opción sirve para comprobar que los datos de cada columna son los esperados o incluso para detectar errores en la introducción de datos.

Al hacer clic en *Perfil de columna* después se hace clic en la columna de la que se quiere ver la información y según el tipo de datos que sea muestra más o menos operaciones de resumen, además muestra un gráfico con los valores más repetidos, al situarme encima veo cuántos registros hay con ese valor y qué porcentaje del total de registros representa, además puedo filtrar por ese valor o excluyendo ese valor.

Puedo ver cuántos son únicos, distintos, valor mínimo, máximo, etc. en un campo de fecha vería la primera y la última fecha, en este caso quizás la media no sea tan importante.

En un campo numérico también muestra la desviación estándar de los valores de esa columna.

En la parte superior de estas estadísticas hay tres puntos en los que al hacer clic puedo copiar los datos para pegarlos por ejemplo en Excel para hacer mis propias estadísticas con estos resultados.

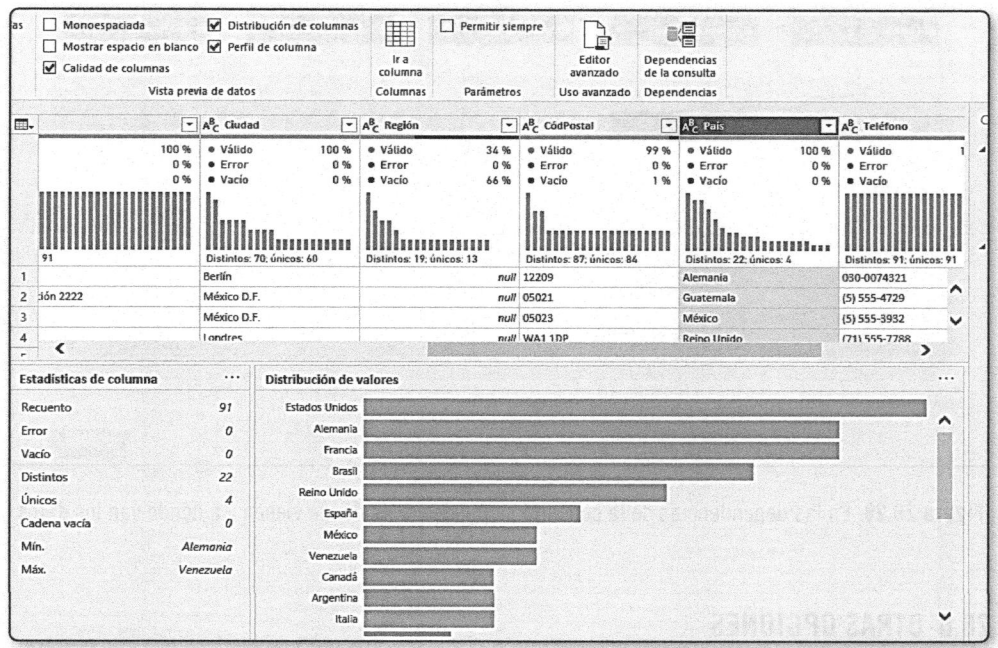

Figura 26.27. Consulta donde se muestra la calidad, distribución y perfil de las columnas

En esta misma ficha *Vista* está la opción *Dependencias de la consulta*, en esta ventana Power Query muestra el camino de los datos, es decir de donde se han importado los datos, qué consultas se han hecho, si se han combinado esas consultas con otras, etc. es decir se puede ver dónde están los datos y qué transformaciones se han realizado con esos datos.

En esta ventana se puede cambiar el Zoom con la rueda del ratón o en la parte inferior derecha de la pantalla y así ver el contenido más grande o más pequeño según se necesite en cada caso.

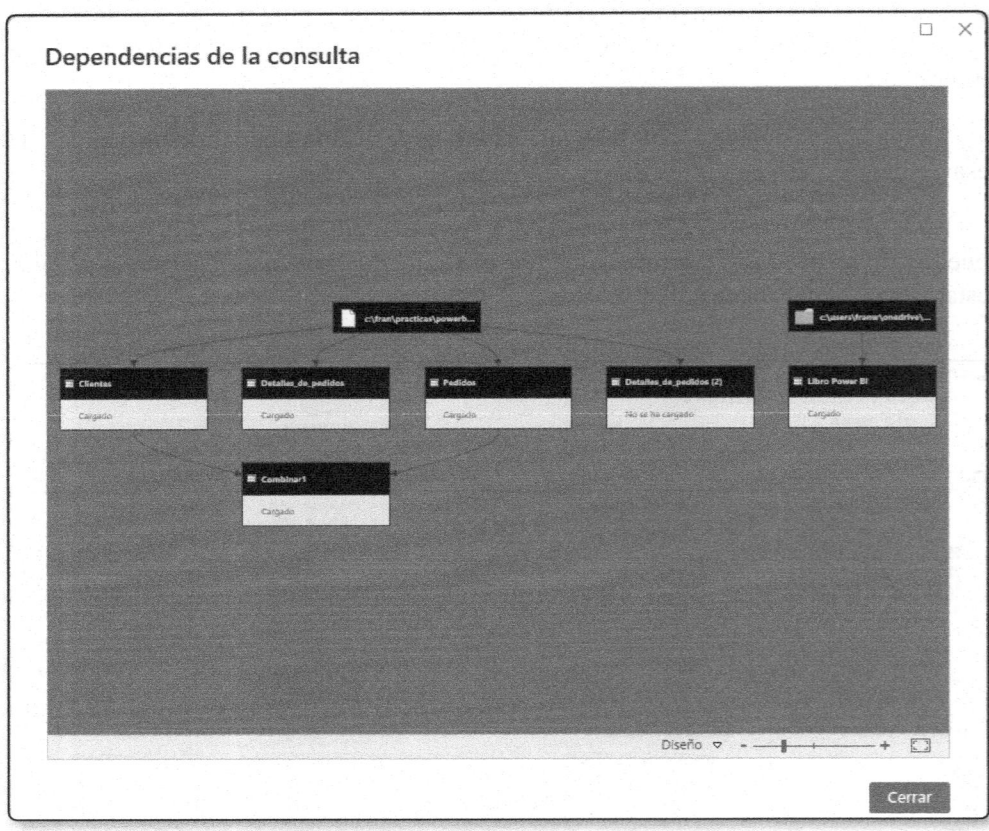

Figura 26.28. En las dependencias de la consulta se puede ver de dónde vienen y a dónde van los datos

26.6 OTRAS OPCIONES

En la ficha *Inicio* esta la opción Actualizar *vista previa*, al hacer clic en esta opción se actualiza la copia que hay de los datos, ya que se trabaja con una importación de los datos.

Siguiendo en la ficha *Inicio* está la opción Propiedades, al hacer clic en esta opción Power Query muestra una ventana donde se puede cambiar el nombre de la consulta seleccionada, se puede añadir una descripción a la consulta y se puede habilitar o deshabilitar la carga de la consulta en Power Bi.

Muchas veces hay varias consultas que se utilizan para obtener una consulta resultado, esta consulta resultado si queremos que aparezca en Power Bi, pero no las consultas originales por lo que deshabilito su carga.

En esta ventana también se puede elegir si una consulta se debe de actualizar o no, ya que si son valores fijos no se desperdician recursos del equipo en algo que no nos va a resultar útil.

Estas opciones también están disponibles haciendo clic con el botón derecho del ratón sobre la consulta que se desee personalizar.

Otra opción de la ficha *Inicio* es *Editor avanzado*, al hacer clic en esta opción Power Query muestra una ventana con el código que es lo que realmente hay detrás de esta consulta, este código está en lenguaje M, el cual distingue mayúsculas y minúsculas, si se conoce un poco de SQL habrá cosas que se entiendan, pero no todo se va a entender ya que es un lenguaje específico de Power Query.

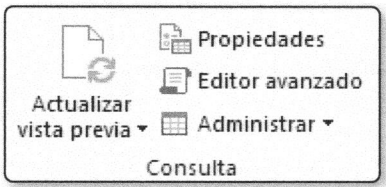

Figura 26.29. Opciones de la ficha Inicio

Para terminar con la ficha Inicio está la opción *Administrar* donde se puede *Eliminar*, *Duplicar* y *Referencia*.

Eliminar borra la consulta, *Duplicar* crea una consulta igual que la seleccionada con los mismos pasos aplicados, *Referencia* crea una consulta igual que la seleccionada, pero teniendo como origen la consulta seleccionada por lo que si hay cualquier cambio en la consulta original también se aplicará en la consulta recién creada.

Estas acciones también se pueden llevar a cabo haciendo clic con el botón derecho del ratón sobre la consulta que se desee actuar.

Agrupar

En casi todos los programas donde se trabaja con datos se pueden hacer subtotales, Power Query no va a ser una excepción.

Hago una copia de la tabla de pedidos, en la ficha *Inicio* o en la ficha *Transformar* está la opción *Agrupar por.*

Al hacer clic sobre esta opción me aparece una ventana donde puedo elegir entre básico y avanzado, la diferencia es la pantalla y las opciones que muestra, en básico solo puedo agrupar y operar por una columna mientras que en avanzado puedo agrupar y calcular todas las columnas que quiera, voy a elegir la opción avanzada.

Quiero agrupar por PaísDestinatario que elijo en el primer desplegable que aparece, podría hacer clic en el botón *Agregar agrupación* para agrupar por ejemplo por ciudades dentro de cada país.

En la parte inferior ya aparece la columna Recuento que calcula el número de filas, le voy a cambiar el nombre por NFilas, hago clic en el botón Agregar agregación y creo la columna Total cargo donde realizo la operación Suma de la columna cargo. Debería quedar como te muestro en la siguiente imagen.

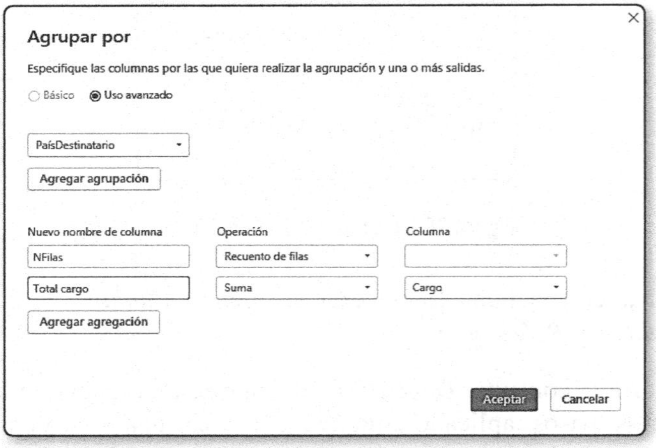

Figura 26.30. Creación de agrupaciones en la consulta

En este caso lo dejo así, pero podría añadir todas las agrupaciones y agregaciones que quisiera.

Al hacer clic en Aceptar ya veo los cálculos que quería agrupados por las columnas que he indicado.

Rellenar

Algunas veces, aunque un dato este en blanco quiero que tenga el mismo valor que el registro anterior, en ese caso puedo ir a la opción *Rellenar* que está en la ficha *Transformar* y le puedo indicar hacia arriba o hacia abajo.

Para ver cómo funciona ve a la columna Región de la tabla cliente, donde se puede observar que hay muchos valores en blanco, al hacer clic en Rellenar, abajo se puede observar como las filas en blanco se han rellenado con los valores que había en la fila superior, en este caso hay que decirle deshacer el paso aplicado porque no sería un dato real.

Dinamización de columnas

Al dinamizar las columnas voy a transformar una tabla con los datos en bruto en un resumen con filas y columnas.

Hago una copia de la tabla de pedidos y me quedo solo con las columnas FormaEnvío, Cargo y PaísDestinatario.

Selecciono la columna Forma de envío ya que es de la columna que quiero que Power Query extraiga los valores para las nuevas columnas que va a crear y en la ficha Transformar hago clic en la opción Columna dinámica donde me pregunta cuál es la columna de donde tiene que coger los datos para operar, le indico Cargo y hago clic en Aceptar.

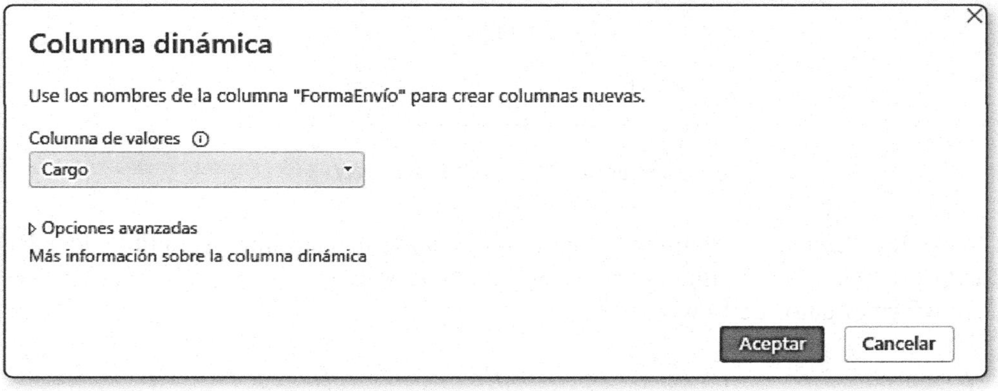

Figura 26.31. Diseño de columna dinámica

El resultado es que en la primera columna tengo los países, a continuación, tengo una columna por cada valor de la columna Forma de envío y en la intersección ha calculado la suma del cargo.

Si quiero dejarlo como estaba puedo deshacer esta acción, pero cuando tengo los datos de esta forma puedo seleccionar distintas columnas, hacer clic en el botón Anular dinamización de columnas y elegir entre las opciones que aparecen.

Cerrar Power Query

Estas son las acciones más importantes de Power Query.

Una vez que se termina de trabajar en Power Query hay que ir a la ficha *Inicio* y hacer clic en *Cerrar y aplicar*.

De esta forma se cierra Power Query y se aplican los cambios sobre las consultas que están en Power BI, también está la opción *Aplicar* para que se guarden estos cambios en Power Bi sin cerrar Power Query o cerrar Power Query sin aplicar esos cambios.

Figura 26.32. Salir de Power Query

Aunque cuando se empieza a hacer un informe es casi imprescindible acceder a Power Query, en cualquier momento se puede volver haciendo clic en el botón Transformar datos de Power Bi.

27

DISEÑAR INFORMES EN POWER BI

27.1 INTRODUCCIÓN

Una vez que los datos están preparados hay que seguir con el proceso de creación del informe.

Esta es la parte que más suele gustar a mis alumnos, ya que es lo que esperan de Power Bi, pero es imprescindible preparar los datos con los pasos explicados anteriormente.

En este capítulo voy a explicar los distintos objetos visuales que se pueden usar en los informes.

Empezaré por las tablas para mostrar datos, seguiré con matrices y además explicaré cómo se pueden filtrar esos datos.

A continuación, explicaré gráficos y mapas.

Seguiré explicando cómo interactúan los distintos tipos de objetos y cómo usar los segmentadores.

Además, si se necesitan otras visualizaciones explicaré cómo se pueden añadir otros objetos visuales.

Esto y otras muchas cosas más es lo que veremos en este capítulo.

27.2 TABLAS

Una vez que están los datos preparados en Power Query el siguiente paso en el flujo de trabajo de crear informes en Power BI es diseñar el informe para lo cual se deben ir añadiendo los distintos objetos visuales que están situados a la derecha de la pantalla.

El primer objeto visual que voy a usar va a ser el de tabla, donde se pueden añadir varios campos en las distintas columnas de la tabla, en cada columna se puede elegir la operación de resumen a utilizar, así como otras muchas opciones.

Para utilizar este objeto visual se hace clic en el objeto visual tabla.

Figura 27.1. Icono del objeto tabla

Al insertar la tabla, en las propiedades se pueden ir añadiendo los campos que se desean mostrar, se debe añadir por lo menos dos campos uno para agrupar y otro para operar, con los datos de la base de datos voy a añadir el campo país de la tabla clientes y el campo cantidad de la tabla detalles de pedidos.

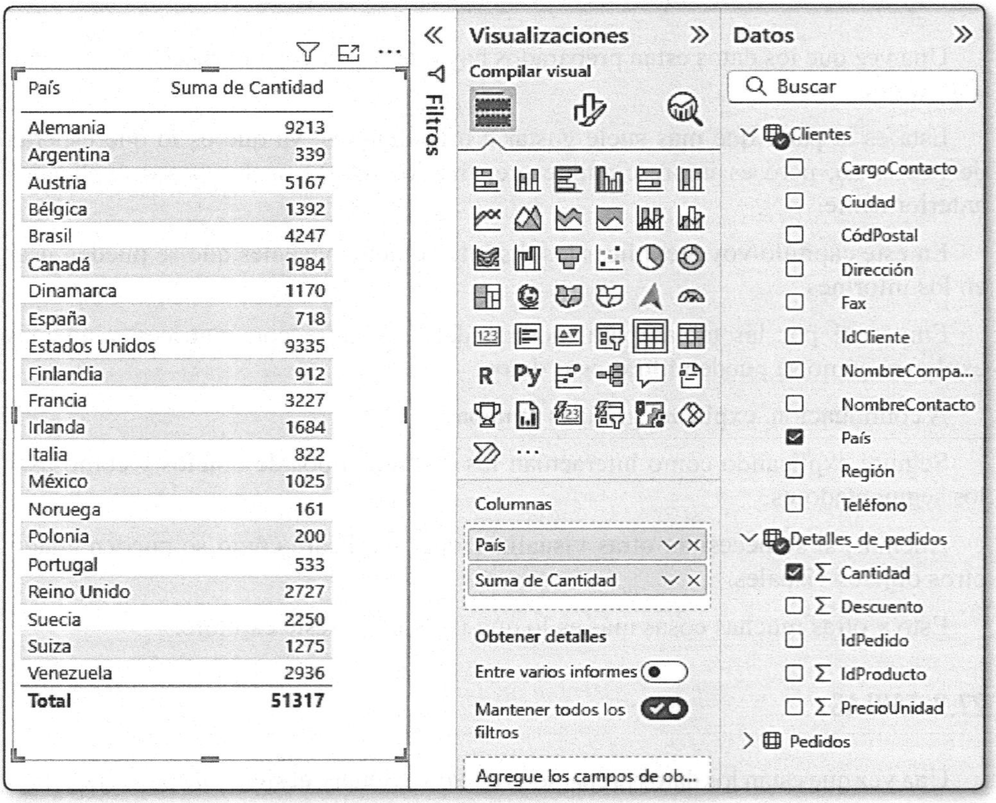

País	Suma de Cantidad
Alemania	9213
Argentina	339
Austria	5167
Bélgica	1392
Brasil	4247
Canadá	1984
Dinamarca	1170
España	718
Estados Unidos	9335
Finlandia	912
Francia	3227
Irlanda	1684
Italia	822
México	1025
Noruega	161
Polonia	200
Portugal	533
Reino Unido	2727
Suecia	2250
Suiza	1275
Venezuela	2936
Total	**51317**

Visualizaciones

Compilar visual

Columnas

País   ∨ ×
Suma de Cantidad   ∨ ×

Obtener detalles

Entre varios informes ⬤

Mantener todos los ⬤
filtros

Agregue los campos de ob...

Datos

🔍 Buscar

∨ ▦ Clientes
  ☐ CargoContacto
  ☐ Ciudad
  ☐ CódPostal
  ☐ Dirección
  ☐ Fax
  ☐ IdCliente
  ☐ NombreCompa...
  ☐ NombreContacto
  ☑ País
  ☐ Región
  ☐ Teléfono
∨ ▦ Detalles_de_pedidos
  ☑ Σ Cantidad
  ☐ Σ Descuento
  ☐ IdPedido
  ☐ Σ IdProducto
  ☐ Σ PrecioUnidad
> ▦ Pedidos

Figura 27.2. A la izquierda se ve la tabla creada, en el centro el objeto usado y a la derecha las columnas

Si los datos aparecen muy pequeños se puede ir a las propiedades de este objeto visual, en concreto al botón que tiene dibujado un gráfico con un pincel.

Aquí están las propiedades agrupadas en distintas categorías, en la categoría *Objeto visual* están las propiedades que son solo de este objeto visual mientras que en la categoría *General* están las propiedades que son comunes a todos los objetos visuales.

Dentro de la categoría *Objeto visual*, está el grupo cuadrícula donde al desplegarla se puede ver la propiedad opciones donde se puede cambiar el tamaño de la fuente de toda la tabla.

27.3 MODIFICAR TABLA

En una tabla se puede hacer clic en los encabezados de las columnas para ordenar por esa columna, si se hace clic otra vez cambia el orden entre ascendente y descendente.

En los encabezados de la tabla, al situar al puntero del ratón al final de cada columna aparece una doble flecha donde se puede ajustar el ancho de esa columna.

Al pasar el ratón encima de la tabla en la parte superior hay un botón con un embudo, en el cual al pasar el ratón por encima se puede ver si se le está aplicando algún filtro, también está el botón *Modo de enfoque* que muestra este objeto a pantalla completa, para volver al informe y ver la tabla en el conjunto del resto del informe está el botón *Volver al informe*.

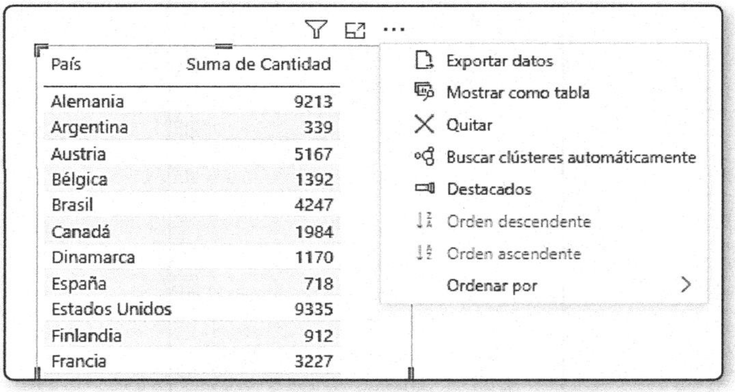

Figura 27.3. Menú contextual de una tabla

A continuación, hay un botón con unos puntos suspensivos y desde aquí se pueden exportar los datos de esta tabla a CSV.

También se pueden mostrar los datos como tabla ya que este menú es muy parecido en todos los objetos de Power Bi.

Otra opción es poder hacer que esta tabla sea destacada, esto es útil cuando hay muchos objetos en la página, lo que hace es que el resto de los objetos los atenúa, poniéndolos en gris claro y de esa manera se centra la atención sobre el objeto en el que se ha hecho clic.

Además, se puede ordenar por el campo que se desee, ascendente o descendente, en este caso, en una tabla es muy fácil ordenar por un campo o por otro, pero en otros objetos no es tan fácil el poder ordenar por el campo que se necesite.

También en cualquier momento se puede quitar este objeto.

Siempre después de trabajar con objetos es bueno hacer clic sobre el fondo del informe, porque si no al elegir otro objeto visual, lo que hace Power BI es modificar el objeto seleccionado y no inserta un objeto nuevo.

Si se hace clic otra vez en la tabla, se pueden modificar los campos que se han puesto, se puede cambiar el orden, añadir o quitar campos.

Para quitar un campo hay que pulsar en la x no sirve arrastrar este campo fuera como en las tablas dinámicas de Excel.

Al hacer clic en el desplegable de cada campo se puede elegir la operación de resumen que se utiliza, Suma, Recuento, Recuento distintivo, etc., las operaciones dependerán del tipo de datos que sea esa columna.

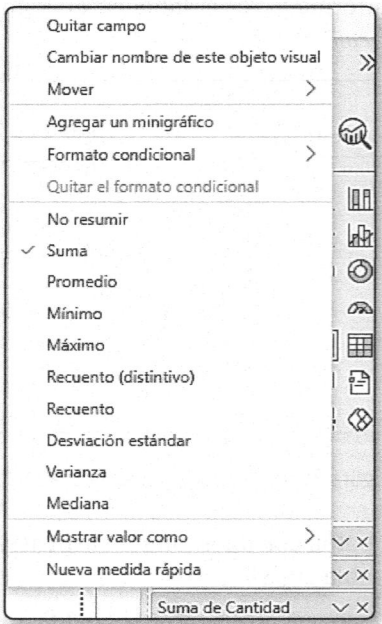

Figura 27.4. Funciones de resumen de un campo numérico

También se pueden aplicar distintos formatos condicionales en cada columna o mostrar el valor como Porcentaje del total general en la opción *Mostrar valor como*.

Es muy común, como en las tablas dinámicas de Excel, añadir varias veces una misma columna y cambiar la operación de resumen, de esta manera podría tener una columna con la suma y otra con el porcentaje sobre el total.

En las tablas se puede añadir hasta un minigráfico, en el que se suele elegir un campo de fecha para ver la evolución de los datos sobre la fecha seleccionada.

Los minigráficos son muy útiles para ver la evolución de un dato, pero no para comparar un dato con otro.

En las propiedades se pueden ir modificando tamaños, tipos de letra, colores, etc. son muchísimas propiedades y simplemente te animo a que eches un vistazo ya que es imposible poder verlas todas ahora.

Si no recuerdas donde está una determinada propiedad se puede escribir el nombre de la propiedad en *Buscar*.

Aunque las tablas como cualquier objeto de Power Bi tienen muchas propiedades voy a destacar algunas.

- *Cuadrícula, opciones, tamaño de la fuente global* sirve para cambiar el tamaño de la letra de toda la tabla.

- *Valores preestablecidos* para cambiar el formato de la tabla.

- *Valores* donde puedo elegir los formatos para mostrar los valores y el color de fondo y color de fondo alternativo de las distintas filas de la tabla.

- *Totales* puedo elegir si quiero ver los totales o no y si quiero verlos qué formato quiero que tengan.

- *Columna específica* donde puedo cambiar el formato de la columna que elija y si quiero que ese formato sea para los valores, para los totales y/o para los encabezados.

- En la ficha *General* está la propiedad *Información sobre herramientas* que en principio está desactivada si quiero que, en la tabla al pasar el ratón por encima, Power Bi muestre información adicional como sucede en los gráficos y en los mapas debo activar esta propiedad.

27.4 MATRICES

En el informe voy a añadir una matriz, para ello voy a elegir el objeto matriz, me aseguro de que no tengo nada seleccionado, ya que si no se cambia el objeto que tenga seleccionado.

Figura 27.5. Icono del objeto visual matriz

La matriz se diferencia de una tabla en que admite filas y columnas, la matriz es parecida a una tabla dinámica por la forma de estructurar y mostrar los datos.

El espacio donde se trabaja se adapta a la pantalla con la que se trabaja, por lo tanto, si se ocultan los filtros, se verá un poco más grande la matriz.

Voy a añadir el campo fecha del pedido de la tabla de Pedidos en la fila, y voy a insertar el campo cantidad de detalles de pedidos en los valores.

Al poner un campo de tipo fecha se puede ver que el campo lo ha agrupado por años, si se hace clic en el + se ven los datos por trimestres, si se sigue haciendo clic en el + se verá la información por meses y por días.

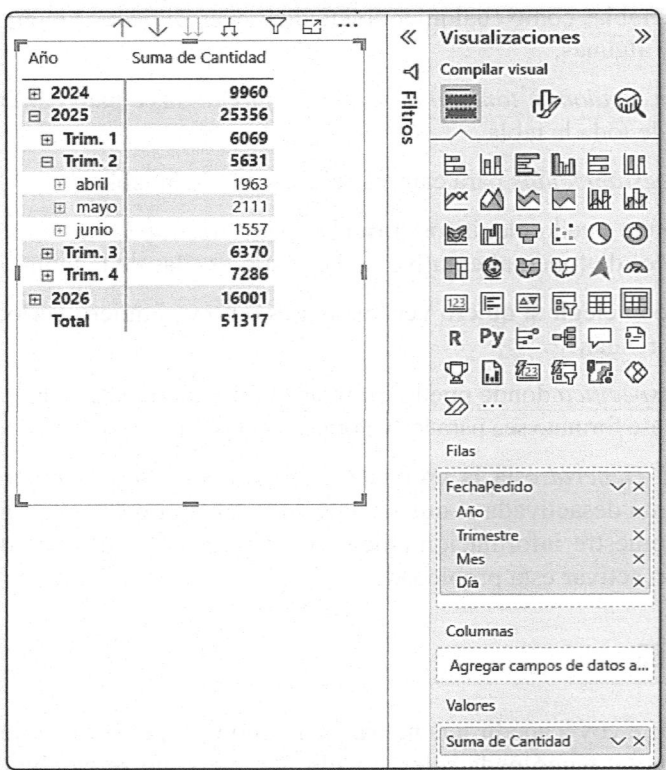

Figura 27.6. Matriz explicada en el ejemplo

Estas agrupaciones en Power BI se llaman jerarquías, en las fechas como se puede ver son automáticas.

Son datos jerárquicos porque los superiores agrupan a los inferiores, es decir dentro de cada año hay trimestres, en cada trimestre meses, etc.

Los principales ejemplo de datos jerárquicos son las fechas y los datos geográficos en los que hay país, ciudad, etc.

Según donde este situada la matriz, aparecerán en la parte superior o inferior los botones para desplegar los datos de la jerarquía.

Al hacer clic en el botón que tiene una línea que se separa en dos flechas paralelas hacia abajo, se pueden ver los datos agrupados por años, por trimestres dentro de los años, por meses dentro de las agrupaciones anteriores, etc. es decir se ve el siguiente nivel de la jerarquía agrupado por el nivel actual.

Con la flecha hacia arriba se vuelve al nivel superior.

Si se hace clic en el botón que tiene las dos flechas paralelas hacia abajo, lo que se visualiza es la agrupación de cada nivel, pero independiente del nivel superior, es decir se ven los datos por trimestres, por meses o por días independientemente del nivel superior.

También se puede hacer clic en el botón que tiene sólo una flecha hacia abajo y después hacer clic en el dato deseado, de esa manera solo muestra el detalle del dato seleccionado y se queda seleccionado este botón se usa para ir viendo el detalle que se desee, para desactivarlo hay que volver a hacer clic en el mismo botón de la flecha hacia abajo.

En las matrices hay filas y columnas por lo que ahora se puede añadir otros campos en las columnas, por ejemplo, voy a añadir los campos País y Ciudad en columnas, de esa manera se verán los datos por años y por países, así se podrán desplegar los datos tanto por filas como por columnas.

| Obtener detalles | Filas ∨ | ↑ ↓ ⇊ 🕁 ∇ ⊡ ··· | | |
Año	Alemania	Argentina	Austria
⊞ 2024	1910		1074
⊟ 2025	4756	94	2222
⊞ Trim. 1	714	50	524
⊞ Trim. 2	1575	21	407
⊞ Trim. 3	1250		550
⊞ Trim. 4	1217	23	741
⊞ 2026	2547	245	1871
Total	9213	339	5167

Figura 27.7. Matriz con varios campos en filas y en columnas

Al tener campos en filas y campos en columnas aparece un desplegable donde se puede elegir en qué área se quieren desplegar los datos si en filas o en columnas, para después volver a la matriz como estaba, también tengo que subir por los niveles por filas y por columnas, no existe una opción para hacerlo por los dos sitios a la vez.

Las propiedades de las matrices son parecidas a las de las tablas, aunque tiene alguna más como subtotales de fila, subtotales de columna, filas en blanco entre los distintos valores, etc.

Todos los objetos tienen muchas propiedades, en este libro no se pueden ver todas las propiedades de todos los objetos, por lo que solo puedo nombrar las más importantes, pero te recomiendo que explores que posibilidades tienes en cada uno de los objetos.

27.5 CREAR JERARQUÍAS

En el caso anterior he añadido la jerarquía automática de las fechas, pero los campos país y ciudad se han tenido que añadir de uno en uno, si esto lo tengo que hacer muchas veces en el informe puedo crear una jerarquía para poder añadir todos los campos de una sola vez.

En este caso, en la lista de campos voy a hacer clic en los puntos suspensivos que hay a la derecha del campo país y elijo la opción *Crear Jerarquía*.

Power Bi crea la jerarquía y le pone el nombre País Jerarquía, puedo hacer un doble clic para cambiar el nombre y la llamo DirecciónCompleta, a continuación, hago clic en los puntos suspensivos que hay al lado de ciudad y hago clic en la opción Agregar a la jerarquía y elijo la jerarquía a la que quiero añadir el campo.

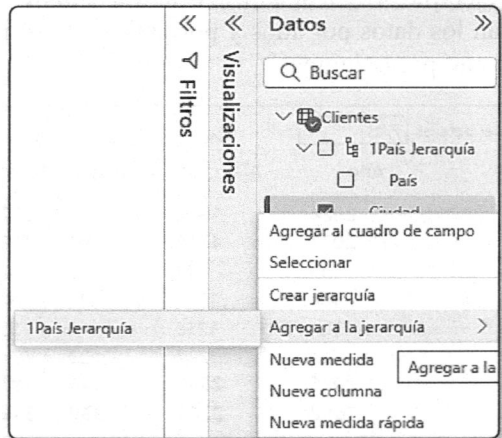

Figura 27.8. Se ve la jerarquía creada y se le añade el campo ciudad

De esta manera se pueden añadir todos los campos que se desee y al añadir la jerarquía a cualquier objeto visual se añadirán todos los campos de la jerarquía.

Las jerarquías al ser agrupaciones lógicas no se guardan en ninguna columna de la tabla.

También se puede crear las jerarquías desde la vista modelo.

27.6 TARJETAS

Otro de los controles que tenemos son las tarjetas, hay tres tipos de tarjetas *Tarjeta, Tarjeta de varias filas* y *Tarjeta nueva*.

Figura 27.9. Iconos de los tres tipos de tarjeta

Las tarjetas sirven para ver un resumen de datos, en la primera tarjeta se puede añadir solo un campo y elegir la operación de resumen que se necesite en cada caso.

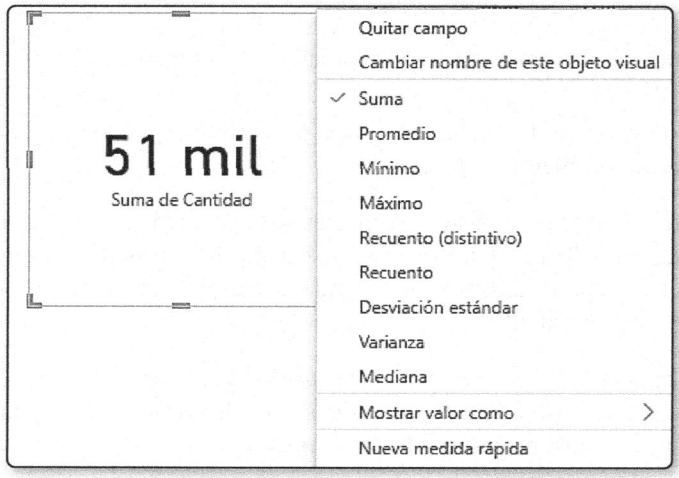

Figura 27.10. Operaciones de resumen de un campo numérico

En vez de suma se puede calcular el promedio, el mínimo, el máximo, distintos recuentos y distintas operaciones, para ello hay que hacer clic en el campo cantidad, en el desplegable que tiene a la derecha.

En las propiedades de formato, en el valor del globo se puede cambiar el formato, como mostrar las unidades, posiciones decimales, etc.

Si se desean mostrar varios cálculos se pueden insertar varias tarjetas o poner una tarjeta de varias filas en la cual se pueden añadir varios campos o incluso se puede añadir varias veces el mismo campo y elegir distintas operaciones de resumen de esa manera se puede ver la suma de un campo, el promedio, el recuento de ese campo y todas las operaciones que se necesiten.

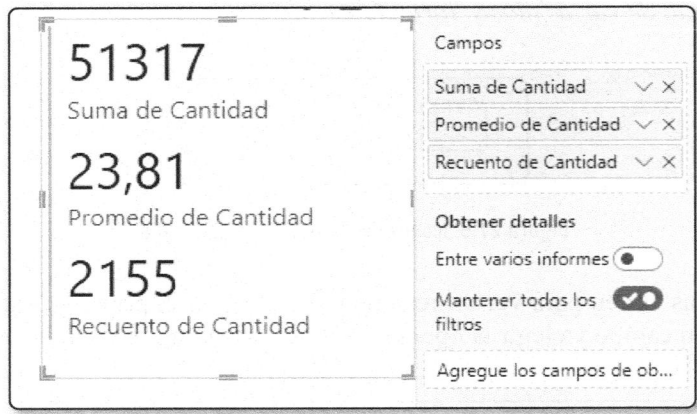

Figura 27.11. Tarjeta de varias filas haciendo varios cálculos del campo cantidad

La tarjeta de varias filas no tiene ninguna propiedad especial que no se haya visto hasta ahora en otros objetos visuales.

La diferencia es que en la tarjeta normales sólo se puede poner una operación, en la tarjeta varias filas se pueden poner varios campos con distintas operaciones, de todos modos, se suele utilizar más la tarjeta normal ya que es mucho más útil para mostrar solamente un cálculo.

Ahora se ha añadido un nuevo tipo de tarjeta que es Tarjeta nueva, esta tarjeta puede mostrar un cálculo o varios, además se puede cambiar la forma de la tarjeta dándole un aspecto más moderno a los informes.

En las propiedades del objeto, en Presentación están las opciones para definir cómo se quieren ver los cálculos, en *Tarjetas* están las opciones que hacen referencia a la forma de la tarjeta, incluso en la categoría imagen se le puede poner una imagen de fondo a la tarjeta.

27.7 FILTROS

Los filtros se ven en el diseño del informe, pero también cuando se publique el informe ya que el usuario tendrá acceso a este panel para poder visualizar solo la información que desea.

Al seleccionar un objeto en el panel de filtros aparecen todos los campos de ese objeto para que se puedan ver solo los registros deseados en cada caso aplicando distintos tipos de filtros.

Se pueden utilizar *filtros básicos, filtros avanzados* o *TopN*, este último tipo de filtro solo está disponible cuando se realiza un filtro a nivel de objeto.

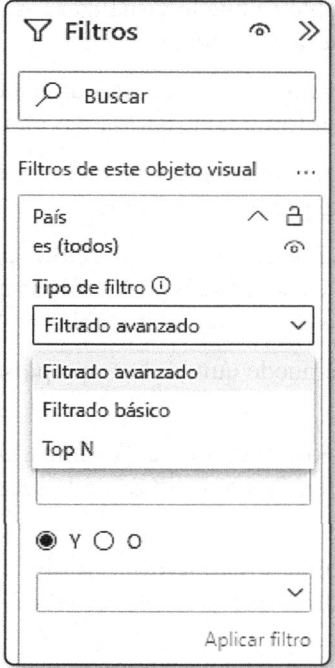

Figura 27.12. Tipos de filtros

Los filtros básicos son casi igual que los autofiltros de Excel, hay un desplegable donde aparecen todos los valores de ese campo y se pueden marcar los que se desean ver en cada momento.

Si hago clic en la opción *Requerir selección única* al hacer clic en un valor del filtro se quita la anterior, pero si dejo pulsada la tecla de Control puedo seleccionar varias opciones.

En los filtros avanzados se puede poner una o dos condiciones, estas condiciones se pueden unir con una Y para que se tengan que cumplir las dos condiciones o con una O para que solo se tenga que cumplir una de las condiciones.

Según el tipo de dato del campo tenemos distintas condiciones, por ejemplo, en un campo de texto están las opciones Comienza, Contiene, es, etc. en un campo numérico o de fecha se pueden elegir mayor que, menor que, etc.

En los campos de fecha hay una opción muy interesante como es fecha relativa, esta opción permite indicarle ver los datos del último mes o de los próximos 15 días o las opciones deseadas, lo bueno de esta opción es que hace referencia a la fecha actual, por lo que el filtro se actualiza automáticamente según va pasando el tiempo.

Cuando se aplica un filtro a nivel de objeto hay un tercer tipo de filtro que es TopN, en este filtro por ejemplo se puede visualizar los cinco valores más grandes o más pequeños del campo que se le indique.

También se puede ver que hay un botón con un candado al lado del filtro, si se pulsa cuando se publique el informe el usuario no podrá modificar los filtros.

Además, hay otro botón con un círculo y un arco por encima para que el filtro que se aplica no se vea cuando se publica el informe.

En los filtros se puede añadir cualquier otro campo, por ejemplo, podría añadir el campo cargo del contacto, de esa manera podría filtrar por el cargo del contacto sin necesidad de que este campo esté en la propia tabla.

En cualquier momento se puede quitar el campo pulsando en la X que tiene en la esquina superior derecha.

Si quiero filtrar en todos los objetos de esta página lo primero que hay que hacer es añadir el campo por el que queremos filtrar en la sección filtros de página dentro del panel de filtros.

Estarán disponibles los mismos filtros que a nivel de objeto menos TopN, la diferencia está en que los filtros ahora se aplican a todos los objetos visuales de la página.

Si se añade un campo en la sección todas las páginas, al aplicar el filtro se filtrará la información en todas las páginas del informe.

Con un filtro no se puede filtrar en unas páginas si y en otras no, o en unos objetos visuales si y en otros no dentro de la misma página.

Al diseñar los filtros hay que pensar en qué campos le puede resultar útil al usuario final filtrar la información y añadir esos campos en las distintas áreas de los filtros.

27.8 GRÁFICOS DE COLUMNAS

Hay muchos tipos distintos de gráficos, según los datos y según lo que se desee mostrar será más adecuado un tipo de gráfico u otro.

Los primeros gráficos que voy a explicar son los gráficos de columnas, donde hay distintos tipos de gráficos de columnas como pueden ser columnas apiladas, columnas agrupadas o incluso columnas 100% apiladas.

El más común es columnas agrupadas

Figura 27.13. Iconos de los gráficos de columnas

Cuando se hace clic en el *Gráfico de columnas agrupadas* botón ya inserta el objeto del gráfico dentro de nuestro informe.

Se puede ajustar el tamaño del gráfico y hay que ir añadiendo los campos que se deseen mostrar en este gráfico, para ello voy a añadir el campo país de la tabla de clientes en el eje X y el campo cantidad de la tabla detalles de pedidos en eje Y.

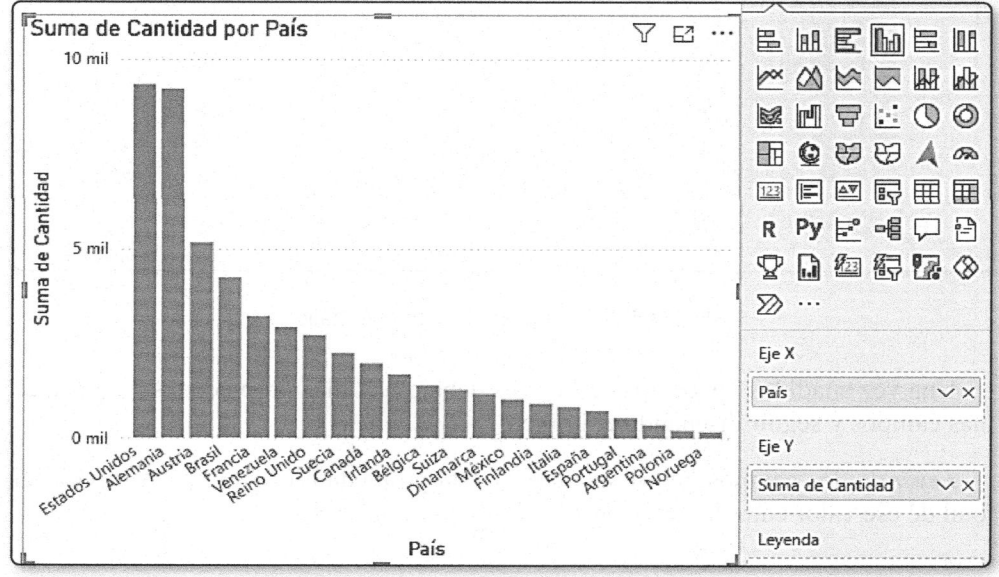

Figura 27.14. Gráfico de columnas recién insertado

De esta manera ya he creado este gráfico, en el cual se puede ver la cantidad que se ha vendido en cada país.

Los gráficos siempre los ordena por el campo numérico por lo que si se quiere cambiar el orden hay que hacer clic en los puntos suspensivos y se elige el campo por el que se quiere ordenar, después hay que hacer clic otra vez para elegir orden ascendente o descendente.

Si no se ve bien el detalle del gráfico se puede pulsar en el botón de modo enfoque, de esa manera se visualiza el objeto en tamaño de pantalla completa.

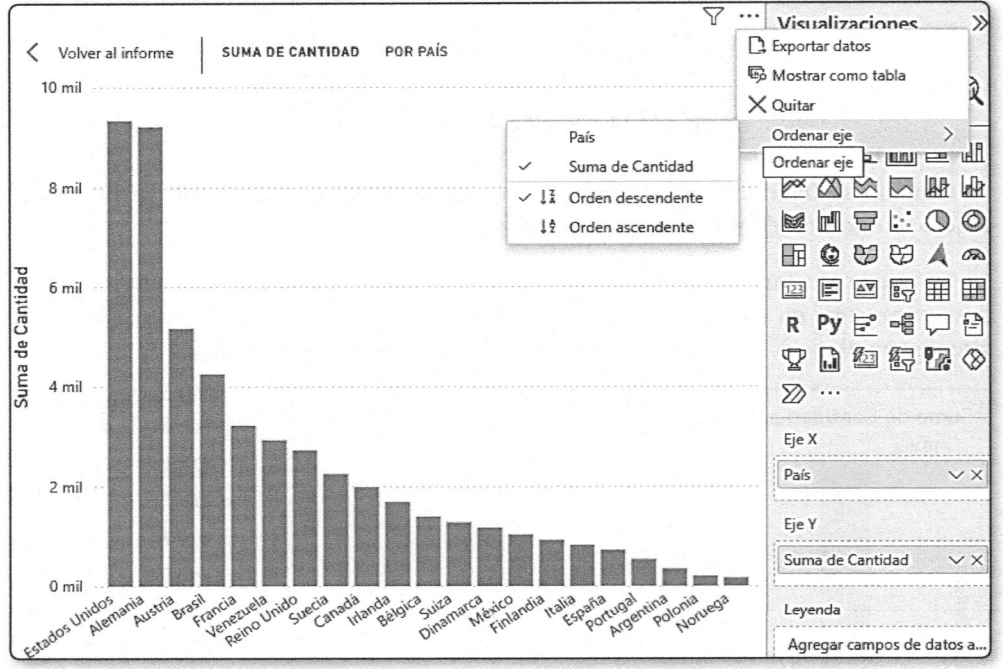

Figura 27.15. Opciones del gráfico insertado

Una vez añadidos los campos a los ejes debajo hay más propiedades para añadir más campos y seguir diseñando el gráfico.

Leyenda, los campos que se añadan en esta propiedad lo que hace es dividir el total de ese valor entre los valores de los campos añadidos.

Por ejemplo, se puede añadir el campo forma de envío y se verá como cada columna se divide en tres para mostrar las ventas de cada país según la forma de envío, también se podría añadir el campo fecha de pedido y una vez que se ha añadido hacer clic en el desplegable de este campo para elegir jerarquía de fechas, de esa manera se verán los datos por años.

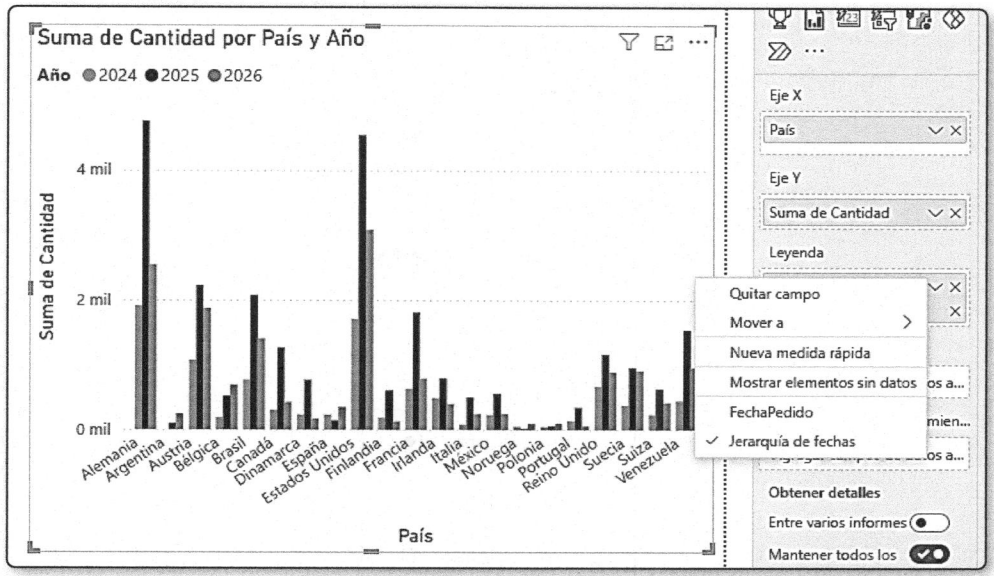

Figura 27.16. Gráfico mostrando los datos por años

Múltiplos pequeños, esta propiedad crea un gráfico más pequeño por cada valor del campo añadido en esta propiedad, es decir si se añade el campo país hace un gráfico más pequeño para cada país.

Información sobre herramientas, los campos que se añadan a esta propiedad se añadirán a los campos que aparecen cuando se pasa el ratón por encima del gráfico, además estos campos también se añaden cuando mostramos el gráfico como tabla.

Una vez que se ha definido el orden y los campos distribuidos es importante personalizar el gráfico desde las propiedades para ello hay que hacer clic en el botón donde esta dibujado un gráfico con un pincel, este es el botón de todos los objetos visuales para acceder a las propiedades.

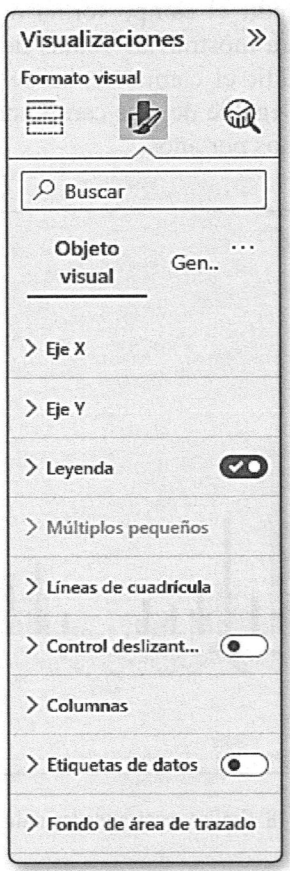

Figura 27.17. Propiedades de un gráfico de columnas

Una cosa muy buena que tiene Power Bi es que nos invita a jugar con las propiedades ya que en casi todas ellas está la opción *Restaurar valores predeterminadas*.

Dentro de la categoría Objeto Visual están las propiedades propias del objeto seleccionado.

Muy importante, cuando hay varios gráficos que representan una misma magnitud todos los gráficos deben de tener la misma escala, para eso el gráfico que tenga los valores más grandes lo dejamos como esta y en el resto de los gráficos hay que ir a la propiedad Eje Y, máximo y escribir el mismo máximo que en el gráfico que tiene los valores más grandes.

Si no hago esto estoy engañando a las personas que vean este informe, igual debo de hacer en PowerPoint, Excel, Word, etc.

La propiedad *Control deslizante* es una propiedad muy especial de Power Bi que permite ir viendo más grande la parte del gráfico que se desee en cada momento, puedo elegir el tamaño del intervalo que quiero visualizar y después mover ese intervalo dentro de la línea.

En la propiedad columnas se puede cambiar el color de cada serie e incluso personalizar el color de cada columna, aunque no es recomendable en la mayoría de los casos, en cualquier caso, si se cambia el color que sea siguiendo alguna razón, no poner a una columna un color a otra columna otro sin sentido ya que nuestro gráfico parecerá un parchís.

Siempre que aparece el botón Fx, significa que se puede aplicar un formato condicional, los formatos condicionales los explico un poco más adelante, pero se pueden aplicar en casi todos los objetos.

Un consejo es que vayas desplegando las distintas categorías, viendo cada una de ellas, en las cuales puedes personalizar el gráfico.

No es recomendable utilizar el color rojo fuerte ya que en la cultura occidental se asocia de una manera inconsciente con valores negativos, pero se podría usar cualquier otro tono.

También se puede cambiar que muestre las etiquetas con los valores, el color de las etiquetas, unidades, orientaciones, tamaños es decir las propiedades más comunes que hay a la hora de añadir cualquier texto, de la misma manera se puede modificar el área del trazado, títulos, las propiedades de esos títulos, fondos, encabezados, etc.

Estas propiedades serán muy parecidas en todos los tipos de gráficos que tengamos.

27.9 OTRO TIPO DE GRÁFICOS

Una vez que se han visto las propiedades básicas de los gráficos voy a explicar ahora otros tipos de gráficos que se pueden añadir a un informe en Power BI.

El primero que voy a explicar es el *Gráfico de líneas* que es el más indicado para mostrar cuando cambian los datos según transcurre el tiempo.

Figura 27.18. Icono del gráfico de líneas

Al insertar un gráfico de líneas en el eje X se puede añadir un campo fecha, de esta manera aparecerán los mismos botones que aparecen en las matrices y así se podrán ver los datos por años, trimestres, meses o días.

Bajando un poco en las propiedades se puede apreciar algo muy importante, aparece la propiedad *Eje Y* y *Eje Y secundario*, dentro de cada eje se pueden añadir varios campos de la misma magnitud, pero con esta opción se pueden añadir dos ejes distintos para comparar dos magnitudes distintas.

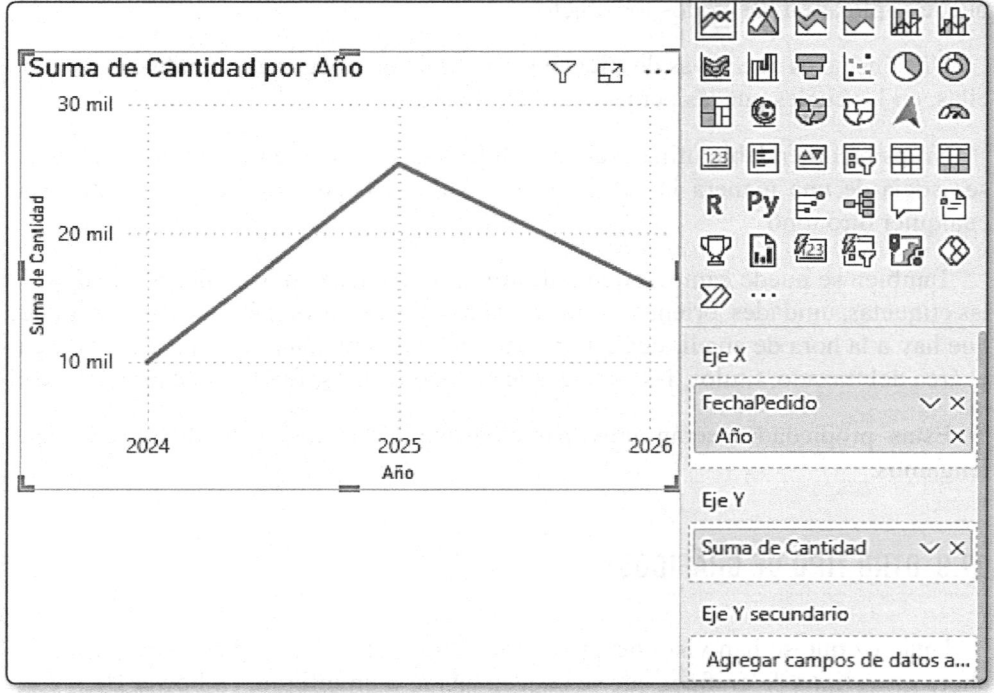

Figura 27.19. Gráfico de líneas

Al ser un gráfico de líneas hay propiedades para personalizar colores, marcadores etc. es decir para poder personalizar las líneas que representan los datos.

En los gráficos hay una tercera ficha en las propiedades que tiene dibujada una lupa y es para A*ñadir más análisis*. Se puede añadir todo tipo de líneas, tanto que tengan un valor fijo como si realiza alguna operación como promedio, máximo, mínimo, etc.

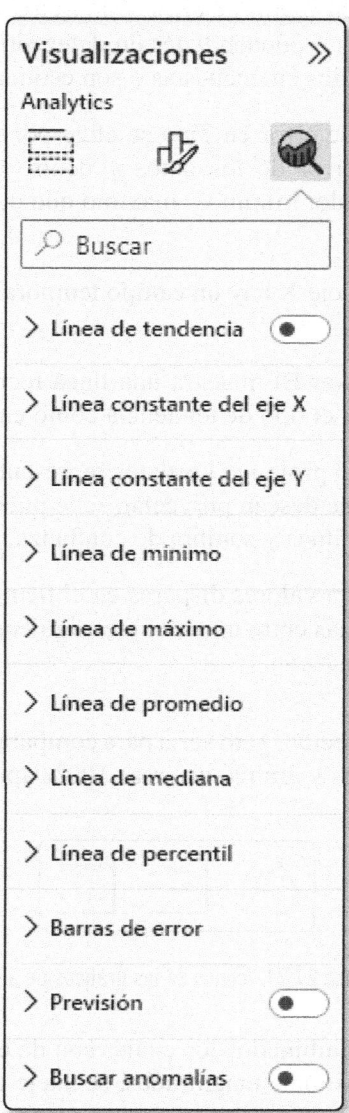

Figura 27.20. Propiedades de Agregar más análisis

Estas opciones de dibujar líneas en los gráficos las he echado mucho de menos en Excel donde tengo que dibujar estas líneas a mano, puedo elegir cualquier línea, si es constante le tengo que decir el valor y después elegir color, tipo de línea y transparencia.

Además, se pueden añadir barras de error, esto es útil cuando se necesita mostrar datos que no son definitivos o pueden tener un determinado margen de error como cuando los datos están basados en encuestas o son estimaciones.

Para utilizar las barras de error en *Tipo* se elige por porcentaje donde se puede escribir el porcentaje de error de los datos y dentro del gráfico aparecen unos segmentos que indican el valor mínimo y máximo que pueden tener los datos según el error introducido.

En este caso como en el eje X hay un campo temporal y otras propiedades como son

▼ *Línea de tendencia*, Power Bi muestra una línea recta con la progresión de los datos, no se puede elegir el tipo de tendencia como en Excel.

▼ *Previsión*, esta propiedad prolonga los datos representados en el futuro, se puede elegir cuántos periodos se desean proyectar, se le puede especificar el margen de confianza y formatos de línea y sombra de confianza.

▼ *Buscar anomalías* detecta valores dispares en el tiempo, es decir que tienen una variación de un 70% o más entre un valor y el siguiente, este porcentaje se puede personalizar.

El gráfico de áreas es parecido, pero sería para comparar distintos valores, también hay gráfico de áreas apiladas y gráfico de áreas 100% apiladas.

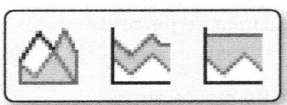

Figura 27.21. Iconos de los gráficos de áreas

Además, hay gráficos combinados los cuales son de columnas y de líneas en los que se pueden comparar distintas magnitudes, se suele utilizar cuando son valores que no tienen nada que ver entre ellos, pero los queremos comparar en un mismo espacio temporal o geográfico.

Estos gráficos son muy útiles en Excel, en Power Bi son un poco menos útiles ya que en el gráfico de líneas también tengo dos ejes Y.

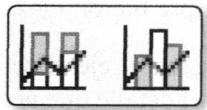

Figura 27.22. Iconos de los gráficos combinados

Un tipo de gráfico que me gusta mucho y que no está en otros programas es el *Gráfico de cintas*, es muy útil para analizar la evolución y comparación por un determinado campo.

En el Eje Y se añade el valor numérico, en el Eje X se puede añadir un campo fecha y a continuación en *Leyenda* se añade el campo sobre el que se quiere hacer el estudio.

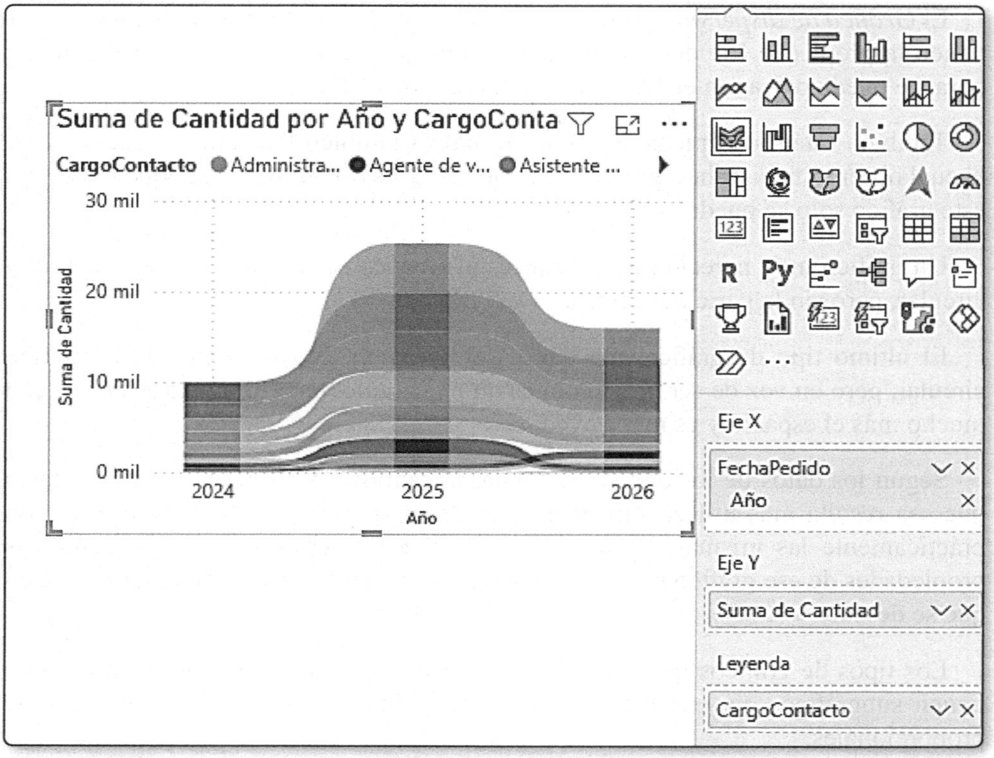

Figura 27.23. Gráfico de cintas

En este gráfico puedo ver que los gerentes de ventas son los que más vendieron en el año 2024, pero en el 2025 pasaron al segundo puesto superados por los representantes de ventas, los gerentes de ventas pasaron del segundo al tercer puesto, mientras que los propietarios siempre fueron los cuartos.

Este gráfico al tener las fechas en el eje X se puede desplegar como cualquier jerarquía y estudiar los datos con el detalle que necesite.

Con los *Gráficos de cascada* se ve la progresión o sea el aumento o la disminución de los valores a lo largo del tiempo.

Este gráfico es ideal para campos que pueden tener valores positivos o negativos y al final muestra el acumulado, por ejemplo, este gráfico lo puedo utilizar para representar un flujo de caja o la cotización de unos valores en bolsa.

El *Gráfico de embudo* muestra los valores centrados y ordenados numéricamente por lo que toma forma de embudo, si se cambia el orden y los títulos es un gráfico de pirámide.

El *Gráfico de dispersión* permite mostrar datos que cambian en el tiempo ya que tienen la propiedad Eje de reproducción donde se puede añadir un campo fecha u hora, se puede pulsar en el *Play* o en cualquier bola del gráfico.

También están los típicos *Gráficos circulares* también llamados de sectores, en el cual observo la distribución de un campo entre los distintos valores que tiene, con este gráfico solo se puede analizar un campo.

Un gráfico muy parecido al circular es el *Gráfico de anillos* ya que es como el circular, pero sin la parte del centro.

El último tipo de gráfico que hay es el *Treemap*, es muy parecido al gráfico circular, pero en vez de ser un círculo es un rectángulo, para mi gusto se aprovecha mucho más el espacio y es más novedoso.

Según los datos de los que se disponga, la cantidad de series y el tipo de datos que sea resulta más útil el utilizar un tipo de gráfico u otro, las propiedades son prácticamente las mismas, cuando se va a formato, hay que ir desplegando las propiedades de ese gráfico para poder personalizarlo y tener exactamente el gráfico que se desea.

Los tipos de gráficos que echo de menos respecto a Excel son los gráficos que tienen subgráficos, ya que estos gráficos me permiten mostrar datos que no son proporcionales.

27.10 ANALIZAR DATOS

En un gráfico se puede hacer clic con el botón derecho encima de cualquier valor y aparecen distintas opciones como son:

▼ *Mostrar puntos de datos como tabla* muestra una tabla con todos los datos que muestra el gráfico.

▼ *Mostrar como tabla* abre el gráfico en modo enfoque y en la parte superior pone el gráfico y en la inferior la tabla con los datos que representa.

▼ *Excluir* para quitar ese valor del gráfico.

▼ *Incluir* para mostrar solo ese valor en el gráfico.

▼ *Resumir* para crear una narrativa de ese dato.

▼ *Copiar* copia ese objeto visual.

También está la opción *Analizar* donde se le puede indicar *Buscar en qué se diferencia esta distribución*.

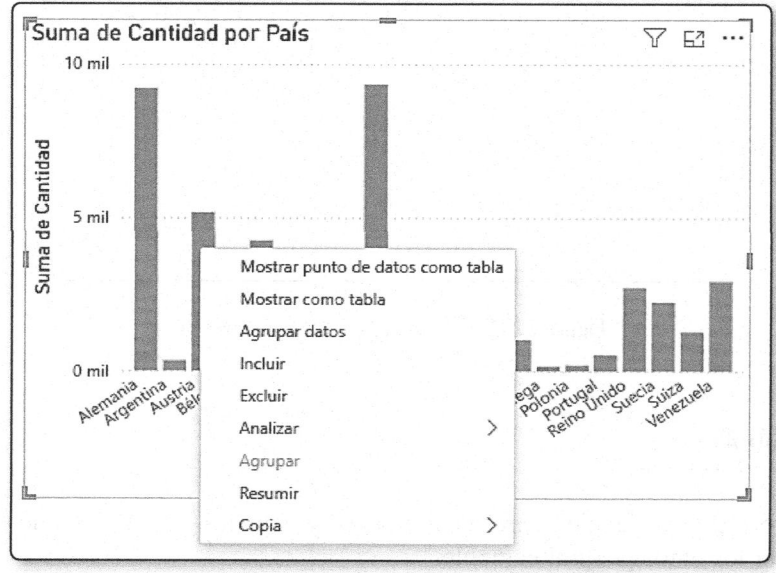

Figura 27.24. Análisis y sugerencias de Power Bi de los datos

Ahora aparece una lista de distintos gráficos que se pueden utilizar en el informe solo hay que hacer clic en el botón + y ese gráfico se añade al informe, se puede ir bajando para ver la lista de gráficos, para cerrar esta ventana hay que hacer clic en el fondo de la pantalla.

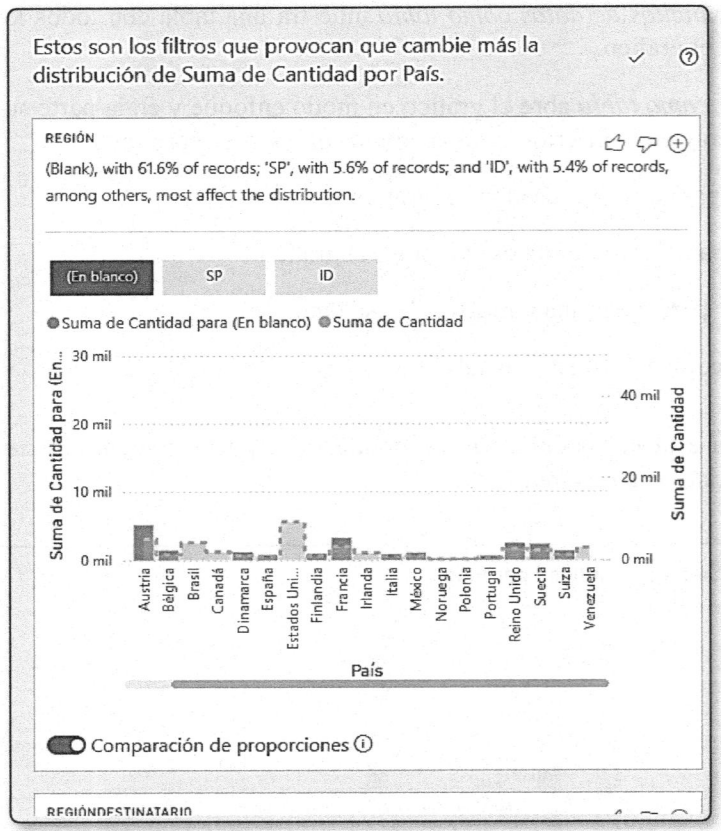

Figura 27.25. Gráficos sugeridos por Power Bi

27.11 MAPAS

Una forma especial de representar los datos son los mapas ya que permiten representar los datos geográficamente.

Hay varios tipos de mapas como son *Mapas, Mapas Coropléticos, Formas, Azure* y mapas creados por una empresa externa como pueden ser los mapas de *ArcGis*.

El primero que voy a explicar es el mapa, por lo que lo inserto en el informe.

Figura 27.26. Icono de mapa

En los mapas se necesita un campo en el cual esté la información geográfica, bien puede ser un país, bien ser una ciudad o incluso a nivel de calle, o de provincia Power BI lo va a reconocer ya que utiliza los mapas de Bing, eso sí se necesita conexión a internet para poder utilizar los mapas.

En este caso voy a elegir el campo país y lo voy a poner en *Ubicación*, de esta manera ya ha reconocido los países y pone un círculo en todos los países que tengo, pero si quiero que represente la cantidad, debo de añadir este campo en la propiedad *Tamaño*.

Ahora se ve en el mapa, que muestra un círculo, en principio en color azul, dentro de cada país en el cual hemos tenido ventas, este círculo será más grande o más pequeño según las ventas de ese país.

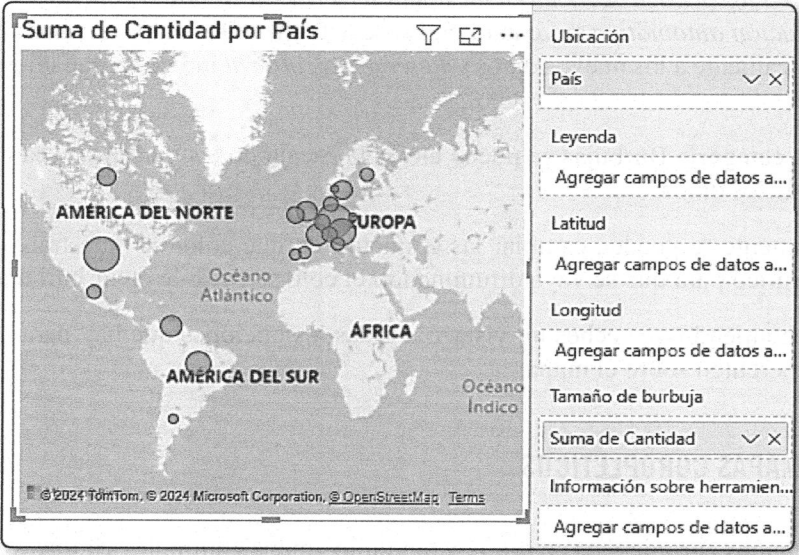

Figura 27.27. Mapa que muestra las cantidades por país

Al pasar el ratón por encima de cada círculo, muestra las ventas que he tenido y el país en el que estamos.

Según los datos que haya, hay veces que la localización puede no ser exacta ya que hay ciudades que se llaman igual por eso un consejo que te doy es que en ubicación se añada primero el país, después la ciudad y así sucesivamente todos los campos que se deseen.

Al haber varios campos en la ubicación aparecen los mismos botones que vimos en las matrices y de esa manera se puede elegir el nivel de detalle del que se desea ver los datos.

En las propiedades de este objeto visual también están las propiedades latitud y longitud para una localización exacta de un lugar, pero estos valores deben de estar almacenados en el origen de datos.

También se pueden añadir varios campos en la propiedad información sobre herramientas con la operación de resumen que quiera para que aparezca cuando paso el ratón por encima del mapa.

En las propiedades de formato hay otras opciones, dentro de *Configuración del mapa* se puede *cambiar el estilo* para elegir qué se ve de fondo del mapa cuando se hace zoom sobre él, en *Controles* se puede elegir que controles se visualizan sobre el mapa como pueden ser los botones para hacer zoom o botones para seleccionar, *Actualización automática* sirve para que si se actualizan los datos el mapa se adapte automáticamente a los nuevos datos y *Referencia cultural* indica en qué idioma están los datos.

En la categoría Burbujas se puede elegir la escala de las burbujas y cambiar los colores de los datos.

Igualmente se pueden cambiar las etiquetas, en qué color se muestran, crear un mapa térmico para que se vaya difuminando el color en vez de crear burbujas, etc.

Te recomiendo que eches un vistazo a todas las opciones que hay para que veas como repercuten sobre el mapa.

27.12 MAPAS COROPLÉTICOS

Los mapas coropléticos se diferencian de los mapas normales en que los mapas normales muestran un círculo en cada ubicación con el número que representa, sin embargo, los mapas coropléticos van a rellenar toda la ubicación con un color.

Voy a añadir un objeto visual mapa coroplético.

Figura 27.28. Icono mapa coroplético

En el *mapa coroplético* al igual que en los mapas se necesita internet ya que va a utilizar los mapas de Bing, lo primero que hay que hacer es añadir una ubicación, voy a poner en ubicación el campo país.

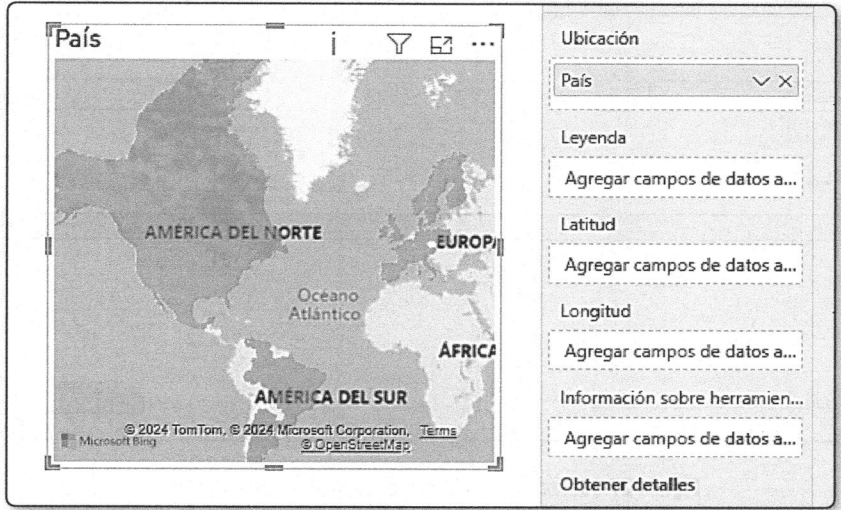

Figura 27.29. Mapa coroplético

Como se puede observar se han puesto todos los países en color azul, y si busco en las propiedades no tengo la propiedad tamaño ni ninguna parecida.

Hay que ir a las propiedades del objeto, *Colores de relleno* que es donde se pueden cambiar los colores de los datos, pero, aunque se cambiase el color, se cambiaría el color para todos los datos, es decir en todo el mapa.

Lo que hay que hacer es hacer clic en el botón que tiene dibujado Fx que es el botón del formato condicional.

El mapa se puede rellenar con escala de colores, con distintas reglas que es como el formato condicional o por el valor del campo que ya estuviera almacenado.

Lo más común suele ser escala de colores, le voy a indicar que quiero rellenar el mapa según la suma de cantidad de detalles de pedidos.

Lo que va a hacer Power BI es rellenar los países con los colores que le asignemos, en principio va desde el azul claro para el cero hasta el valor más alto en azul más oscuro, los colores los podemos cambiar y si no queremos que sea azul podemos elegir cualquier otro color que nos parezca más adecuado.

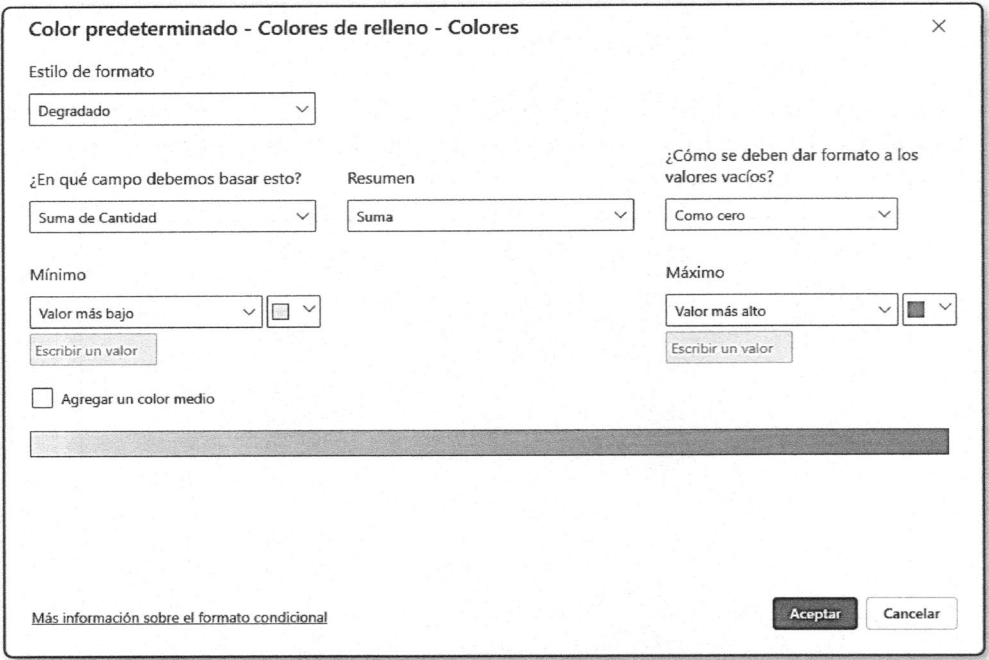

Figura 27.30. Formato condicional para el mapa coroplético

No tienen por qué ser los colores del mismo tono, aunque suele ser la opción más común, se deben de utilizar los colores del tema.

También se puede utilizar el rojo para el peor valor y verde para el mejor.

Por lo demás es bastante parecido a un mapa normal, tenemos los controles del mapa, para activarlo, los botones de zoom, etc.

Lo que cambia es cómo se rellena el mapa es decir cómo muestra los datos este mapa.

Si al añadir los mapas o mapas coropléticos no han funcionado puede deberse a la seguridad de Power Bi, hay que ir a *Archivo, Opciones y configuración, Opciones, seguridad Uso de elementos visuales de mapa y mapa coroplético*, donde marco esa opción, ya que estoy aquí me aseguro de que está marcada también la opción Usar ArcGis for Power Bi.

27.13 OTROS MAPAS

Mapa de formas

Este mapa no aparece por defecto, hay que ir a *Archivo, Opciones y configuración, opciones, características de versión preliminar*, hay que marcar la opción *Objeto visual Mapa de formas* y hacer clic en aceptar, hay que cerrar Power Bi y volver a entrar para que se añada este objeto.

Dentro de características de versión preliminar hay opciones que Microsoft seguramente añada de una manera definitiva al programa, pero de momento no están totalmente desarrolladas, es decir se pueden usar estos objetos visuales, pero están en versión Beta.

Este mapa se diferencia de los demás en que se necesita una codificación previa en el origen de datos.

Se pueden usar distintos mapas en formato JSON, si por ejemplo se usa uno de España en el origen de datos debe de haber en un campo donde se almacenará el nombre de la provincia o de la comunidad autónoma correspondiente para que después se detecte correctamente.

En las propiedades del objeto visual se puede elegir que mapa de desea utilizar e incluso se puede descargar un mapa de internet para utilizarlo en el informe.

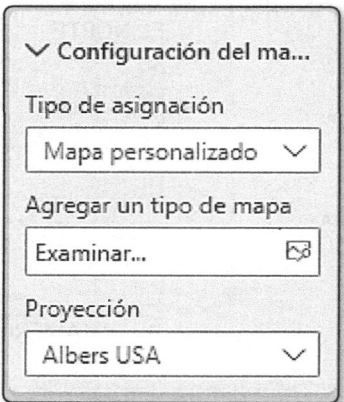

Figura 27.31. Configuración del mapa de formas

Con los datos que tengo puedo añadir el campo región a ubicación y elijo el mapa de Estados Unidos, de esta manera veré los estados que reconoce y si en las propiedades hago clic en *Ver clave de mapa* puedo ver la codificación de este mapa.

Mapas de Azure

Estos mapas son los más recientes dentro de los mapas de Power Bi, es un resumen del resto de los mapas, cuando se añadieron de una manera definitiva a Power Bi Microsoft anunció que en el plazo de un año iba a quitar los mapas normales y los coropléticos, pero de momento no los ha quitado.

Cuando se abre un informe que tiene mapas y mapas coropléticos Power Bi pregunta si se quieren convertir en Mapas de Azure.

Aunque este tipo de mapas tiene muchas opciones, la mayoría de ellas ya se han visto en otros mapas, pero hay un detalle que no me gusta de este mapa, cuando el mapa está en un tamaño pequeño en el informe, aunque se reduzca el zoom al mínimo no cabe todo lo que se necesita visualizar.

Te invito a que repases las propiedades de este objeto para que lo personalices a tu gusto y descubras algunas posibilidades como capa de columna 3D o burbujas de cluster.

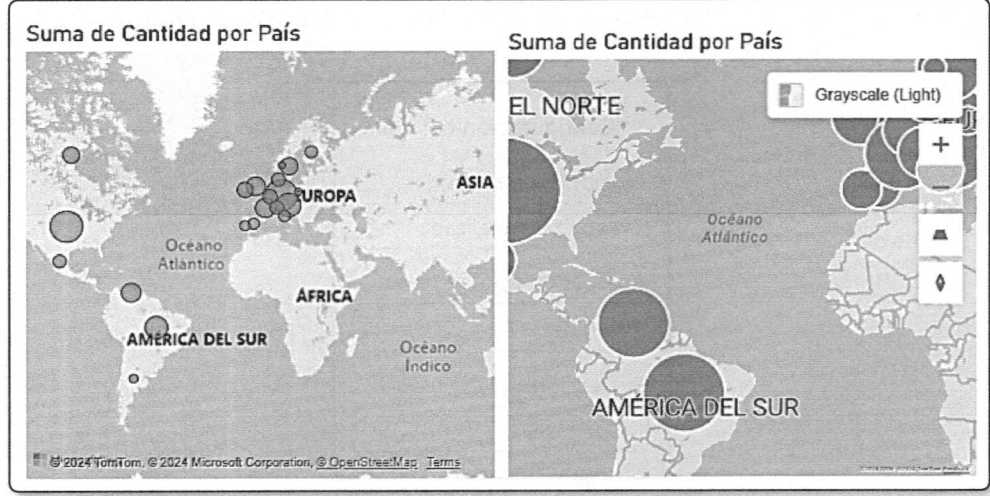

Figura 27.32. Mapa normal y mapa de Azure al zoom mínimo

Mapas ArcGis

Los mapas ArcGis son mapas que están hechos por una empresa externa a Microsoft como es ArcGis, pero está integrado dentro de Power Bi.

Como la mayoría de los mapas tiene la propiedad Ubicación y la propiedad tamaño donde se añade el campo numérico que quiero representar en el mapa.

Este tipo de mapa tiene muchas opciones interesantes como la propiedad *Tiempo* donde se puede añadir un campo de tipo fecha o tipo hora para animar la información que muestra el mapa en el intervalo de tiempo deseado.

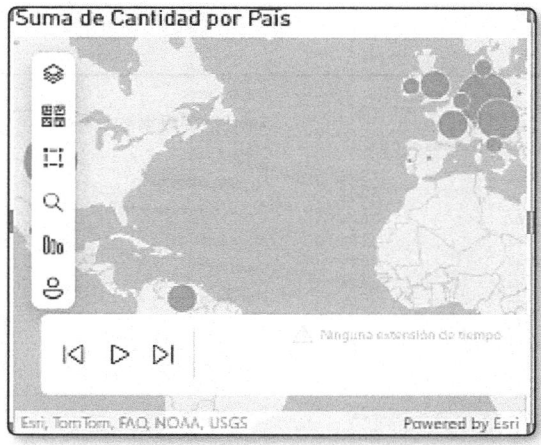

Figura 27.33. Mapa ArcGis

Al ser un objeto externo hay que tener en cuenta que será un objeto más lento que el resto de los objetos del informe por lo que solo hay que utilizarlo si de verdad le voy a sacar provecho a las propiedades extra que tiene sobre otros mapas.

27.14 FORMATO CONDICIONAL

En muchos de los objetos visuales que hemos visto hasta ahora se podía aplicar un formato condicional en algunas de sus propiedades.

Siempre que veo el símbolo Fx significa que puedo acceder al formato condicional y de esa manera aplicar estos formatos.

El formato condicional como su propio nombre dice, va a aplicar distintos formatos según se cumplan o no las condiciones que le indique.

Hay varios tipos de formatos condicionales como son Iconos, Barra de datos, Color de la fuente y color de fondo.

Dentro de color de fondo y color de la fuente se pueden aplicar los formatos por degradado o por reglas.

Voy a explicar las opciones del formato condicional desde una tabla que tendrá los campos País, suma de cantidad y añado otra vez la suma de cantidad, pero en las propiedades del campo le indico Mostrar valor como y elijo la opción Porcentaje de total general.

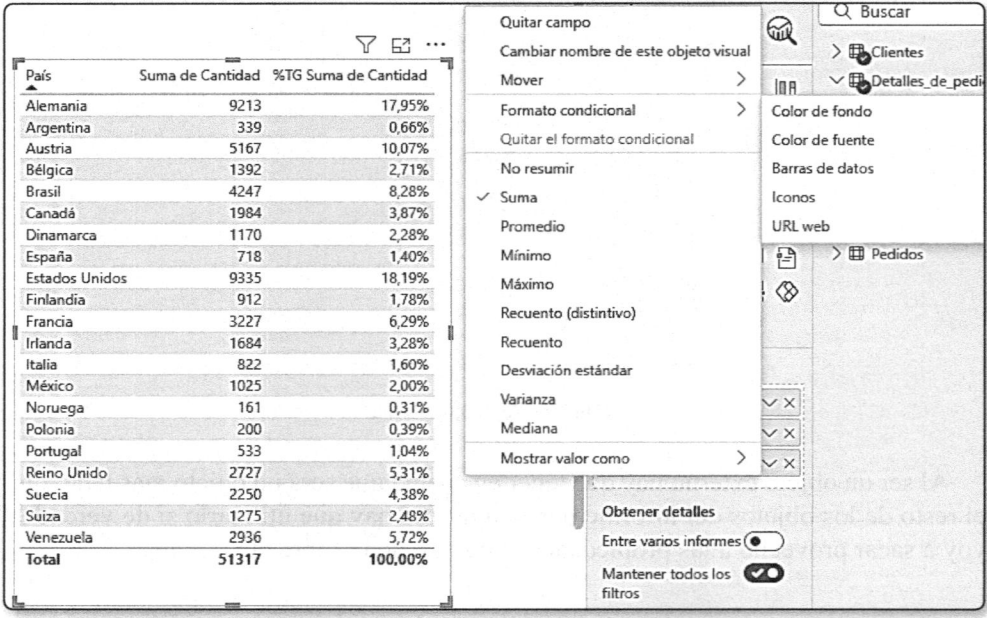

Figura 27.34. Opciones de formato condicional

Hago clic en el desplegable % TG Suma de cantidad, Formato condicional y voy a empezar haciendo clic en la opción *Barra de datos*, esta opción rellenará la celda entera del valor más grande y el resto de los valores lo rellenará en proporción.

También puedo elegir que el mínimo y el máximo sean valores determinados en vez de los valores automáticos por defecto.

Lo mejor es que los colores sean acordes con el resto del informe, es decir que sigan los colores del tema, o también puedo elegir el rojo para los negativos y el verde para los positivos, después hago clic en Aceptar y ya se muestra el formato condicional en la tabla.

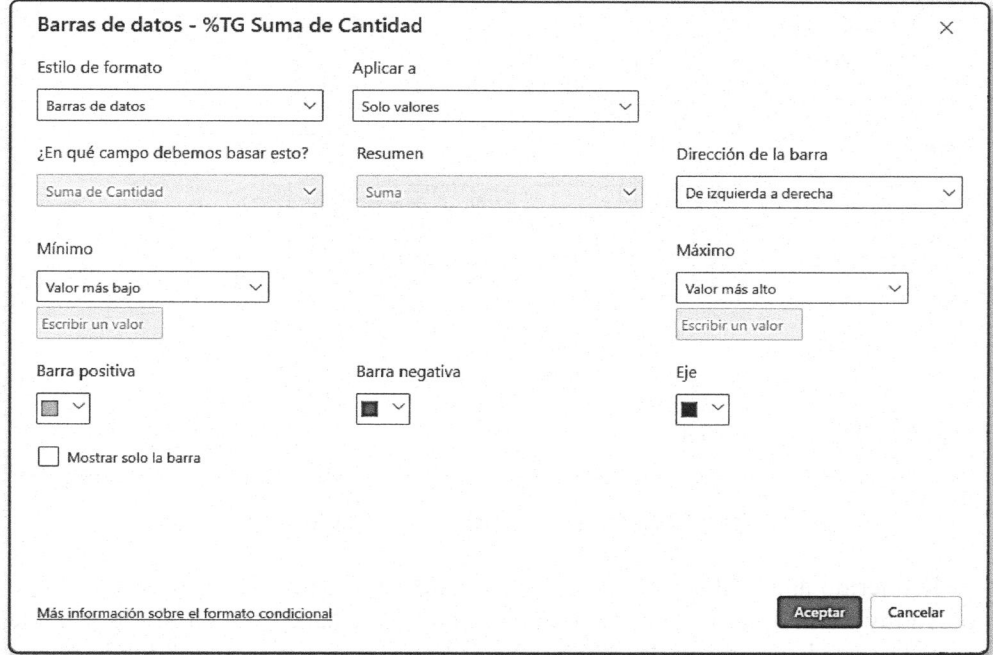

Figura 27.35. Configuración del formato condicional Barra de datos

En la misma columna voy a hacer otra vez clic en formato condicional pero ahora voy a elegir *Iconos*, esta opción va a añadir un icono en cada celda, este icono dependerá de las condiciones que le indique.

En estilo se pueden elegir los tipos de iconos, en la parte de abajo aparecen las condiciones, realmente se quiere resaltar lo que se sale de lo normal por arriba y por abajo, a mi parecer no deben ser tres partes iguales el bueno, el regular y el malo, por lo que voy a personalizar los valores resaltando solo el 20% inferior en la parte mala y el 20% superior en la parte buena, es más en el icono amarillo voy a hacer clic y elijo la opción sin icono, de esa manera solo mostrará el icono en la parte buena y en la mala. Hago clic en aceptar y ya se aplican los cambios.

Si aplicas este formato condicional en Excel te aconsejo que lleves a cabo los mismos ajustes que acabo de hacer en Power Bi.

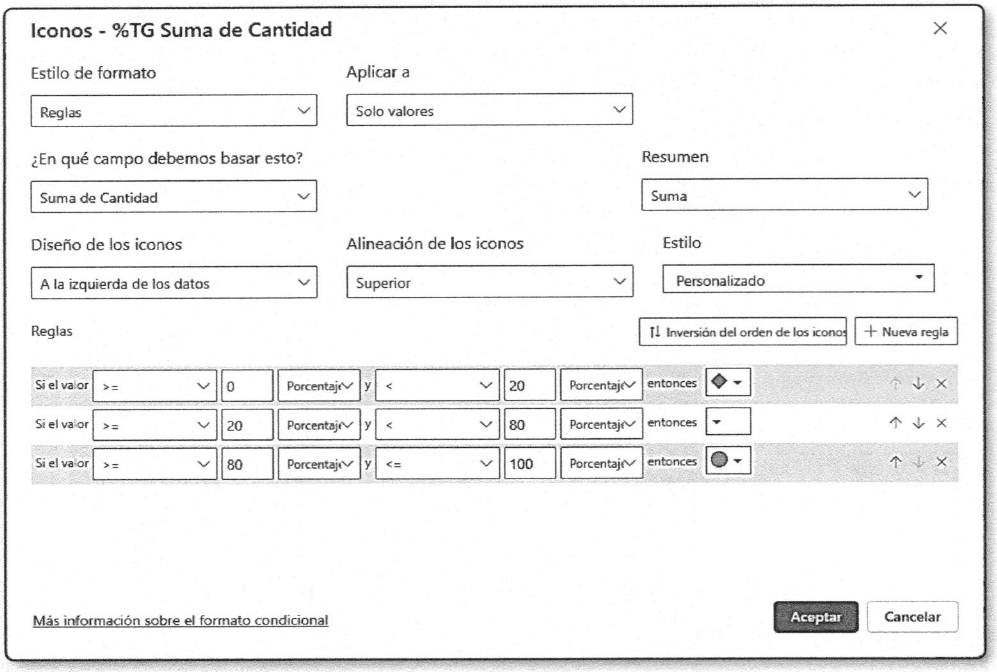

Figura 27.36. Configuración formato condicional Iconos

He querido añadir dos formatos condicionales a una misma columna, ya sé que no es muy normal, pero te quería explicar que puedo hacer clic en el desplegable suma de cantidad, y elegir la opción *Quitar el formato condicional* donde puedo quitar uno de los formatos condicionales aplicados o todos a la vez.

Ahora voy a hacer clic en la columna de Suma de cantidad y voy a elegir Formato condicional, las opciones de fuente y fondo son iguales, pero como se ve mejor el fondo voy a explicar estas opciones con el fondo por lo que hago clic en color de fondo.

La opción de fuente es muy útil para poner los números negativos en rojo.

En la pantalla que aparece lo primero que voy a hacer es elegir cómo quiero aplicar el formato condicional, voy a elegir degradado.

Justo debajo veo qué campo se está evaluando, a la derecha la operación de resumen y cómo tiene que interpretar los valores vacíos.

En la parte inferior se puede elegir entre los dos o tres colores que queramos crear el degradado, es muy común crear una gama monocromática con los colores del tema y aplicar el color más claro al valor más bajo y el más oscuro al valor más alto, también se podría hacer un degradado en el que el rojo sea para el valor más bajo y el verde para el más alto.

Automáticamente busca los valores más bajos y más altos para aplicar este formato, pero se pueden personalizar estos valores eligiendo la opción personalizado en el desplegable donde pone Valor más bajo y Valor más alto.

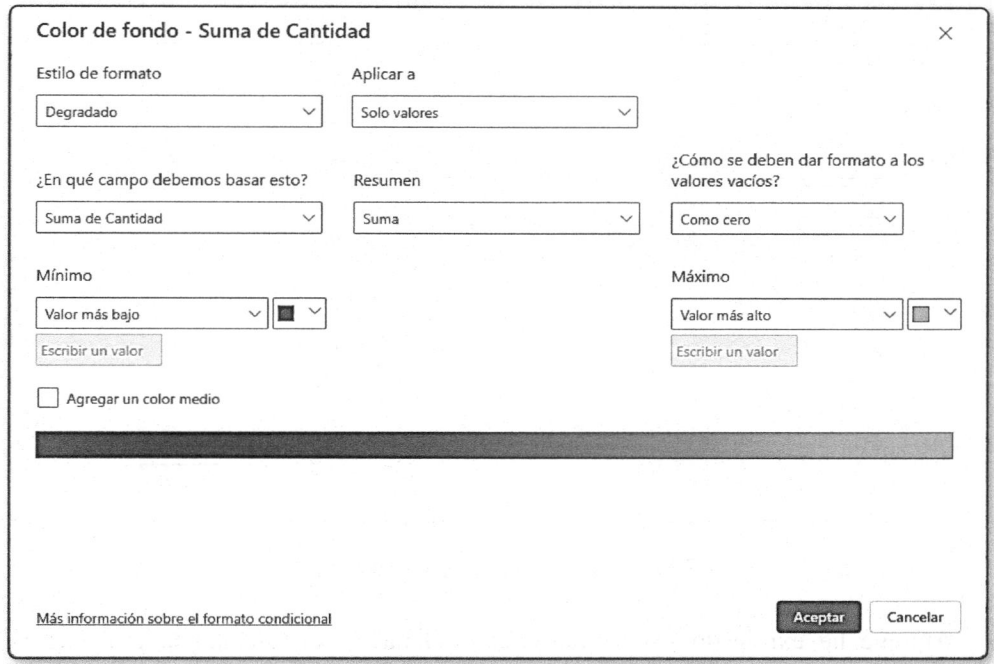

Figura 27.37. Configuración del formato condicional degradado

Ahora voy a hacer clic en el campo país, formato condicional, color de fondo, pero en el primer desplegable le voy a indicar que quiero aplicar el formato condicional según las reglas que me voy a crear.

Justo debajo tengo que indicarle con qué campo quiero comparar y le voy a indicar con el campo cantidad, de esta manera se puede cambiar el formato de un campo según lo que hay en otro campo, en este caso el campo cantidad lo tengo en la tabla, pero no sería necesario que estuviera.

Ahora en la parte inferior voy a escribir las reglas, por ejemplo, entre 0 y 1000 quiero que sea color rojo, entre 1000 y 3500 amarillo y más de 3500 verde, para indicarle que sea el máximo solo hay que borrar el valor de la condición.

Solo hay que hacer clic en aceptar y de esta manera he cambiado el formato de un campo por los valores que hay en otro campo.

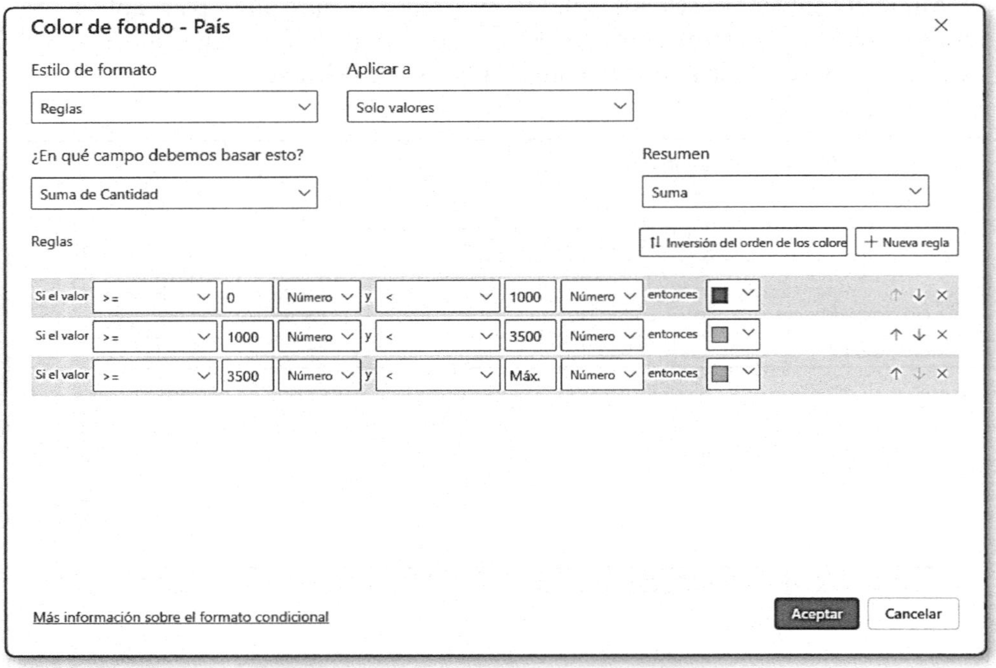

Figura 27.38. Configuración de Formato condicional Reglas

Aunque he explicado los formatos condicionales con una tabla, todos estos formatos se pueden aplicar en distintas propiedades de distintos tipos de objetos visuales como mapas o tarjetas.

27.15 GRUPOS

Hay veces que se necesitan obtener distintas operaciones agrupando por los valores de un determinado campo.

Con los datos que se está desarrollando este ejemplo sería muy útil saber si se ha vendido más en Europa o en América, una forma de hacerlo sería con una función If condicional, pero es mucho más fácil crear un grupo.

Para crear el grupo hay que hacer clic en los puntos que hay a la derecha del campo por el que se desea agrupar, en este caso en el campo país y hacer clic en la opción *Nuevo grupo*.

Aparece una pantalla donde se definen los argumentos del grupo.

En la parte superior se pone el nombre del grupo, en este caso le voy a llamar continente.

En la parte inferior aparecen los valores del campo País, en este caso voy a seleccionar los países de América es decir Argentina, Brasil, Canadá, Estados Unidos, México y Venezuela a continuación hago clic en el botón Agrupar.

El nombre que pone Power Bi es muy largo por lo que hago doble clic en el nombre de la columna de la derecha y escribo América.

Selecciono el resto de los países y sigo el mismo proceso para crear Europa.

Se pueden crear todos los grupos que deseemos incluso un mismo valor puede estar en varios grupos.

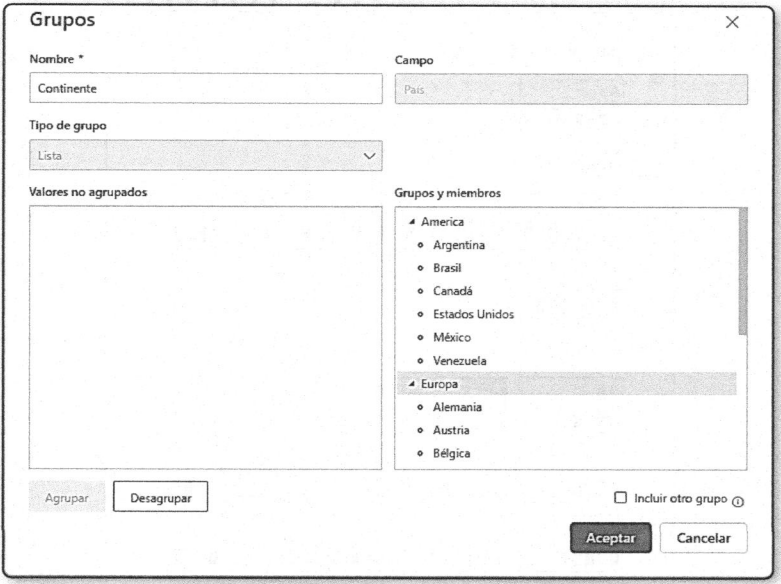

Figura 27.39. Creación de grupo

Una vez definidos los valores hago clic en Aceptar.

Si voy a ver los datos, veré que en la tabla cliente ahora hay una columna más que se llama continente y que tendrá los valores Europa o América según el país.

En el informe inserto un objeto visual tabla, añado el campo continente y el campo cantidad y podré ver en donde se ha vendido más.

De esta manera es muy fácil crear distintas agrupaciones para poder hacer los cálculos que se necesiten en cada caso.

27.16 TEMAS

Cuando se empieza a hacer un informe hay que aplicarle un *Tema*, ya que, sino Power Bi trabaja con el tema por defecto, un *Tema* es un conjunto de formatos que se aplica sobre el informe, de esa manera se pueden predeterminar muchos valores de las propiedades, aunque hay otros que se tienen que seguir cambiando uno por uno cada vez que se hace un informe.

En la ficha *Ver*, está la opción *Temas*, donde al desplegarlos se pueden ver los temas disponibles, cabe destacar el tema *Apto para daltónicos*.

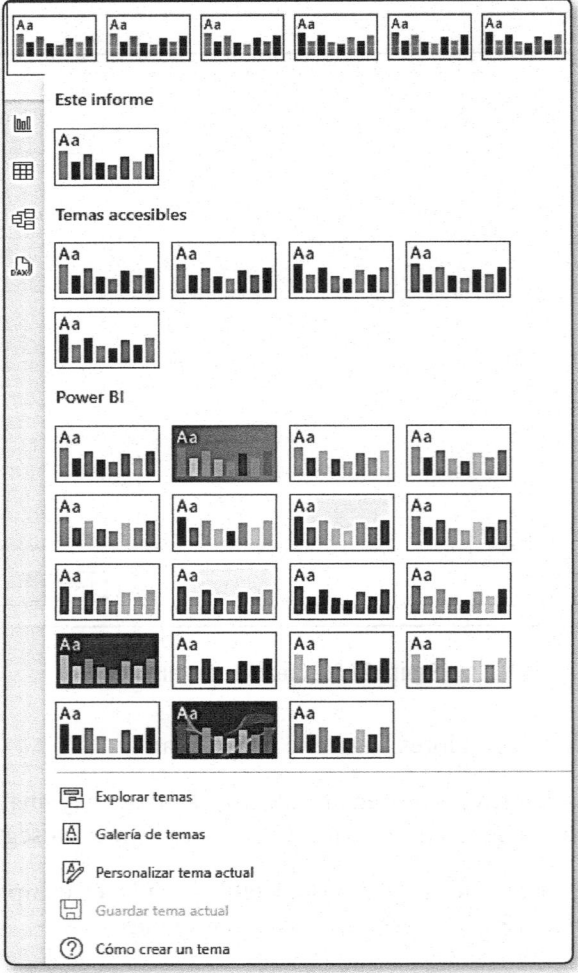

Figura 27.40. Temas de Power Bi

Si no te gusta ninguno de los que hay, en la parte inferior de la lista está la opción *Galería de temas* que te lleva a una página web donde distintos desarrolladores de Power Bi han subido desinteresadamente estos temas, después de verlos, si hay alguno que te guste se puede descargar el archivo en formato JSON.

Ahora voy a hacer clic otra vez en el desplegable de los temas y elijo la opción *Explorar temas* para aplicar ese tema en nuestro informe.

Seguramente hayas encontrado un tema que te guste pero que haya algo que quieras cambiar entonces hay que hacer clic en el desplegable de los temas y hacer clic en la opción *Personalizar tema actual*.

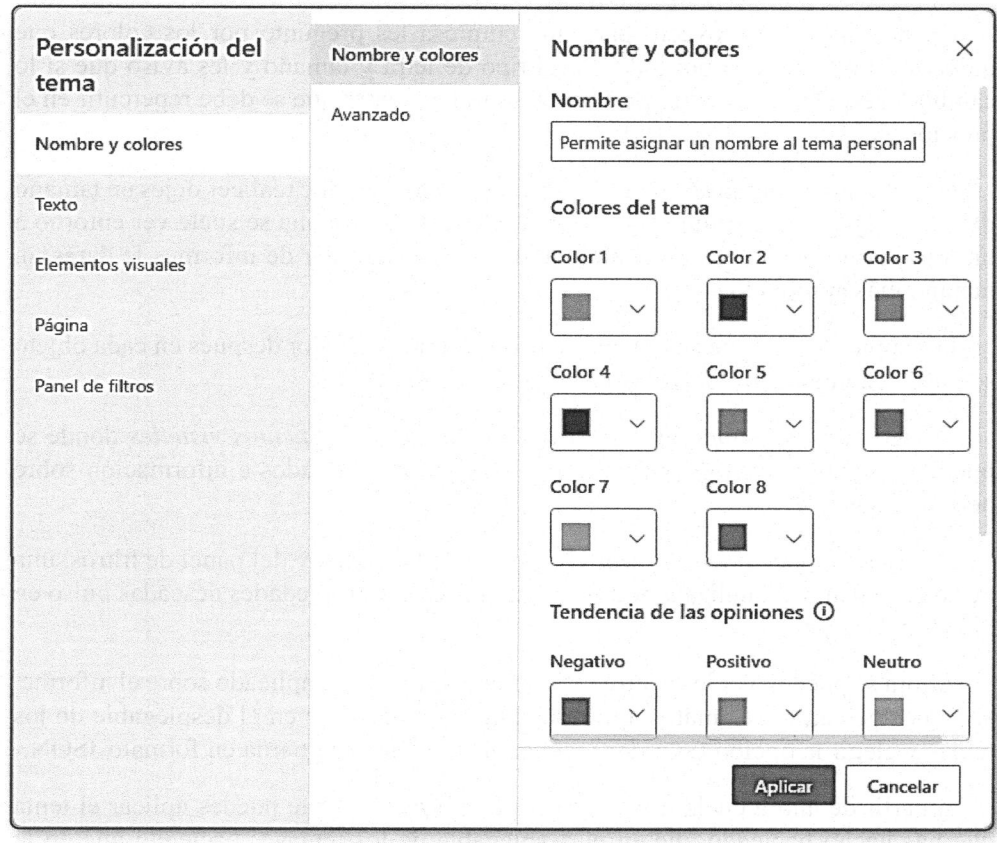

Figura 27.41. Personalizar el tema actual

En la ventana que aparece puedo personalizar los ocho primeros colores que va a usar Power Bi por defecto, así como los colores positivos, negativos y neutros y los colores divergentes.

En la parte avanzado se puede indicar el color del texto de los distintos niveles del texto.

Estás opciones están bien para personalizar los colores, pero lo que es muy importante es personalizar el tipo de letra y el tamaño de la letra que están en la ficha Texto, aquí se puede predeterminar los valores de los distintos tipos de texto, es muy importante porque no es lo mismo maquetar el informe a un tamaño o a otro, por lo que hay que definir el tema antes de empezar a añadir objetos al informe.

Cuando hago un proyecto para una empresa les pregunto por los colores que quieren utilizar, pero sobre todo por el tipo de letra y tamaño y les aviso que si lo cambian después ese cambio provocará un trabajo extra que se debe repercutir en el presupuesto.

Un error muy común es que en los primeros informes que realices dejes un tamaño de letra muy grande, ya que en Power Bi Desktop la ventana se suele ver entorno a un 80%, no te preocupes en el momento que hagas un par de informes le darás un tamaño más apropiado.

Por supuesto, aunque en el tema se predetermina un valor después en cada objeto se puede cambiar el valor de las propiedades que se desee.

Si sigo personalizando el tema a la izquierda está *Elementos visuales* donde se puede personalizar el formato del fondo, bordes, encabezados e información sobre herramientas.

También se puede personalizar el formato de la página y del panel de filtros, una vez que se han personalizado todos los valores de las propiedades deseadas pulso en el botón Aplicar.

Ahora se pueden ver los cambios de formato que se han aplicado sobre el informe, si ya nos gustan los formatos aplicados hay que hacer clic en el desplegable de los temas y elegir la opción *Guardar tema actual*, el tema se guarda en formato JSON.

A partir de ahora cualquier informe que quieras hacer le puedes aplicar el tema que has hecho haciendo clic en el desplegable de los temas y haciendo clic en la opción *Explorar temas*, de esa manera los informes que se hagan a partir de este momento serán mucho más homogéneos.

Antes de hacer tu primer informe pregunta en tu empresa si ya tienen definido el tema con el que se hacen los informes de Power Bi.

27.17 INTERACCIONES DE LOS OBJETOS

Hasta ahora he estado insertando objetos dentro de nuestro informe, pero no me he preocupado de cómo interactúan entre ellos.

Teniendo la siguiente hoja en la que he añadido una tabla con el país y la suma de la cantidad, un gráfico por cargo de contacto y cantidad, un mapa por país y cantidad y dos tarjetas con la cantidad.

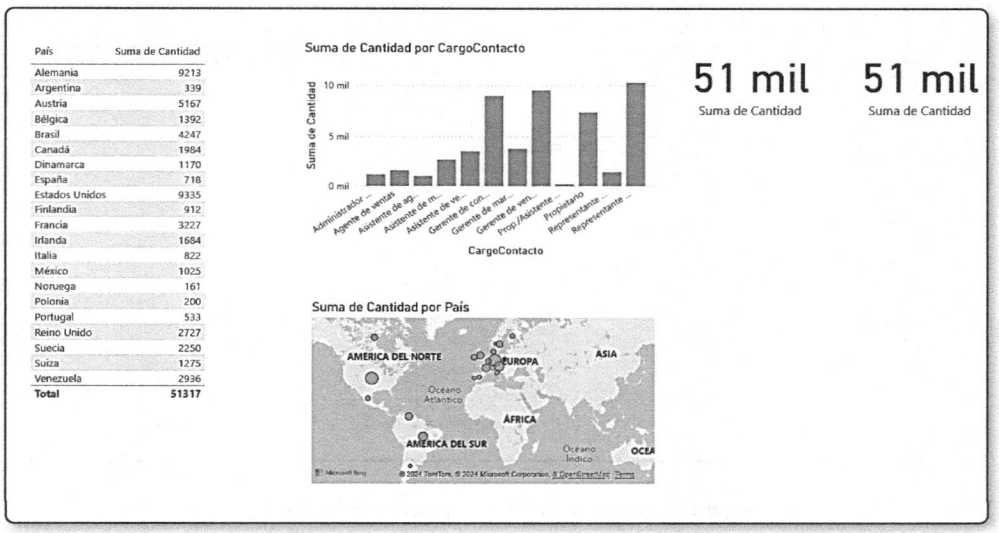

Figura 27.42. Página en la que se van a ver las interacciones

Si hago clic en cualquier país de la tabla, por ejemplo, en Canadá, el gráfico destaca el valor y muestra solamente el valor de Canadá, el resto de los valores los ha difuminado, en el mapa lo que ha hecho Power BI es poner mucho zoom para ver solamente Canadá, en las tarjetas también filtra y se ve solo el total de Canadá.

Si se hace clic en un gráfico filtra sobre las tablas, filtra en las tarjetas y filtra en el mapa.

Si se hace clic sobre el mapa filtra sobre tablas, filtra sobre matrices, filtra sobre las tarjetas y destaca el valor que se ha elegido sobre el gráfico.

Si se hace clic en la tarjeta, no interactúa con el resto de los objetos de la página.

Estas son las interactuaciones por defecto dentro de Power BI, pero se pueden cambiar y personalizar estas interactuaciones.

Cuando está seleccionado cualquier objeto en la parte superior se puede hacer clic en la ficha *Formato* y hacer clic en la opción *Editar interacciones*.

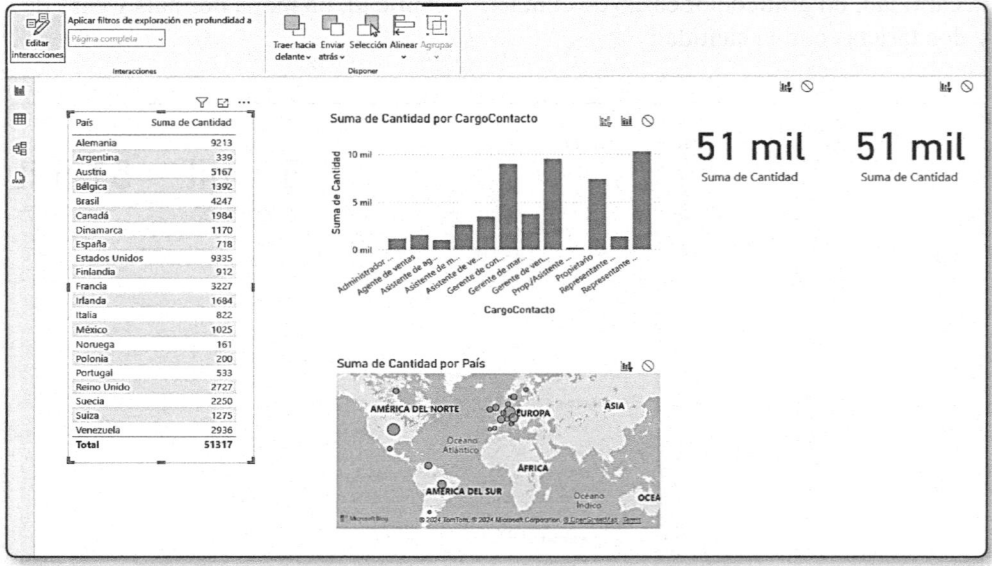

Figura 27.43. Personalizar interacciones de los objetos

Esta seleccionada la tabla y se puede indicar qué tiene que hacer el gráfico, se puede elegir que filtre, que destaque o que no haga nada.

En el mapa solo se puede elegir entre que filtre o que no haga nada.

Un ejemplo muy típico y útil es insertar dos tarjetas que sean iguales, en una de las tarjetas se personaliza la interacción para que no haga nada y en la otra no se hace ningún cambio, de esa manera cuando se haga clic en un elemento del objeto que tenemos seleccionado, filtrará en una tarjeta para ver solamente el total del valor elegido y en la otra tarjeta no filtrará para ver el total general.

Te recomiendo utilizar las interacciones por defecto ya que son las que espera el usuario, pero si es verdad que en algunas ocasiones nos puede resultar muy útil el editarlas y poder personalizar estas interacciones ya que cuando se hace clic en un gráfico no siempre queremos que filtre sobre una determinada tabla, o en el caso de las tarjetas podemos ver por un lado el total general y por otro lado solamente el total del valor que nosotros hemos elegido.

Las interacciones solo están disponibles mientras que se está en la página actual, al cambiar de página se pierden las interacciones, aunque se vuelva a la página inicial.

27.18 SEGMENTADORES DE TEXTO

Uno de los controles que más se utilizan son los segmentadores que sirven para filtrar la información y ver solamente los datos que interesan en cada momento.

Figura 27.44. Icono del objeto visual segmentador

Voy a indicar por qué campo quiero segmentar es decir por qué campo quiero filtrar, por ejemplo, cargo de contacto.

Si cuando se añade el campo se ve muy pequeño, hay que ir a las propiedades de este objeto visual y en valores se le puede indicar el tamaño deseado del texto para poder ver los distintos elementos.

Si ahora hago clic en Asistente de ventas, se ha filtrado sobre toda la página y se ven solo los datos de los asistentes de ventas.

Si hago clic ahora en Agente de ventas, se verá solamente los datos de agente de ventas, no vemos los del asistente, si quiero ver los dos pulso la tecla de Control cuando haga clic en Agente de ventas.

En las propiedades del segmentador, en *Configuración de la segmentación* están las distintas opciones donde se puede elegir que la segmentación sea una lista, un menú desplegable o mosaico.

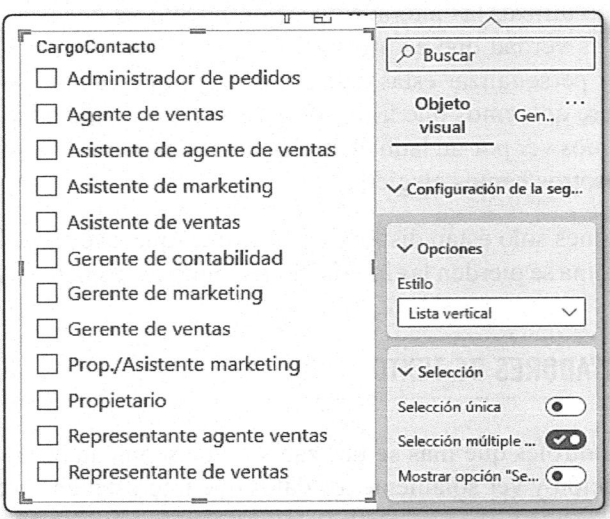

Figura 27.45. Propiedades de la segmentación

En el menú desplegable aparece en forma de menú para que ocupe menos, lista vertical se ven todos los elementos en forma de lista y mosaico muestra todos los elementos en forma de botón lo que hace que sea muy visual cuando no son demasiadas opciones.

En una segmentación se pueden añadir varios campos cuando son jerárquicos, por ejemplo, se puede añadir el país y debajo la ciudad, pero si los datos no son jerárquicos es mejor utilizar varias segmentaciones.

En las propiedades, en controles de selección se puede elegir que sea una selección única o que se puedan seleccionar varios elementos.

Si es selección única aparecen círculos en vez de cuadrados al lado de cada opción y aquí no vale dejar pulsada la tecla de Control para seleccionar varios valores.

También se le puede indicar que la selección múltiple sea automática o que haya que pulsar la tecla de control, por defecto hay que pulsar la tecla de control.

A continuación, se le puede indicar si quiero que aparezca la opción de seleccionar todo, para que muestre todos los datos, en este caso también se puede borrar las selecciones con el botón de la goma.

Se pueden cambiar las distintas propiedades de los encabezados, los elementos fondos etc. igual que cualquier objeto visual que se añada al informe.

27.19 SEGMENTADORES DE FECHA Y NÚMERO

Los segmentadores no tienen que ser solamente de texto, también puede ser de fecha o de número. Voy a añadir un objeto visual segmentador y voy a añadirle el campo fecha de pedido.

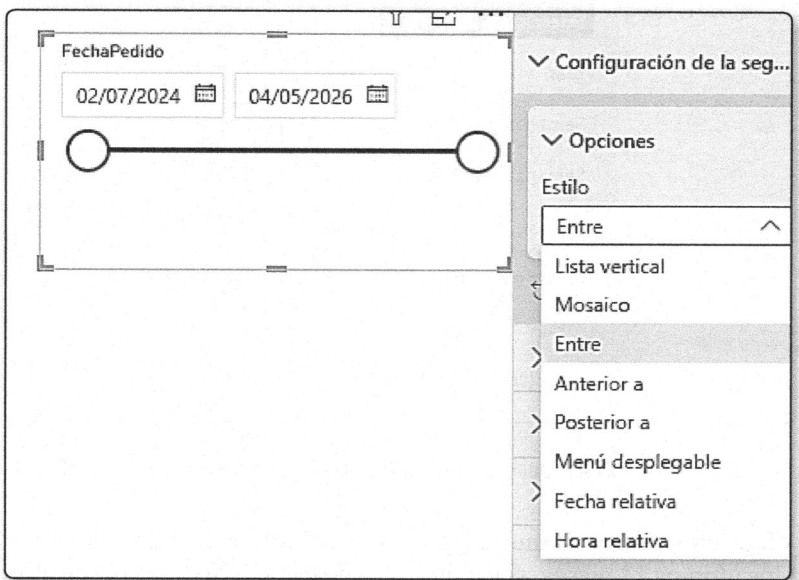

Figura 27.46. Segmentación de fecha con las opciones de estilo

Automáticamente Power Bi muestra la primera y la última fecha que hay en fecha de pedido, se puede elegir el intervalo de fechas del cual se quieren ver los datos, para ello se puede elegir o escribir la fecha en los rectángulos superiores o arrastrar desde los círculos correspondientes y automáticamente los filtra en la hoja.

Como siempre se puede ir a las propiedades de formato y cambiar los tamaños de los encabezados los tamaños de las entradas de fecha, etc.

También se puede ir a las propiedades y elegir si solo se quiere segmentar por los valores anteriores a una fecha, también se puede seleccionar que sea posterior, que sería similar. Lista no es muy útil si quiero segmentar por un intervalo, ya que no agrupa por años, meses como en un autofiltro en Excel o que sea un menú desplegable, donde existe el mismo problema.

También se puede seleccionar que sea una *Fecha relativa*, esta opción sí que es útil ya que se le puede indicar que sea relativa a la fecha actual, se le puede indicar que sea el último día, la última semana, el último mes, o mes del calendario o años que hayamos elegido.

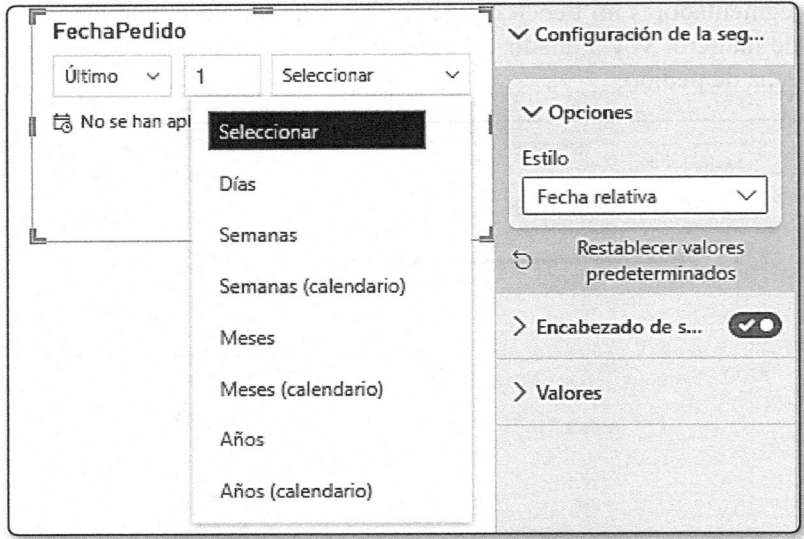

Figura 27.47. Opciones de Fecha relativa en la segmentación

Si se elige años Power Bi muestra los datos del último año desde la fecha de hoy nos filtra los últimos 12 meses, si le elige años de calendario filtra desde el 1 de enero al 31 de diciembre del año anterior.

Lo bueno que tiene esta opción es que se actualiza automáticamente con la fecha del sistema por lo que cada día mostrará los registros que cumplan la condición indicada.

Si se hace clic otra vez en la lista de campos se puede hacer clic en el campo Fecha de pedido y elegir Jerarquía de fechas, de esa manera se mostrarán las fechas como en Excel, es decir agrupadas por años, trimestres, meses y días.

Si lo vuelvo a dejar sin jerarquía le tengo que decir entre en la configuración de la segmentación ya que lo ha puesto como una lista.

Voy a cambiar el campo de la segmentación y voy a poner el campo cantidad, las opciones son las mismas, ya que se puede filtrar desde la cantidad más pequeña, desde la más grande, se puede seleccionar que sea una lista o menú desplegable entre dos números que es la opción que viene por defecto o que sea mayor o menor que algo.

Como se puede observar no hay diferencias entre la fecha y los números, solo que en las fechas hay más opciones, ya que se puede filtrar según la fecha relativa.

Figura 27.48. Segmentación de datos (Nueva)

Este objeto *Segmentación de datos (Nueva)* se ha añadido hace poco a Power Bi, tiene más opciones de formato que las segmentaciones normales, pero no tiene la opción de menú desplegable o lista, solo tiene la opción mosaico por lo que si hay muchas opciones ocupa demasiado y no es útil.

27.20 ALCANCE DE LOS SEGMENTADORES

Anteriormente he dicho que con los segmentadores se puede filtrar en la página en la que estamos, pero hay veces que quiero filtrar en varias páginas.

En este caso ya estaría segmentando sobre esta página, pero quiero que segmente en otras páginas.

Voy a ir a la ficha de Ver y hago clic en *Sincronizar segmentaciones*.

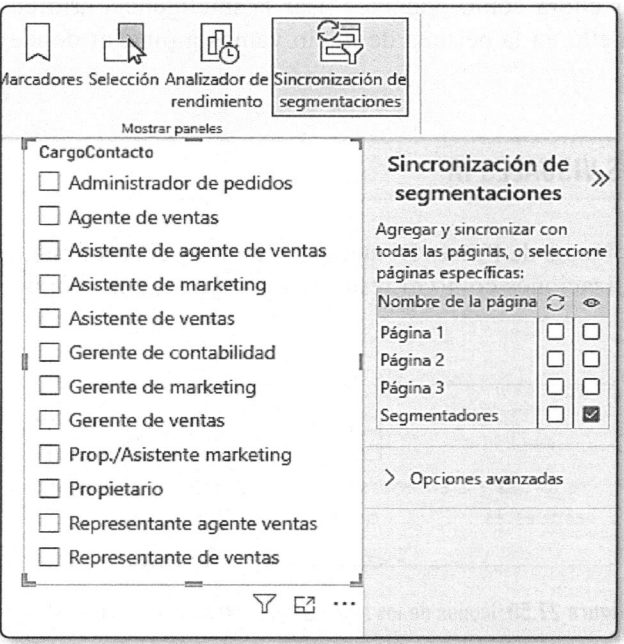

Figura 27.49. Sincronización de segmentadores

En la parte de la derecha de la pantalla aparecerá el panel de segmentadores.

En este panel se pueden ver dos columnas al lado de cada hoja, en la primera columna hay que indicar a Power Bi en qué páginas se va a aplicar el filtro y en la segunda columna en qué páginas quiero que se vea el segmentador.

En esta página de segmentadores va a aplicar el filtro y es visible pero también se puede cambiar en qué páginas se quiere aplicar el filtro que se elija.

Lo más común es que sea sólo visible en una página y filtre sobre otras, pero también se le puede indicar que sea visible en las páginas que se quiera.

Aunque en la ficha de segmentadores no hay datos que filtrar voy a dejar activa la página de segmentadores, es decir que aplique el filtro sobre esta página, ya que sino no se sincronizará con el resto de las páginas.

La gran ventaja de los segmentadores sobre los filtros, es que en los filtros sólo se puede filtrar en la página activa o en todas, pero no se puede elegir que filtre en unas páginas en concreto, cosa que sí que podemos hacer con los segmentadores.

Además, los segmentadores son objetos visuales que están en la página por lo que puedo personalizar la interacción de estos objetos y puedo elegir en qué objetos de la página quiero segmentar y en cuáles no.

Vamos a ver ahora cómo podemos usar la inteligencia artificial que incorpora Power BI. Para ello en la pestaña de inicio vamos a pinchar donde pone hacer una pregunta.

27.21 OBJETOS VISUALES IA

Hay varios objetos de Power Bi que usan Inteligencia artificial, se pueden añadir desde las visualizaciones como el resto de los objetos, pero también desde la ficha insertar.

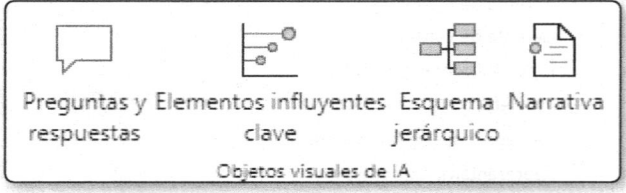

Figura 27.50. Iconos de los objetos visuales de inteligencia artificial

El primer objeto de este tipo es Preguntas y respuestas.

Preguntas y respuestas

Al hacer clic en este botón aparece la siguiente pantalla.

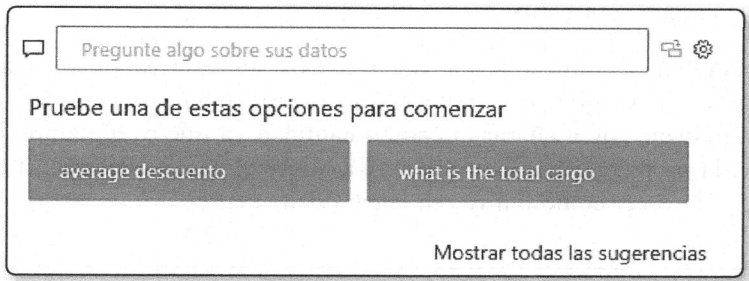

Figura 27.51. Pantalla de preguntas y respuestas

Se puede hacer clic en las preguntas de ejemplo que aparecen como botones en la parte inferior de la pantalla o se puede escribir la pregunta para que Power Bi muestre este objeto visual.

Voy a ir escribiendo lo que quiero ver, por ejemplo, cantidad y Power BI lo que hace es ponernos una tarjeta donde nos muestra la suma de la cantidad.

Pero puedo seguir escribiendo, voy a escribir by País, ya que las instrucciones se las tenemos que poner en inglés. Ahora lo que muestra es un gráfico, por supuesto a este gráfico le podemos cambiar el tipo, lo podremos personalizar, etc.

O también puedo escribir and Cargocontacto, y ya tenemos otro gráfico distinto que nos agrupa tanto por país como por cargocontacto.

Al final puedo escribir Map o Tree o el objeto que yo quiera visualizar.

Como vemos es fácil ir escribiendo los valores que queremos representar y el propio Power BI, va a ir ajustando el objeto que crea más conveniente según los datos que vamos escribiendo.

Lo único que hay que tener en cuenta es que hay que escribir en inglés e ir poniendo by en vez de por, and en vez de y, etc. funciona mejor escribiendo en inglés, pero se puede ir a la ficha Modelado, y hacer clic en el botón lenguaje para elegir entre español e inglés.

Una vez que está definido el objeto se puede pulsar en la rueda dentada y de esa manera el objeto de preguntas y respuestas se convertirá en el objeto que este mostrando y se pueden seguir personalizando las propiedades para adecuarlo a lo que se necesite en cada momento.

Elementos influyentes clave

Los datos hay muchas veces que dependen unos de otros, pero no tienen una relación directa, este objeto *Elementos influyentes clave* permite analizar la influencia que tiene un campo sobre otro.

Voy a estudiar la influencia que tiene el país sobre la cantidad vendida, para eso inserto el objeto *Elementos influyentes clave* y relleno las propiedades, en la propiedad Analizar voy a añadir el campo cantidad ya que es el campo que deseo estudiar, en la propiedad Explicar por voy a poner el campo País puesto que es el campo que quiero ver cómo influye en la cantidad.

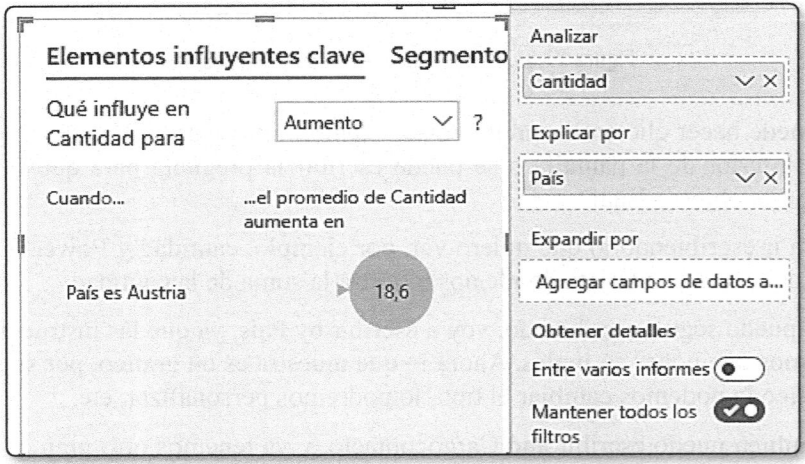

Figura 27.52. Ver la influencia que tiene el país sobre la cantidad

Este control muestra si el país es Austria esta un 18,6% por encima del promedio, si se hace clic en el desplegable de Aumento y se elige disminución aparece una lista con los países que están por debajo de la media por ejemplo Argentina está un 14,06% por debajo de la media o Noruega un 13,85% por debajo.

Con este objeto se puede analizar las ventas según el precio o las magnitudes que pensemos que pueden influir en los distintos resultados que tengamos.

El siguiente objeto visual de Inteligencia Artificial que voy a explicar es el *Esquema Jerárquico.*

Esquema Jerárquico

Este objeto sirve para analizar un valor según los datos jerárquicos por los que se desee agrupar.

Añado este objeto y añado el campo cantidad en la propiedad Analizar, en la propiedad *Explicar por* se pueden añadir todos los campos por los que se quiera explicar esta información, en este caso voy a añadir el campo país, el campo ciudad y el campo código postal, si estuviera creada la jerarquía podría añadir la jerarquía de direcciones.

Siempre en la propiedad Analizar se añade el valor que después se quiere ver organizado por los campos que se añaden en Explicar por.

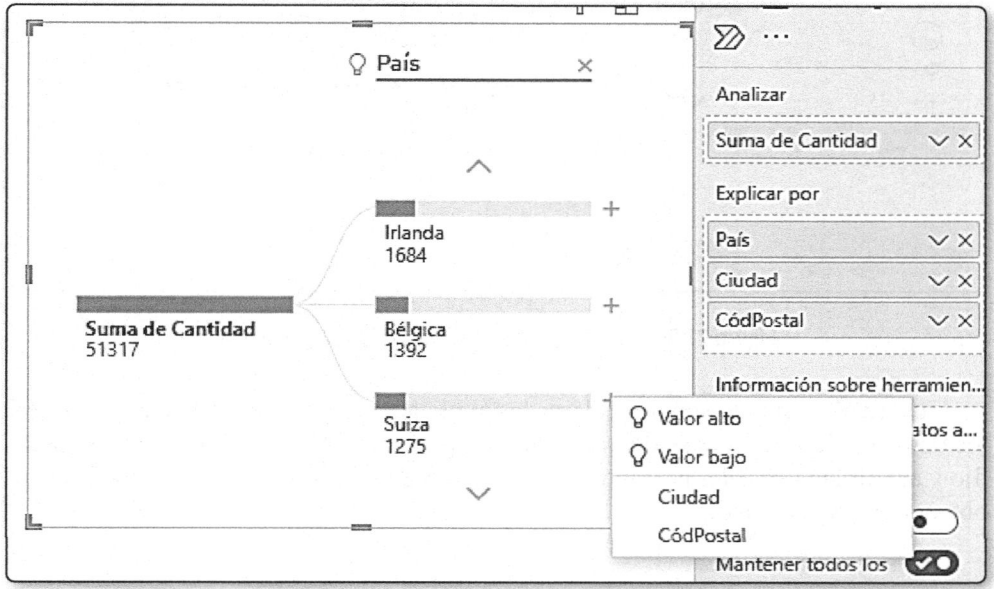

Figura 27.53. Configuración del objeto Esquema jerárquico

Ahora se puede ir haciendo clic en el + de la cantidad y elegir si se quiere ver el más alto o el más bajo para que muestre la cantidad por país en ese orden.

Se pueden repetir los mismos pasos en el campo país para ver los datos por ciudades.

En cualquier momento se puede hacer clic en un país y ver los detalles de ese país.

El último objeto visual de IA que queda es Narrativa.

Narrativa

Narrativa va a crear una descripción de los objetos que hay en la página, estos objetos no pueden ser solo tablas ya que la información la obtiene de mapas y gráficos.

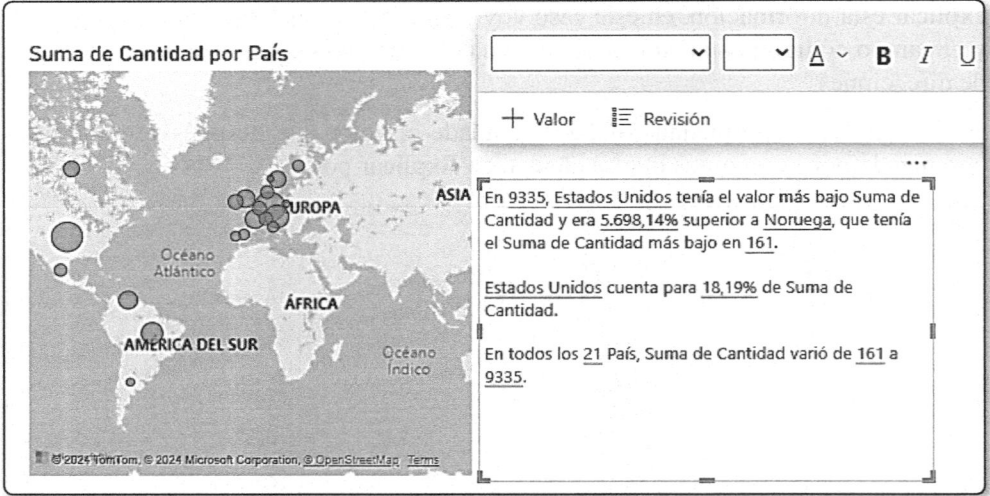

Figura 27.54. Narrativa creada en una página con un mapa

La verdad es que no son muy claras las explicaciones que da y además puede que los datos no sean los que se desean analizar, para mi gusto es mejor escribir el texto fijo y añadir las variables pulsando en valor y haciendo las preguntas necesarias para obtener el valor deseado.

27.22 OTROS OBJETOS VISUALES DE POWER BI

Power Bi incluye otros controles que se usan menos que voy a explicar brevemente.

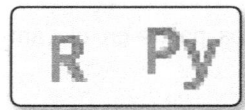

Figura 27.55. Iconos de los objetos visuales R y Phyton

Script R y Phyton estos dos objetos visuales permiten ejecutar scripts hechos en R y Phyton respectivamente, para ello hay que habilitar estos objetos.

Figura 27.56. Icono de objeto visual medidor

Medidor permite añadir el valor de un campo y el objetivo al que debería llegar, se muestra como un semicírculo.

Al añadir un campo en la propiedad Valor se sitúa justo en la mitad del semicírculo, a continuación, puedo añadir otro campo en valor máximo, y veré como cambia el semicírculo para adaptarse a esta medida.

También le puedo indicar un valor destino que sería el objetivo al que tendría que llegar.

Figura 27.57. Icono del objeto visual KPI

KPI parecido al anterior donde se representa un valor y el objetivo a llegar, pero también hay un eje de tendencia que suele ser un campo de fecha, muestra el resultado en forma de gráfico.

Figura 27.58. Icono del objeto visual métricas

Métricas este objeto está en versión preliminar, este objeto lo veremos en el servicio de Power Bi cuando publiquemos el informe.

Figura 27.59. Icono del objeto visual informe paginado

Informe paginado hay una versión de Power Bi para hacer informes paginados, un informe paginado se puede añadir a la versión Desktop de Power Bi, pero la verdad es que la versión de hacer informes paginados de Power Bi casi no se usa ya que la gran revolución de Power Bi fue precisamente hacer informes para consumirlos desde la pantalla no para imprimirlos.

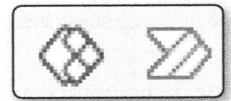

Figura 27.60. Iconos de los objetos Power Apps y Power Automate

Power Bi al fin y al cabo forma parte de Microsoft 365 por eso hay dos botones que conectan con dos aplicaciones de Microsoft 365 como son *Power Apps* y *Power Automate*.

Power Apps es una aplicación para desarrollar programas y aplicaciones en Microsoft 365, se necesitan conocimientos de programación para utilizarla.

Power Automate es para crear flujos de programas, es decir realizar acciones con distintos programas, por ejemplo, crear un botón en Power Bi para enviar un mensaje por Teams, para utilizar Power Automate no se necesitan conocimientos de programación, según dice Microsoft es la herramienta para que programen las personas que no saben programar.

Se puede crear un flujo nuevo desde Power Bi o vincular el botón a un flujo ya existente.

27.23 AÑADIR OTROS CONTROLES

Aunque Power BI puede parecer que tiene muchos objetos visuales, es posible que se necesite añadir algún objeto visual más, para mostrar algún dato de una manera especial.

Los objetos visuales se pueden añadir en la ficha *Insertar*, pero quizás lo más rápido es que dentro de los propios objetos visuales, al final hay un botón con tres puntos.

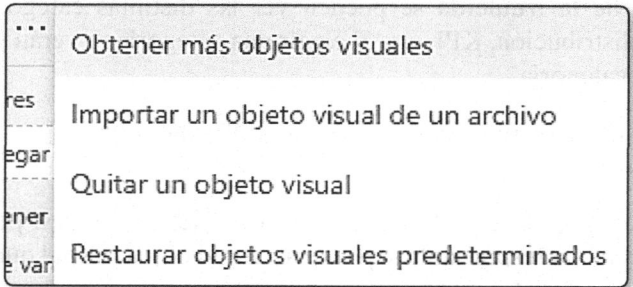

Figura 27.61. Icono y opciones para añadir más objetos visuales

Aquí se puede importar desde archivo, lo que hace esta opción es importar un objeto visual desde un archivo que se haya descargado previamente.

Pero la opción más habitual es importar desde *Objetos más objetos visuales*.

Si no se ha iniciado sesión al trabajar con Power BI, aparece una pantalla para logarse y poder descargar objetos visuales adicionales.

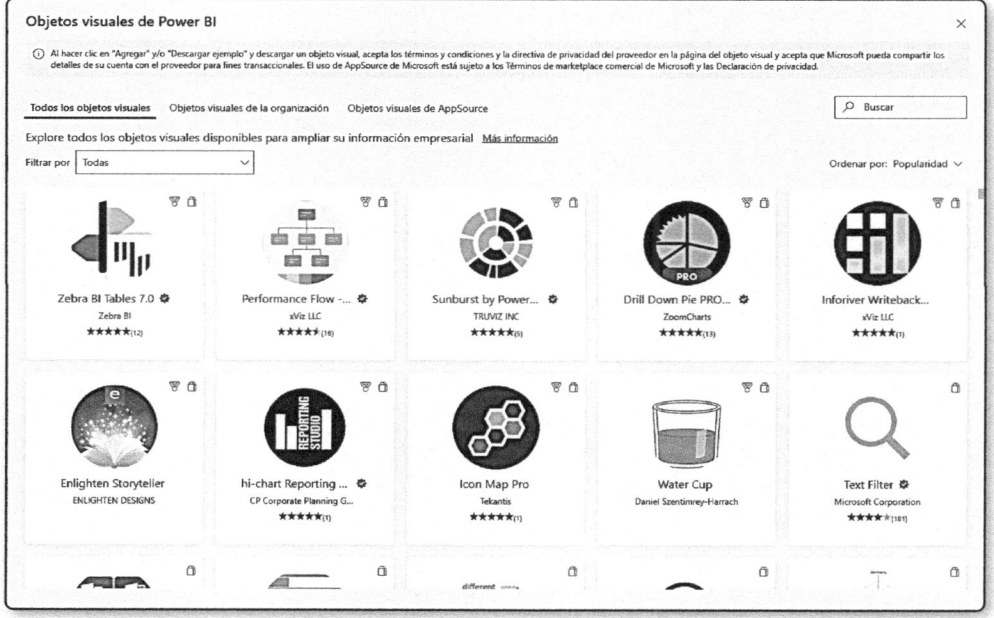

Figura 27.62. Pantalla para instalar más objetos visuales

En la parte de la izquierda se pueden ver las distintas categorías de objetos visuales como distribución, KPI, etc. al elegir una categoría se verán solo los objetos visuales de esa categoría.

La mayoría de estos objetos visuales son gratis, pero hay algunos que hay que pagar por usarlos.

En algunas empresas están bloqueados estos objetos visuales, pero se le puede preguntar a la persona responsable si puede añadir el objeto visual que se necesite en la pestaña *Objetos visuales de la organización*.

Una vez que se elige un objeto visual se puede hacer clic el botón agregar y ya aparecerá en el informe para poder usarlo.

Si se desea que el objeto visual aparezca en todos los informes, una vez que se ha agregado se puede hacer clic sobre su icono e indicarle Anclar al panel de visualizaciones.

HERRAMIENTAS DE DISEÑO

28.1 INTRODUCCIÓN

En este tema vamos a ver distintas herramientas de diseño para poder dar más fuerza y espectacularidad a nuestros informes.

Empezaremos viendo páginas de detalles para poder ampliar la información que estamos viendo en cualquier momento, pero lo haremos incluso más espectacular creando tooltips que aparecen sobre el objeto consultado.

También crearemos botones y crearemos un índice con en el que podremos navegar en nuestro informe.

Veremos como diseñar un informe para móvil, como usar los marcadores y otras muchas opciones.

28.2 PÁGINA DE DETALLE

En los informes muchas veces se necesita ver información muy detallada, pero si no quiero que el informe tenga demasiadas páginas hay que crear páginas de detalles.

Voy a explicar ahora cómo puedo crear una página de detalle, para ello he creado una página nueva que he llamado detallePais y oculto la página, la página se sigue viendo igual, pero al publicarse no será visible.

Voy a añadir distintos objetos visuales, una tarjeta donde he añadido el campo país, una tabla con el cargo del contacto y la cantidad, un mapa donde está la cantidad por ciudad y un gráfico de líneas para ver la cantidad por fecha de pedido, el aspecto será parecido a este, pero realmente se pueden poner los objetos visuales que se deseen.

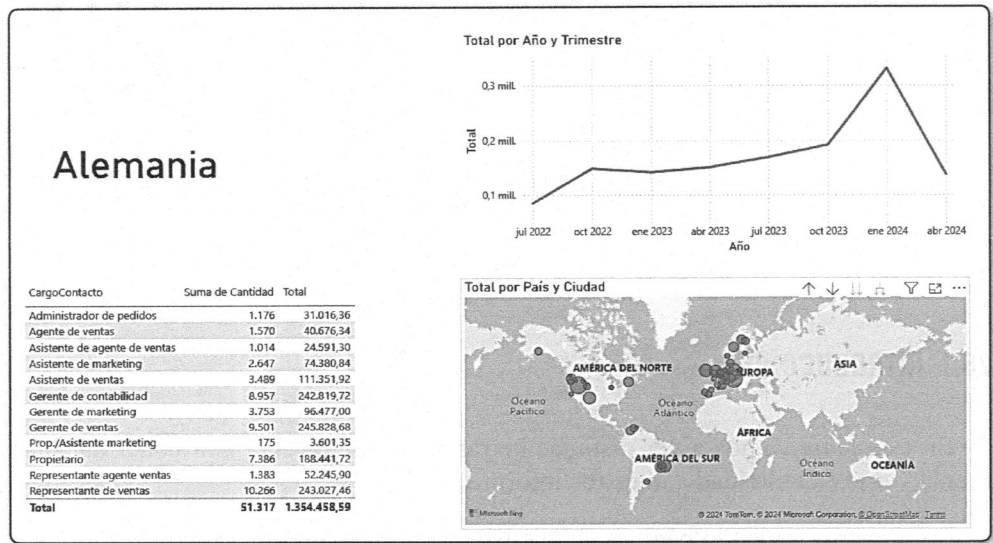

Figura 28.1. Ejemplo de página de detalle

Estando en la página de detalle sin tener ningún objeto visual seleccionado, en las propiedades de la página, está la propiedad obtención de detalles, donde se pueden agregar los campos de los cuales se quieren obtener los detalles, en este caso voy a añadir el campo país.

Se pueden añadir varios campos ya que una misma página de detalles puede responder a todos los campos que indiquemos.

Ahora voy a otra página del informe y si hago clic con el botón derecho en cualquier representación del campo país en el menú contextual aparecerá la opción obtención de detalles y dentro de esta opción se puede elegir la página de detalles deseada.

En este caso hago clic sobre un gráfico, pero también podría hacer clic con el botón derecho sobre cualquier país en una tabla o mapa.

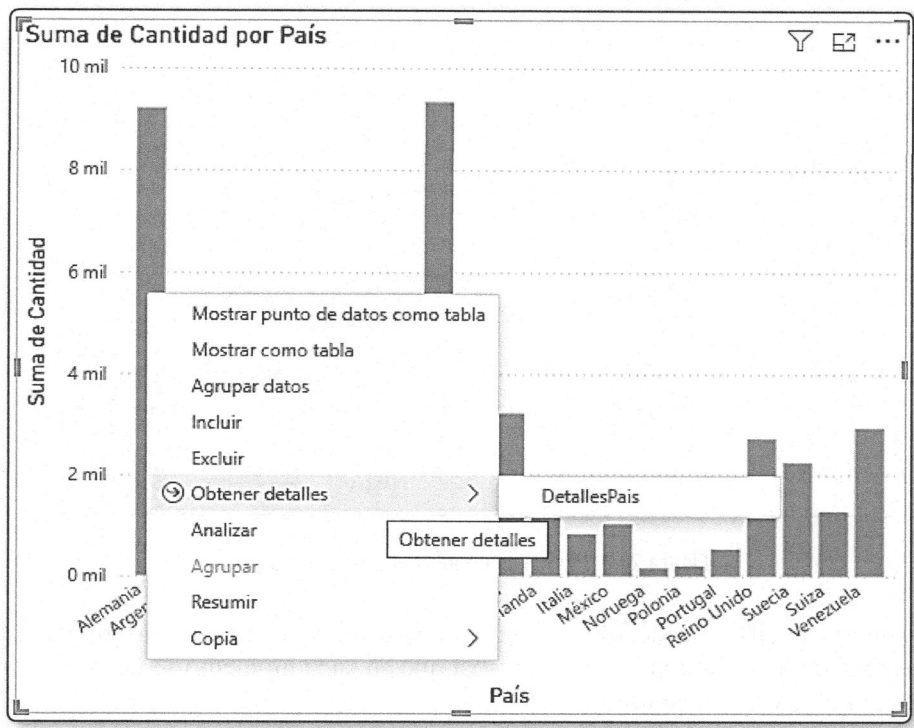

Figura 28.2. Obtener detalles desde un gráfico

Esto es muy útil ya que se pueden tener varias páginas de detalle y elegir a la que se quiere ir para ver los datos deseados en cada caso, en este caso solo tengo la opción DetallesPais y hago clic sobre ella.

Me lleva a la página detalle y veo los datos que hay, pero solo del país seleccionado, es decir, que desde cualquier objeto visual que este agrupado por país puedo acceder a la página de detalles aplicando un filtro con el valor sobre el que he hecho clic.

Para volver tengo un botón con una flecha en la parte superior izquierda de la página de detalle, voy a hacer clic con la tecla control pulsada sobre este botón para volver a la página que estaba.

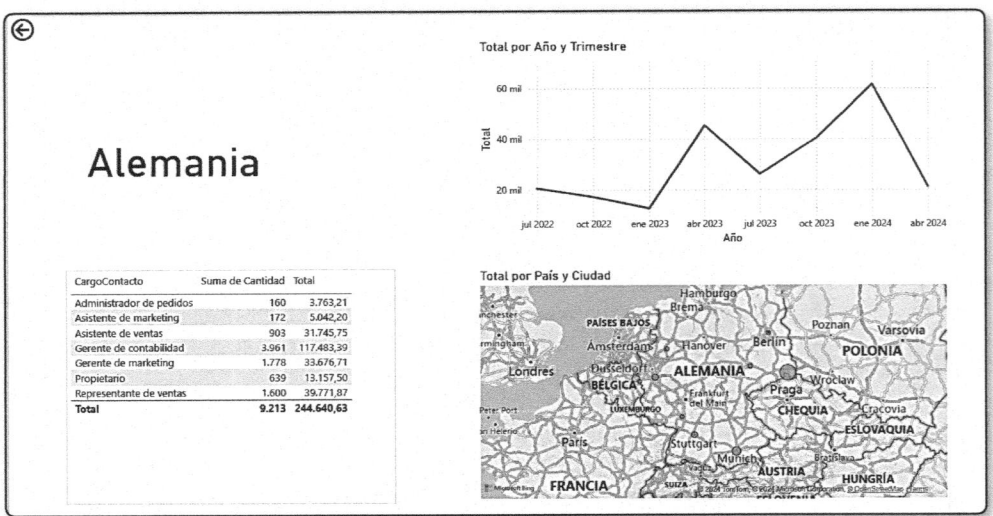

Figura 28.3. Página de detalles filtrada por Alemania

Con las páginas de detalles se puede organizar y detallar la información sin necesidad de tener infinidad de páginas ya que en cada momento se puede elegir el valor por el que se desea filtrar.

Se pueden tener todas las páginas de detalles que se desee para cada campo ya que en cada una de ellas puede haber distinta información.

En casi cualquier informe es imprescindible tener las páginas de detalles necesarias para poder ver la información solicitada, desgranada como el usuario necesita en cada caso sin necesidad de tener infinidad de páginas en el informe.

28.3 TOOLTIP

Voy a explicar ahora como se puede hacer un Tooltip, es decir una ventana emergente para mostrar más información en cualquier agrupación del campo indicado según se va pasando el ratón por encima, esto es más espectacular que las páginas de detalles, pero no tan importante.

Para ello voy a crear una página nueva que voy a llamar TooltipPais y la voy a ocultar haciendo clic con el botón derecho sobre ella, en las propiedades de la página, en I*nformación de la página* le voy a activar la opción *Permitir el uso como información sobre herramientas*.

Automáticamente cambia el tamaño de la página, pero puedo personalizar el tamaño en la opción *Configuración del lienzo, tipo, personalizado* e indicarle el tamaño exacto, si no se quiere cambiar ahora se puede cambiar en cualquier momento, hay que tener en cuenta que va a ser una ventana emergente.

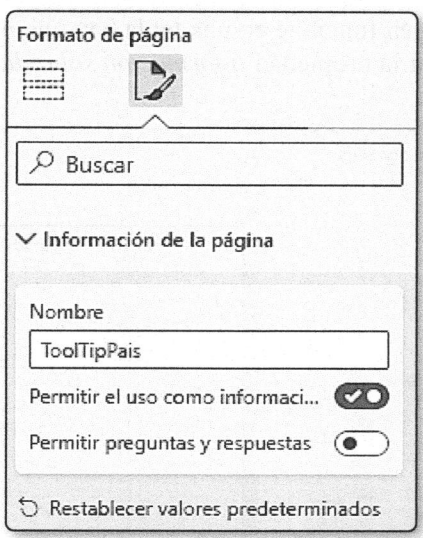

Figura 28.4. Marcar la opción permitir que esta página se use como información sobre herramientas

En esta página voy a añadir una tabla, en la cual voy a poner el campo cargo del contacto y el campo Cantidad.

Esta tabla la voy a querer mostrar cuando esté en cualquier objeto que esté agrupando por el campo país, para ello en la propiedad información sobre herramientas añado el campo país.

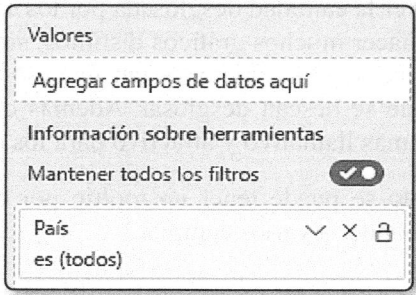

Figura 28.5. Añadir campo en la propiedad información sobre herramientas

Ahora cuando voy a cualquier mapa o gráfico al pasar el ratón por encima de los valores aparece la tabla que he creado antes en la página del tooltip, pero solamente con los datos de ese país, he hecho una página muy sencilla, pero la podría haber hecho mucho más complicada para ver mucha más información.

Si se desea que también funcione en una tabla hay que ir a las propiedades de la tabla, Generales y activar la propiedad *Información sobre herramientas.*

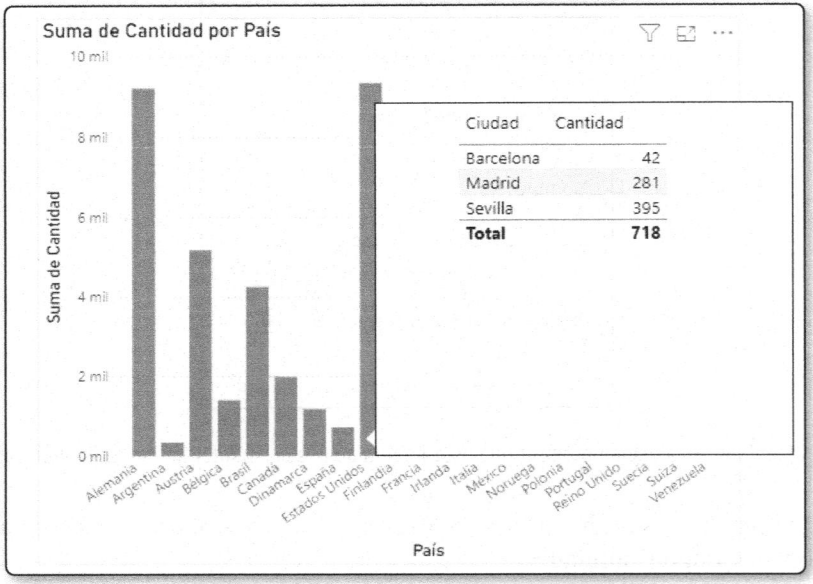

Figura 28.6. Gráfico con tooltip

Esta es una herramienta espectacular ya que dentro de cualquier agrupación por el campo país, se puede ver la cantidad desglosada por los campos que se desee y de esta manera no hay que hacer muchos gráficos distintos, sino que se puede mostrar la información simplemente con un objeto, es tan sencillo como pasar el ratón por encima de los valores que se desean desglosar. Además de esta manera se puede hacer que el informe sea más llamativo y atractivo para los usuarios.

Al ser automático solo se puede tener un tooltip por cada campo, aunque un mismo tooltip puede responder a varios campos.

28.4 PANEL DE SELECCIÓN

En Power BI se pueden organizar los objetos unos respecto a los otros, alinearlos, etc.

Se puede seleccionar un objeto y con la tecla Control o Shift pulsada seleccionar otros objetos haciendo clic sobre ellos, también se puede hacer un rectángulo alrededor de los objetos para seleccionarlos.

Una vez seleccionados se puede ir a la pestaña *Formato* donde están las opciones de alinear, enviar atrás, traer adelante etc.

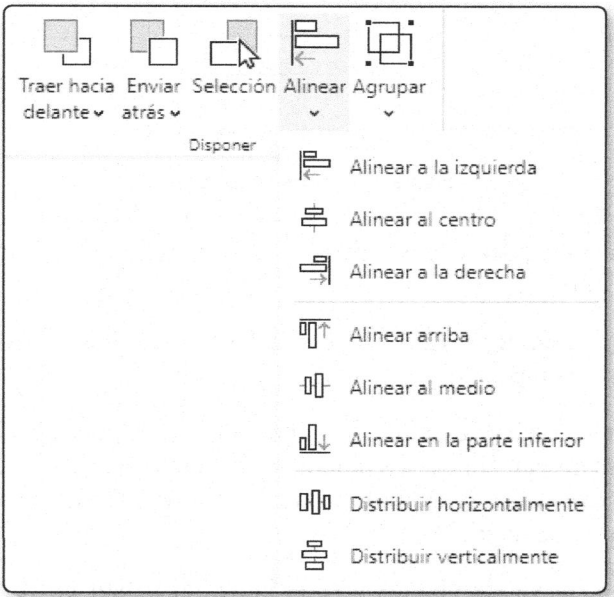

Figura 28.7. Opciones de disposición de los objetos

Hay que tener cuidado ya que si hay botones al hacer clic sobre ellos lo que hace Power Bi es ejecutar la orden que tenga ese botón.

Para seleccionar varios objetos también se puede ir a la ficha Ver, panel de Selección.

En este panel se pueden seleccionar todos los objetos que se deseen, en este panel sí se puede pulsar la tecla de control para seleccionar los distintos objetos, aunque sean botones.

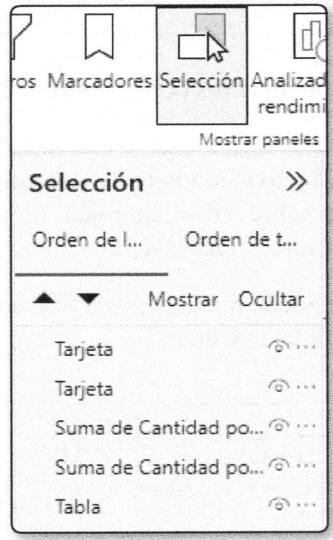

Figura 28.8. Panel de selección

En la columna de la derecha de cada objeto se puede elegir si se quiere ver o no cada uno de los objetos.

En caso de que estuvieran varios objetos unos encima de otros, el objeto que está más arriba en la lista tapa al que está más abajo.

Una vez que estén seleccionados los objetos, ahora sí se puede ir a la ficha *Formato* y decirle como se desean alinear los objetos, si se le indica a la izquierda se moverán los objetos para que coincida el borde izquierdo de los objetos seleccionados con el que ya estaba más a la izquierda.

Si se seleccionan varios objetos y se le indica distribuir en vertical, se quedan quietos el primero y el último objeto, pero los que están en medio se mueven para que estén todos a la misma distancia en vertical.

También aquí en formato está la opción de traer delante o traer atrás para cuando está un objeto encima de otro poder elegir qué objeto tapa al que esta debajo.

En el panel de selección también está el orden de tabulación, que sirve para indicar a Power BI en qué orden tiene que ir recorriendo el informe según se pulsa en la tecla de tabulador.

De momento se puede quitar el panel de selección sino vamos a trabajar más con él e ir viendo los paneles que se necesitan en cada momento.

28.5 MARCADORES

En un marcador se puede guardar la vista que hay en la pantalla tanto los objetos visibles como los filtros aplicados.

En la ficha de *Vista*, se puede mostrar este panel haciendo clic en *Marcadores*.

Voy a ir a una página donde tengo varios objetos visuales y en el panel de marcadores hago clic en el botón Agregar, de esa manera se ha guardado la vista actual.

Una vez que se ha guardado el marcador, ahora puedo hacer un doble clic en el nombre del marcador para cambiarlo y llamarle por ejemplo Completo.

En la misma página voy a aplicar un filtro o una segmentación por ejemplo para ver solo los registros de Francia, añado un marcador nuevo y le llamo Francia.

Sigo en la misma página y muestro el panel de selección, oculto un par de objetos y añado un marcador nuevo al que llamo resumido.

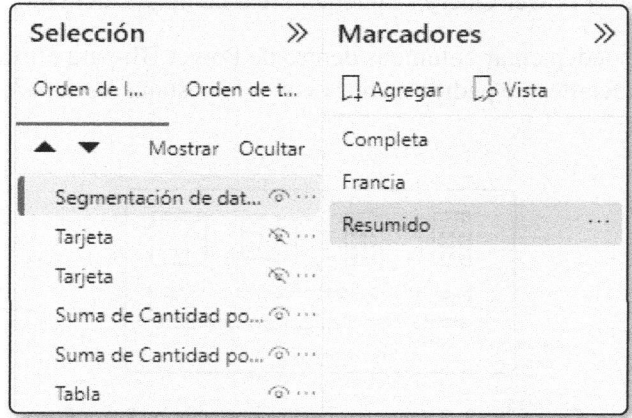

Figura 28.9. Marcadores creados y configuración de objetos visibles en el marcador resumido

Si hago clic en cada marcador veo los datos y los objetos que hay en cada marcador.

Voy a otra página y añado otro marcador.

Selecciono los marcadores de la primera página, hago clic en los puntos suspensivos y le indico agrupar para tener más organizados los marcadores.

También con los marcadores hay una opción que es hacer una presentación, desde el panel de marcadores se puede hacer clic en la opción vista y Power BI muestra una presentación de diapositivas, parecido a Power Point, ya que lo que va a hacer es ir pasando por cada uno de los marcadores que hemos puesto cada vez que cambiemos de página manualmente, si no habría que ir navegando por todo el informe, va pasando sólo por los marcadores creados y si estamos dentro de un grupo solo muestra los marcadores del grupo.

De esta manera es fácil guardar los escenarios que quiero mostrar en una reunión sin tener que estar filtrando y tocando todos los objetos mientras que todo el mundo ve lo que hago.

Los marcadores creados en la versión Desktop estarán disponibles cuando se publique el informe.

28.6 MEDIDAS VS COLUMNAS

Hay veces que con los datos en bruto no hay bastante para hacer bien los informes, hemos visto que en Power Query se pueden crear campos calculados.

También se pueden crear columnas dentro de Power BI, para ello voy a ir a hacer clic en la tabla Detalles de pedidos, ahora voy a la pestaña *Modelado* y hago clic en *Nueva columna*.

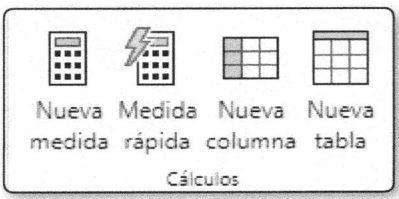

Figura 28.10. Botones para realizar cálculos en Power Bi

Ahora le voy a indicar total es igual a preciounidad * cantidad, quedando la fórmula así, aunque también puede tener el nombre de la tabla delante de cada campo.

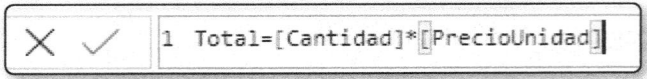

Figura 28.11. Columna calculada Total

Le doy al enter y ya tengo la columna calculada total.

Puedo añadir una tabla y a esta tabla le voy a añadir el campo país y el campo total, de esta manera ya veo los totales que hay por cada país.

País	Suma de Total
Alemania	244.640,63
Argentina	8.119,10
Austria	139.496,63
Bélgica	35.134,98
Brasil	114.968,48
Canadá	55.334,10
Dinamarca	34.782,25
España	19.431,89
Estados Unidos	263.726,98
Finlandia	20.218,45
Francia	85.058,76
Irlanda	57.317,39
Italia	16.705,15
México	24.073,45
Noruega	5.735,15
Polonia	3.371,95
Portugal	12.468,65
Reino Unido	60.331,51
Suecia	59.808,70
Suiza	32.919,50
Venezuela	60.814,89
Total	**1.354.458,59**

Figura 28.12. Tabla que muestra los países y la columna total

Esta es una forma muy fácil de crear columnas, pero no es la más eficiente. La razón es muy sencilla, Power BI tiene que almacenar el dato calculado, por lo que solamente es recomendable el crear los cálculos de esta manera cuando el resultado se necesita para filtrar o agrupar por ese campo.

Lo mejor es crear medidas ya que las medidas no tienen que guardar un dato por cada registro, sino que hace el cálculo en cada momento ya que solo guarda la fórmula, además con las medidas se pueden hacer muchos más cálculos que crear solamente columnas nuevas directamente.

Crear medida

Voy a explicar ahora como se pueden crear medidas, es decir cálculos dentro de Power BI. Para ello voy a la ficha de modelado y hago clic en nueva medida. Para hacer medidas voy a utilizar el lenguaje DAX.

Lo primero que debo hacer es escribir el nombre de la medida, donde pone medida voy a escribir totalmedida, que va a ser igual a sumx, en esta función hay que poner primero el nombre de la tabla y después las operaciones que quiero hacer quedando la fórmula.

totalMedida=SUMX(Detalles_de_pedidos,Detalles_de_pedidos[Cantidad]*Detalles_de_pedidos[PrecioUnidad])

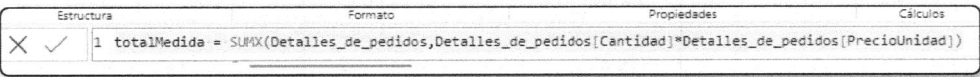

Figura 28.13. Fórmula para calcular la medida totalMedida

Cuando escribo los nombres de las funciones Power Bi va a ir poniendo qué funciones hay y cuando ya tengo la función me pide los argumentos.

He elegido la función Sumx en vez de sum ya que la función sum va a sumar solo un campo y en este caso se necesita sumar una expresión que es precio por cantidad, por lo que tengo que utilizar sumx.

La sintaxis en DAX es muy parecida las funciones de Excel, primero en nombre de la función, entre paréntesis los argumentos, pero en DAX los argumentos se separan por comas en vez de punto y coma.

Además, en las fórmulas DAX se puede escribir en varias líneas si pulsas la combinación de teclas Shift + Enter.

Cuando pulso Enter ya está creada la medida, que se llama totalmedida, pero ¿dónde la ha guardado Power BI?, la muestra en la tabla que estuviera que puede ser la de clientes, en la propia ficha de modelado le puedo decir que muestre la medida en la tabla que quiera, ya que realmente las medidas no están dentro de ninguna tabla.

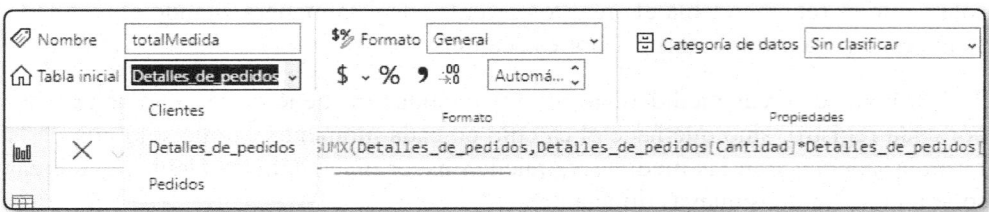

Figura 28.14. Propiedades de la medida y en qué tabla se puede visualizar

En la misma ficha le puedo cambiar el formato de esta medida para mostrarla como quiera, si quiero aplicar el formato que muestra el punto de los miles debo pulsar en el botón que tiene dibujado una coma ya que es el símbolo de los miles en los países anglosajones.

En cualquier momento puedo hacer clic en una medida o en un campo para cambiar el formato.

Voy a insertar esta medida en la misma tabla donde estaba el campo país y la columna calculada total, de esta manera se puede ver que el resultado de la medida y la columna calculada es exactamente el mismo.

País	Suma de Total	totalMedida
Alemania	244.640,63	244.640,63
Argentina	8.119,10	8.119,10
Austria	139.496,63	139.496,63
Bélgica	35.134,98	35.134,98
Brasil	114.968,48	114.968,48
Canadá	55.334,10	55.334,10
Dinamarca	34.782,25	34.782,25
España	19.431,89	19.431,89
Estados Unidos	263.726,98	263.726,98
Finlandia	20.218,45	20.218,45
Francia	85.058,76	85.058,76
Irlanda	57.317,39	57.317,39
Italia	16.705,15	16.705,15
México	24.073,45	24.073,45
Noruega	5.735,15	5.735,15
Polonia	3.371,95	3.371,95
Portugal	12.468,65	12.468,65
Reino Unido	60.331,51	60.331,51
Suecia	59.808,70	59.808,70
Suiza	32.919,50	32.919,50
Venezuela	60.814,89	60.814,89
Total	**1.354.458,59**	**1.354.458,59**

Columnas

País

Suma de Total

totalMedida

Obtener detalles

Entre varios informes

Mantener todos los filtros

Agregue los campos de ob...

Figura 28.15. Tabla con la medida y la columna calculada

Aunque el resultado es el mismo es mucho más eficiente hacer el cálculo con una medida, además hay muchísimas más opciones si se profundiza en el lenguaje DAX.

Si quiero ver cómo se ha calculado la medida puedo hacer clic en la medida y en la parte superior aparece la fórmula.

Crear medidas rápidas

Sigo con el ejemplo anterior donde tengo una tabla con países, la columna calculada y la medida totalMedida.

En las propiedades de la medida totalMedida voy a hacer clic en el desplegable y le indico nueva medida rápida.

En nueva medida rápida se pueden elegir distintos cálculos, esto sirve para ver cómo se pueden hacer distintos cálculos, aunque no sepamos DAX, ya que Power Bi lo va a hacer una manera automática.

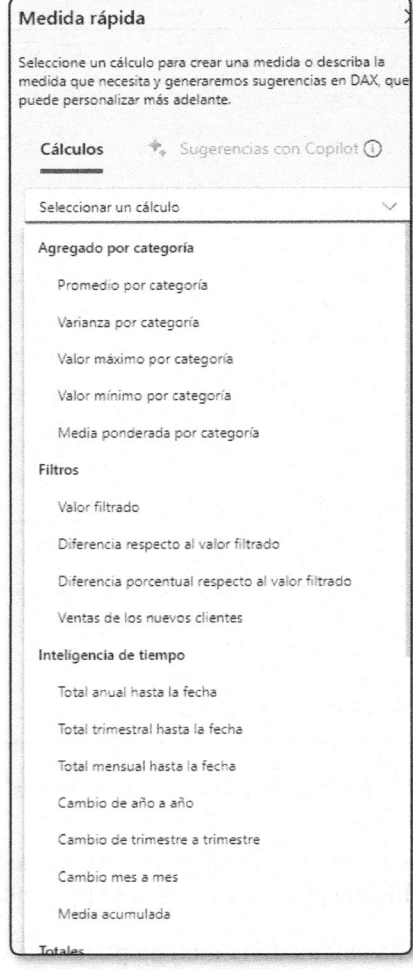

Figura 28.16. Cálculos que se puede realizar con una medida rápida

Al pulsar en el desplegable se puede observar que hay promedios, varianzas, valores, máximos, mínimos, valores filtrados, inteligencia de tiempo, hasta una fecha, por trimestres, por años, totales acumulados, operaciones más sencillas como suma, resta, operaciones con texto, etc.

En este caso voy a elegir valor filtrado por país y voy a indicarle para España, aunque podría haber elegido otros campos.

Figura 28.17. Total con valores filtrados

Le digo aceptar y ya tengo el total de España. Si hago clic en la medida veo la fórmula y así veo cómo está hecha, esto también nos puede servir para aprender DAX, en cualquier caso, le puedo indicar al asistente lo que quiero hacer y ver después la fórmula, para que no sea tan largo el nombre voy a llamar a la medida TotalEspaña.

```
1  totalMedida para España =
2  CALCULATE([totalMedida], 'Clientes'[País] IN { "España" })
```

Figura 28.18. Fórmula creada con una medida rápida

Para hacer medidas hay que aprender lenguaje Dax y eso es un salto en la formación de Power Bi ya que no hay un asistente de funciones como en Excel.

Para ver una lista completa de las funciones DAX disponibles ve a pestaña Ayuda, haz clic en documentación y escribe SUMX para buscar ayuda sobre esta función, haz clic en el primer resultado que aparece y se verá la ayuda de SUMX, además en la lista de la izquierda aparecen todas las funciones agrupadas por categorías como en Excel.

28.7 IMÁGENES, FORMAS Y CUADROS DE TEXTO

Dentro de un informe se pueden añadir distintos tipos de elementos como son *Imágenes, Formas y cuadros de texto*.

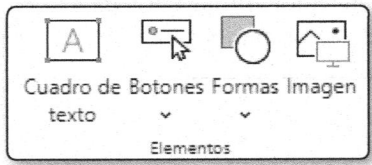

Figura 28.19. Elementos del informe

El primer elemento que voy a explicar es Imagen, al pulsar sobre él puedo insertar una imagen que esté en mi equipo.

Esta imagen suele ir en la esquina superior izquierda y suele ser el logo de la empresa.

Se le puede cambiar el tamaño, pero no tiene ninguna propiedad de especial.

El siguiente elemento son las formas que sirve para insertar las distintas figuras dentro de nuestro informe.

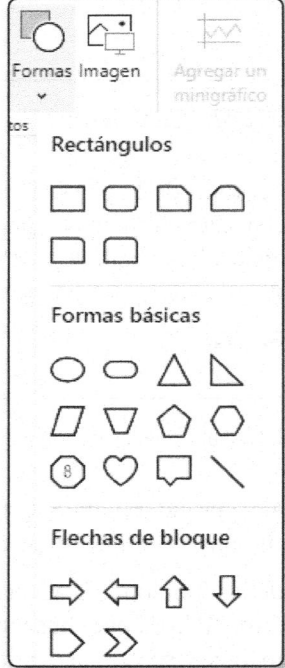

Figura 28.20. Figuras disponibles

Voy a elegir una flecha, ya que es de los objetos que tiene más opciones.

En las propiedades en *Forma* puedo cambiar la forma que he elegido, si quiero las esquinas redondeadas, el tamaño tanto de la punta y el tamaño del tallo, con lo que puedo personalizar la figura como yo quiera.

En estilo le puedo cambiar el color de relleno, sombras, iluminaciones y una propiedad muy interesante es texto, donde puedo añadir un texto a la forma y que forme parte de la forma, de esa forma al cambiar el tamaño de la forma, rotar la forma, etc. el texto actúa igual que la forma.

Por último, está el cuadro de texto que sirve para escribir el texto fijo que se desee, tiene los botones típicos para cambiar tipo de letra, tamaño, alineaciones del texto, sangrías, etc.

Además de un texto fijo se puede complementar haciendo clic en valor y hacer una pregunta para que Power Bi muestre el resultado dentro del cuadro de texto con la narrativa y explicaciones que haya escrito.

28.8 BOTONES

Voy a explicar ahora cómo se pueden añadir botones y para qué sirven, para eso voy a la ficha de Insertar hago clic en el botón *Botones*.

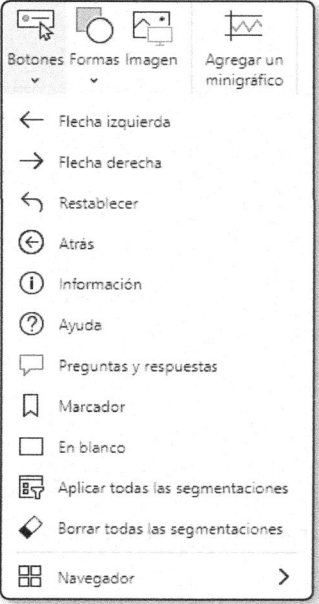

Figura 28.21. Tipos de botones que se pueden insertar

Aquí hay distintos tipos de botones, algunos ya vienen con opciones predeterminadas, pero en este caso voy a elegir un botón en blanco, al hacer clic en esta opción aparece un rectángulo en la parte superior izquierda de la pantalla que se puede arrastrar donde quiera.

Puedo cambiar la forma del botón, el tamaño del botón y en las propiedades puedo ir personalizando el botón, lo primero que voy a hacer es activar el texto del botón para poder añadir el texto que se desee, en este caso voy a escribir Página 1.

A continuación, voy a elegir un color de fondo, lo mejor es que coincida con el color del tema, a mí me gusta decirle transparencia 0% para que se vea mejor el color ya que si no queda muy pálido.

También se puede personalizar el borde o quitárselo, ponerle sombra, etc.

El botón tiene distintos estados, el estado predeterminado es el estado como va a aparecer el botón en reposo, pero si paso el puntero del ratón por encima del botón es el estado Al pasar el cursor, otro estado es Al presionar es decir cuando hago clic en el botón, también está el estado deshabilitado que se muestra cuando no se puede hacer clic en el botón.

En este caso voy a elegir el estado Al pasar el cursor y voy a cambiar el color de relleno, de esa manera cuando pase el ratón por encima del botón va a cambiar el color de fondo, esto le da más aspecto de botón y hace que el usuario vea que puede hacer clic en ese botón.

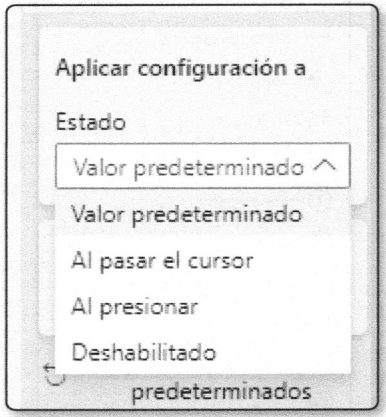

Figura 28.22. Estados del botón

Realmente se pueden cambiar todas las propiedades que se deseen, pero el texto no se suele cambiar, lo que se suele cambiar son los colores del texto o de fondo.

Después de cambiar las propiedades del estado Al pasar el cursor te recomiendo que lo vuelvas a dejar en el estado Valor predeterminado.

Pero lo más importante es la acción que va a ejecutar el botón, en Acción le voy a indicar que quiero que haga el botón cuando pulse en él, en este primer caso voy a elegir *Navegación de páginas* y elijo en el destino Página 1.

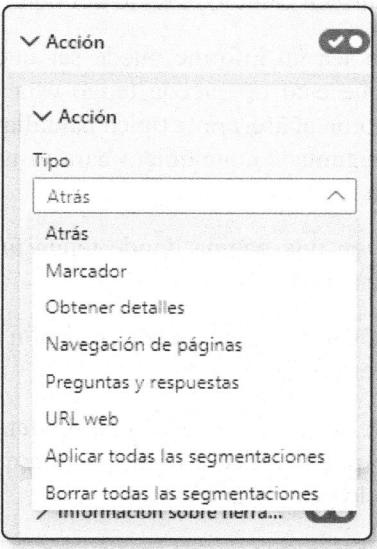

Figura 28.23. Acciones que se pueden ejecutar desde los botones

Con la tecla de Control pulsada hago clic en el botón y me lleva a la Página 1, cuando se publique el informe no hace falta pulsar en la tecla Control para que funcionen los botones.

Cuando voy a la ficha Insertar, Botón hay una opción que es *Navegador*, *Navegador de páginas*, de esta manera creará una barra de botones con todas las páginas del informe, aunque después en las propiedades se puede elegir qué páginas son las que se quieren visualizar en este objeto visual. En este caso hay que quitar la página actual, páginas ocultas, en general todas las páginas a las que no quiero añadir un botón para ir a esa página.

En un informe lo mejor es diseñar solo un botón y a partir de ahí copiar y pegar el botón cambiando las propiedades, si quiero hacer algún cambio en las propiedades, puedo copiar el formato yendo a la ficha de *Inicio, Copiar formato.*

Si elijo *Url web* lo que va a hacer el botón al hacer clic sobre él es ir a una determinada página web, lo mejor es ir a un navegador, llegar a la página deseada y copiar la dirección, para que funcione cualquier botón en la versión Desktop hay que pulsar la tecla de control.

Esto puede ser muy útil si dentro del informe se quiere mostrar información muy cambiante como cambio de divisas, cotización en bolsa, etc.

Copio y pego el botón y voy a acciones de este botón donde voy a elegir la opción *Preguntas y respuestas*, también cambio el texto del botón por Preguntas.

Por muy completo que sea un informe puede ser que el usuario final eche de menos algún dato, para que esto no suceda tengo esta opción ya que cuando el usuario haga clic en este botón aparecerá la típica pantalla de preguntas y respuestas donde el usuario puede preguntar lo que quiera para visualizarlo, pero no se puede añadir el resultado al informe.

Voy a copiar el botón en una página donde tenga un gráfico por país ya que anteriormente creé la página de detalles por país.

Cambio el texto del botón por Detalles país y en acción le indico *Obtener detalles*, destino la página de detalles por país.

Anteriormente explique cómo hacer la página de detalles, pero el problema es cómo sabe el usuario que puede acceder a una página de detalles, lo más fácil es ponerle un botón para que lo vea claramente.

Cuando selecciono cualquier cosa que no sea un país, el botón seguirá desactivado, pero en el momento que selecciono un país se activa el botón y al hacer clic en él me lleva a la página de detalles y me muestra solo los valores del país seleccionado.

Ahora voy a copiar el botón en la página que he creado los marcadores y en acción le voy a indicar *Marcador*, quiero ir al marcador en el que estaban todos los registros y todos los objetos visuales visibles.

En el texto de este botón le voy a poner quitar filtros porque al pulsar sobre este botón vuelve a este marcador por lo que quita filtros, interacciones y segmentaciones.

Puedo copiar el botón y aplicarle la acción Borrar todas las segmentaciones de esta manera quita filtros y segmentaciones, pero no quita las interacciones.

También hay una acción que es Aplicar todas las segmentaciones, esta opción es muy útil para que cada vez que se aplica una segmentación no se tenga que hacer una llamada al servidor y filtrar los datos, de esta manera se seleccionan todas las segmentaciones y después hay que hacer clic en este botón para que se apliquen todas de una vez, haciendo solo una llamada al servidor ahorrando gran cantidad de tiempo.

Estas son las acciones que se pueden usar en Power Bi, a una forma le puedo asignar todas las acciones que he explicado, a una imagen le puedo asignar todas las acciones menos la de obtener detalles.

28.9 ADMINISTRAR Y CREAR ROLES

Algo muy común es hacer un informe para que lo vean distintos departamentos o distintas personas de una empresa, pero sólo quiero que puedan ver parte del informe es decir los datos que atañen a cada una de esas personas. Para eso en la ficha de modelado esta la opción *Administrar roles*.

Figura 28.24. Botones de seguridad en Power Bi

Un rol es un filtro para ver solo los registros que cumplan las condiciones indicadas, con un rol no puedo indicar que se vea una página sí y otra no o unos determinados objetos.

En administrar roles puedo crear un determinado rol, por ejemplo, voy a crear el rol España para ver solo los datos de España.

Hago clic en el botón *Administrar roles* y hago clic en el botón Nuevo, pongo de nombre España, elijo la tabla de clientes y agregamos un filtro donde el país sea igual a España.

Le podría poner varias condiciones y elegir si esas condiciones se unen con una Y para que se cumplan todas o con una O para que sea suficiente con que se cumpla una, en este caso sólo le voy a poner la condición que el país sea España.

El rol debe ser como el que aparece en la siguiente imagen y hago clic en el botón Guardar.

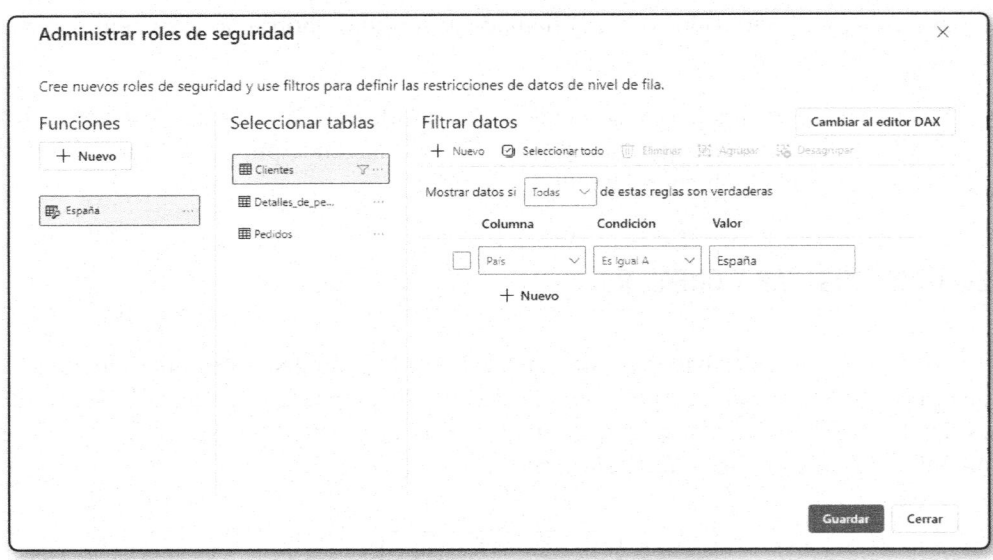

Figura 28.25. Crear un rol

Al hacer clic en el botón ver como roles puedo escribir el nombre de un usuario para ver cómo ve el informe ese usuario, en este caso voy a probar lo que he hecho, para ello hago clic en el botón ver como roles y elijo el rol España.

Figura 28.26. Visualizar el rol deseado

Ahora Power BI está mostrando el informe con el rol de España, en todas las páginas se ven solamente los datos de España.

Cuando se publica el informe, se le pueden asignar distintos roles a cada uno de los usuarios que estén autorizados a ver el informe.

Puedo hacer clic otra vez en ver como roles y le puedo decir ninguno, de esta manera vuelvo a ver el informe normal, es decir con todos los registros y todos los datos correspondientes.

De esta manera es muy sencillo acotar los datos que tiene que ver cada usuario, eso sí hay que pensarlo antes de empezar a diseñar el informe para que sean coherentes después los datos que van a aparecer en el informe.

Sobre todo, la gran ventaja de esta opción es que puedo hacer solamente un informe y hacer llegar a cada usuario solo la información que le interesa o que está autorizado a ver, sin necesidad de crear varios informes, por lo que la actualización es mucho más fácil.

Para asignar los roles a las personas hay que publicar el informe por lo que lo explicaré en el servicio de Power Bi.

28.10 ANALIZAR RENDIMIENTO

Hay veces que cuando se trabaja con un informe tarda mucho en generar la respuesta a las acciones que se realizan, sobre todo si tenemos un portátil o un ordenador que es un poco lento.

Voy a analizar dónde están esos cuellos de botella para ver que se puede arreglar a la hora de generar ese informe. Para ello voy a ir a la pestaña de Ver y hago clic en *Analizador de rendimiento*, también se puede ir a la ficha *Optimizar* y hacer clic en el botón Analizador de rendimiento y muestra el panel que se ve en la parte inferior.

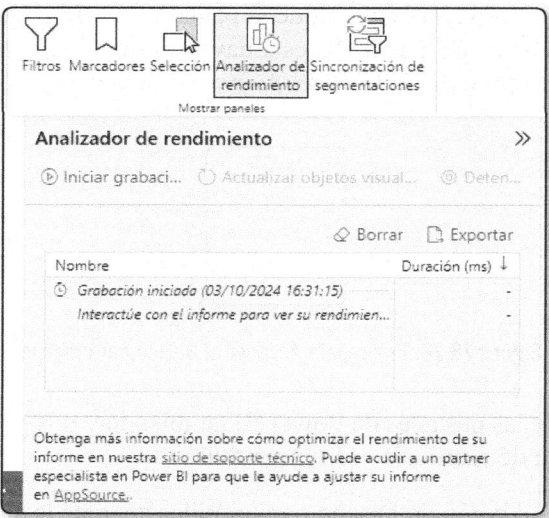

Figura 28.27. Pantalla Analizador de rendimiento

Le puedo indicar iniciar grabación y voy a ir reproduciendo los pasos donde el ordenador tarda más en mostrar el informe, voy a ir viendo una estadística de lo que tarda en hacer cada uno de los procesos correspondientes.

Puedo seguir accediendo a las distintas páginas o interactuar en cada una de ellas segmentando, pulsar en una tabla e ir viendo el tiempo que tarda en interactuar con el resto de los objetos, si veo que hay una determinada página que tarda mucho en cargar sería bueno dividirla en varias páginas para que no sea tan lenta la carga.

También se puede deber a que está leyendo demasiados datos o que simplemente estamos con una conexión DirectQuery y la red no vaya bien.

Los objetos externos a Power Bi suelen ser más lentos que los nativos de Power Bi, por ejemplo, los mapas de ArcGys son bastante lentos en cargar.

Este panel solo muestra los problemas que se pueden tener al visualizar el informe, una vez que he terminado de navegar por el informe detengo la grabación y analizo los resultados obtenidos.

28.11 DISEÑO MÓVIL

Cuando se publique el informe, este informe se podrá ver en cualquier dispositivo, no solamente en un Pc., incluso si hay páginas con mucha información, según el tamaño de la pantalla del Pc puede que ese informe se vea mejor o peor.

Pero en una tablet se vería peor ya que la pantalla es más pequeña y en un móvil se vería todavía peor ya que la pantalla es todavía más pequeña, para solucionar este problema vamos a la pestaña de *Ver, Diseño para móviles*.

Figura 28.28. Botón para acceder al Diseño para móviles

A la izquierda de las pestañas de Power Bi también hay dos botones para alternar entre la vista diseño de escritorio o diseño móvil.

Al hacer clic en el botón de Diseño para móviles aparece la siguiente pantalla.

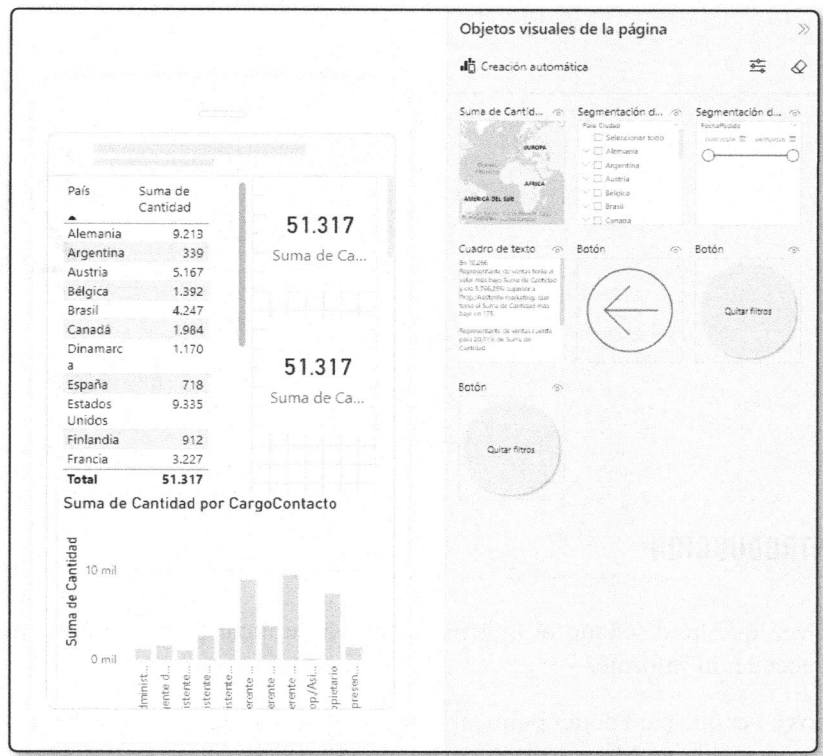

Figura 28.29. Pantalla diseño móvil

En la parte de la izquierda aparece la pantalla de un teléfono, y en la parte de la derecha los objetos visuales que hay en esta página, ahora solo hay que ir arrastrando los objetos visuales que quiero que aparezcan en la vista móvil, se puede cambiar el tamaño de cada objeto.

No hay que añadir todos los controles, a lo mejor, en el móvil solo quiero ver un par de objetos.

Se pueden cambiar las propiedades como el tamaño del texto en la vista del móvil y eso no afecta a como se ve el informe en la vista escritorio, esto es muy importante porque verdaderamente son dos diseños distintos.

Sin hacer prácticamente nada, ya que solamente he arrastrado los objetos visuales que tengo ya hechos y si quiero los puedo personalizar para diseñar cómo quiero que se vea cada página en un móvil.

En cualquier momento puedo volver al diseño escritorio y ver que no le ha afectado para nada los cambios hechos en la vista móvil, o sea solamente he cambiado la visualización de este informe a través de un móvil cuando este informe se publique.

PUBLICAR

29.1 INTRODUCCIÓN

Una vez que he diseñado el informe lo voy a publicar para que otras personas puedan acceder al informe.

Vamos a ver que para poder publicar el informe necesito un sitio donde publicarlo, es decir una cuenta de Microsoft 365 que tenga Power Bi.

Una vez lo publique explicaré las distintas opciones que existen, aunque para algunas de estas opciones como compartir el informe se necesita una versión de pago de Power BI.

29.2 PUBLICAR INFORME

Voy a explicar ahora como se puede publicar el informe de Power Bi Desktop. Cuando estoy logado aparece mi cuenta en la esquina superior derecha de la aplicación, en caso de que no esté logado me va a pedir el usuario y la contraseña para logarme en mi cuenta de Microsoft 365.

Voy a hacer clic en el botón *Publicar* en la ficha de Inicio o en la ficha de Archivo *Publicar*, si no he guardado los cambios me pregunta si quiero guardar los cambios.

Figura 29.1. Botón publicar

En caso de tener varias Áreas de trabajo, Power Bi me pregunta en que área de trabajo quiero guardar el informe, según los permisos que tenga podré publicar en determinadas áreas de trabajo.

Más adelante explicaré que es un Área de trabajo y cómo gestionarla, para hacernos una idea un área de trabajo es una carpeta compartida con otras personas.

Publicar en Power BI	✕
Seleccionar un destino	
🔍 *Buscar*	
Admin monitoring	
Flujos	
Flujos2	
Mi área de trabajo	
PUE	
	Seleccionar Cancelar

Figura 29.2. Elección de área de trabajo

Si ya existe un informe con ese nombre me pregunta si lo quiero reemplazar, si es el mismo, le puedo decir que sí para que se actualice y le digo abrir el informe.

Ya tengo publicado el informe en esta área de trabajo dentro de Power BI, el área de trabajo por defecto es *Mi área de trabajo.*

Esta área de trabajo es especial ya que tengo acceso a ella, aunque no tenga una licencia de pago, pero hay muchas cosas que no puedo hacer en esta área de trabajo, pero sí en otras áreas de trabajo que me pueda crear.

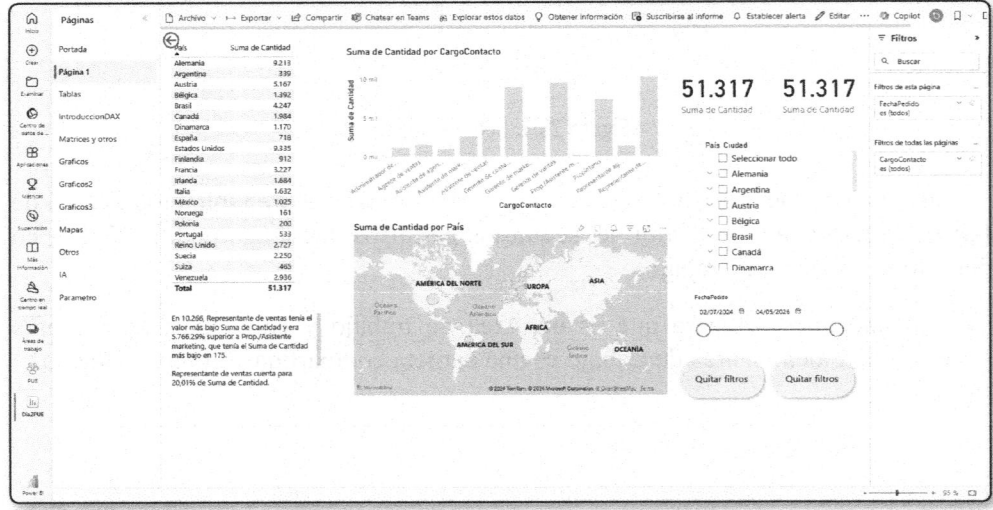

Figura 29.3. Informe publicado

Vemos como queda el informe publicado, a la derecha está el panel de filtros, donde se puede filtrar por los campos que se hayan diseñado. Desde aquí hay distintas opciones que voy a ir explicando.

En la parte de la izquierda están las páginas y puedo hacer clic en cada página para ver su contenido, esta opción es distinta que en la versión Desktop aparecían abajo.

Ahora para que funcionen los botones no hace falta pulsar la tecla de Control.

Cuando se publica el informe también se ha publicado el modelo de datos en el que se basa el informe.

29.3 VERSIONES DE POWER BI

En cualquier buscador se puede escribir "licencias power bi" e ir a la página de Microsoft donde nos explican las licencias disponibles.

https://www.microsoft.com/es-es/power-platform/products/power-bi/pricing

Figura 29.4. Planes de precios de Power Bi

Esta página muestra los precios y opciones disponibles en el momento que se escribe este libro, pero por supuesto Microsoft puede cambiar el contenido de esta página en cualquier momento.

Se puede ver que hay varios tipos de licencias, la primera es gratuita, pero con esta versión no se puede compartir información con otras personas.

Esta es la opción más importante por la que se necesita una versión de pago, pero hay otras opciones para las cuales también se necesita una versión de pago.

Además, la versión de pago la necesita tanto la persona que comparte la información como la persona que va a ver la información.

La siguiente versión es Power Bi Pro ahora mismo vale 9,40 € + IVA, pero viene incluida en Microsoft 365 E5, con esta versión se puede compartir la información que se publique.

A continuación, está la versión Power Bi Premium por usuario por 18,70 € + IVA que permite acceder a modelos más grandes y tiene actualizaciones más frecuentes.

También está Power Bi Embedded para automatizar la gestión de nuestros informes.

En la parte inferior de esta página se puede ver una comparativa de las distintas versiones.

Si se hace clic en el botón Microsoft Fabric se pueden ver también las distintas opciones de Microsoft Fabric.

Seguramente todo esto sea transparente para ti, pero es importante saber que se necesita una licencia de pago para poder compartir y visualizar la información y para otras opciones de Power Bi.

De todos modos, se puede usar una versión de prueba de 60 días de versión superior a la que tengas, es decir si tienes una versión gratuita puedes probar la versión Pro.

29.4 OPCIONES DEL INFORME PUBLICADO

Una vez que he explicado las versiones de Power Bi, voy a volver al informe que he publicado y voy a explicar las opciones que existen.

Quizás lo más destacado es el poder compartir este informe con otras personas, para ello voy a pulsar en el botón compartir.

Desde aquí puedo escribir el nombre o dirección de las personas que quiero que tengan acceso al informe, o si quiero copiar el vínculo, o enviarlo por mail o en un canal de Teams o compartir el vínculo de PowerPoint.

Puedo ver estas opciones en la siguiente imagen que muestra la pantalla que aparece.

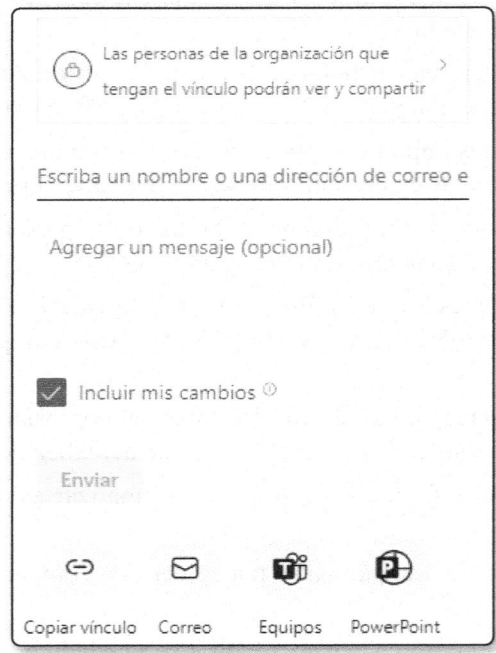

Figura 29.5. Opciones para enviar el vínculo

Para elegir el tipo de vínculo voy a hacer clic en la primera opción donde pone las personas de mi organización que tengan el vínculo podrán ver y compartir, al hacerlo aparece la siguiente pantalla.

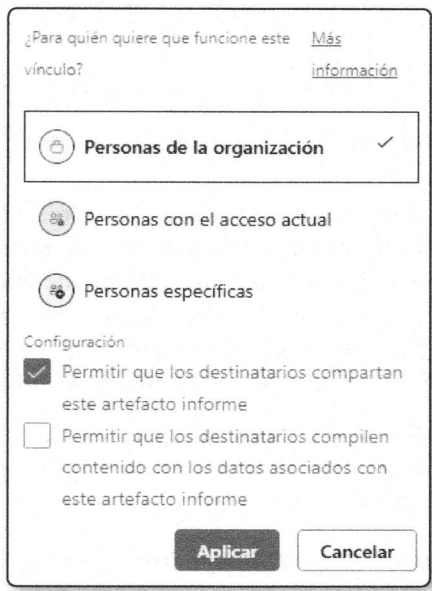

Figura 29.6. Opciones para compartir el informe

En principio el informe solo lo puedo compartir con personas de mi organización, aunque lo puede cambiar el administrador para poder compartir con personas externas.

Le puedo decir que puedan acceder las personas específicas que yo elija, cualquier persona de mi organización o personas con acceso actual por ejemplo en un canal de Teams.

Además, en la parte inferior puedo elegir si estas personas pueden volver a compartir el informe o si lo pueden compilar.

Esta es la forma de compartir un informe de una manera puntual con otras personas, pero si se desea mantener un flujo constante de información con otras personas lo mejor es crear un área de trabajo.

El informe se puede exportar a PDF como en la versión Desktop de Power Bi, pero hay dos opciones más muy atractivas.

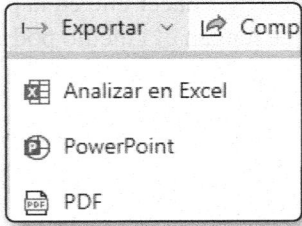

Figura 29.7. Formatos de exportación del informe de Power Bi

Aquí también puedo exportar a PowerPoint, donde se puede insertar datos en directo, PowerPoint crea una presentación con dos diapositivas, en la primera de ellas está el objeto de Power Bi, es un informe totalmente interactivo, pero dentro de PowerPoint por lo que está disponible lo mejor de cada programa, la única limitación es que no puedo cambiar de páginas en el informe de Power Bi, por lo que tendría que haber añadido botones para cambiar de página en el informe.

En el primer desplegable de esta pantalla esta la opción de Exportar como imagen en este caso crea diapositivas con cada una de las páginas del informe, pero no es interactivo, solo hace una foto de cada página.

Se puede ver la pantalla de exportación a PowerPoint en la siguiente imagen.

Figura 29.8. Exportar a PowerPoint

Se puede exportar a Excel y de esa manera crea un nuevo libro de Excel donde crea una tabla dinámica y se pueden añadir los mismos campos que están disponibles en el informe de Power Bi ya que los ha añadido al modelo de ese archivo de Excel que ha creado.

En el menú de Archivo está la opción de *Guardar una copia* que permite guardar una copia del informe en esta o en otra área de trabajo.

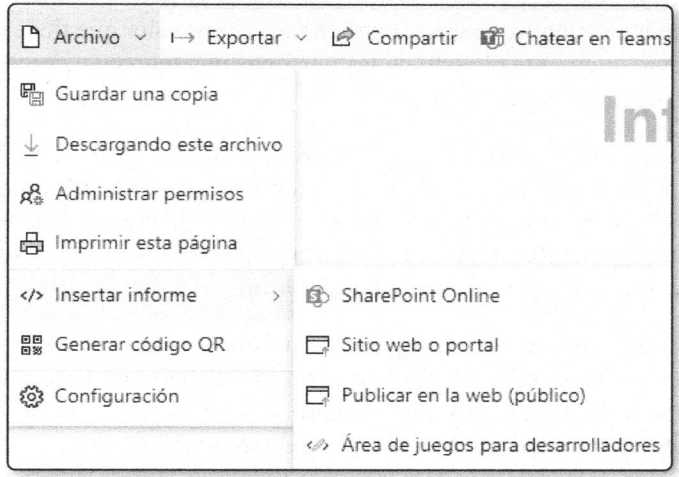

Figura 29.9. Menú de archivo del informe publicado

También se puede descargar este archivo PBIX para trabajar con el informe en local desde Power Bi Desktop, además se puede imprimir la página.

Hay una opción que es administrar permisos, pero verdaderamente cuando estoy en Mi área de trabajo sirve de poco, solo puedo indicar si quiero que la persona a la que he compartido el informe lo pueda volver a compartir, que pueda compilar el objeto o quitar el acceso a este objeto, para gestionar mejor la seguridad habrá que crear un área de trabajo.

Desde archivo también se puede Insertar un informe en Sharepoint online, Sitio Web, Publicar en la web o Área de juegos para desarrolladores, incluso se puede generar un código QR que se puede descargar y mandar a las personas que deseemos que puedan acceder al informe.

En la opción Configuración se pueden personalizar opciones de visualización del informe, por ejemplo, si quiero que las pestañas de las hojas aparezcan en la parte inferior en vez de a la derecha de la pantalla.

Según la política de la empresa el informe antes de publicarlo definitivamente puede pasar por distintos estados, Promocionado es cuando el informe está a punto de distribuirse y Certificado cuando el informe ya ha sido aprobado y se puede distribuir.

También se pueden personalizar los filtros, si el usuario puede guardar los filtros, puede usar la búsqueda en los filtros o cambiar el tipo de filtros, estas son algunas de las opciones que hay en la configuración.

Hay que tener en cuenta que estoy explicando las opciones que tiene el propietario del informe, evidentemente el resto de las personas que tengan acceso al informe no tendrán tantas opciones en el informe.

En el botón de Editar se entra en el diseño del informe y puede cambiarse, tiene casi las mismas opciones que la versión Desktop incluso se puede acceder al modelo de datos, hasta hace poco no se podía acceder a los datos ni crear medidas ni columnas por lo que el trabajo de diseño desde la web era muy limitado, ahora se puede hacer prácticamente lo mismo que en la versión Desktop.

Antes utilizaba esta opción solo para los últimos ajustes de un informe, en esa última reunión con un cliente, al mostrarle el informe si quería hacer algún pequeño cambio lo hago desde aquí, ya que el cliente lo veía mejor y no hay que publicar constantemente el informe, cuando se daba por terminada la revisión me descargo el PBIX.

En la siguiente imagen se puede ver la vista diseño del informe dentro del servicio de Power Bi.

Figura 29.10. Edición del informe desde el servicio de Power Bi

Para volver a la visualización del informe hay que hacer clic en Vista lectura.

En nuestro día a día tenemos muchas cosas en la cabeza y se nos puede olvidar revisar los resultados de los informes, para que eso no suceda me voy a suscribir al informe.

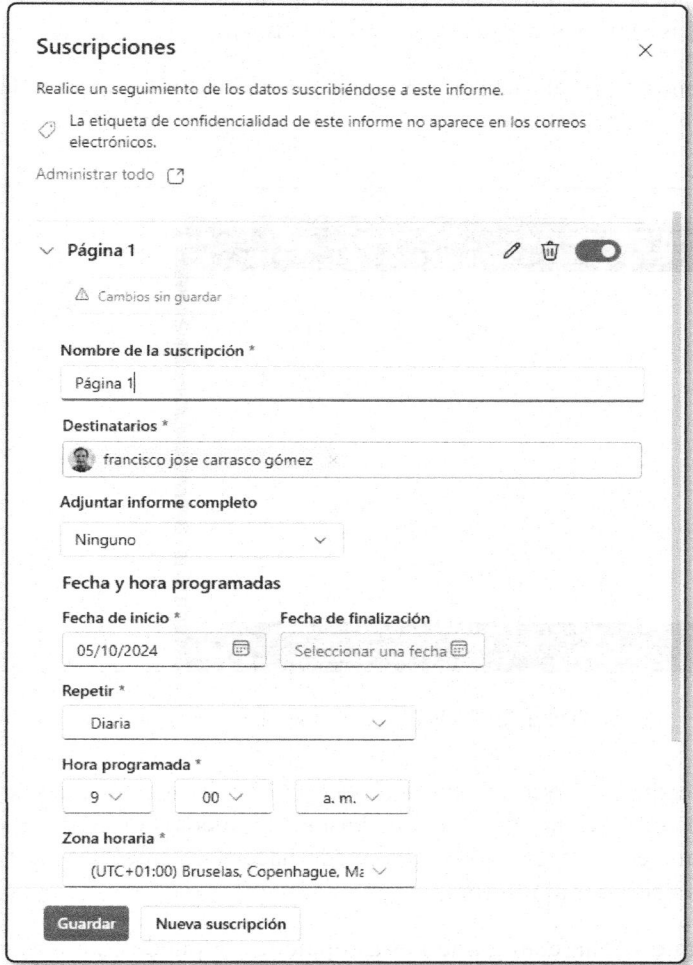

Figura 29.11. Crear la suscripción a un informe

Lo primero que debo hacer es poner un nombre a esta suscripción, como soy el propietario del informe puedo ponerme como destinatario, pero también a otras personas, el resto de las personas que tienen acceso al informe solo se pueden suscribir ellas, pero no a otras personas.

Si se ha exportado el informe se puede adjuntar en esta suscripción, se le puede indicar entre qué fechas quiero recibir esta suscripción, con qué frecuencia y a qué hora quiero recibir el informe.

También puedo elegir la zona horaria, un asunto en el correo electrónico que se va a mandar, así como el mensaje que se va a enviar.

Para ver más claro el mensaje se puede añadir una miniatura de la página que tenga el resumen más importante.

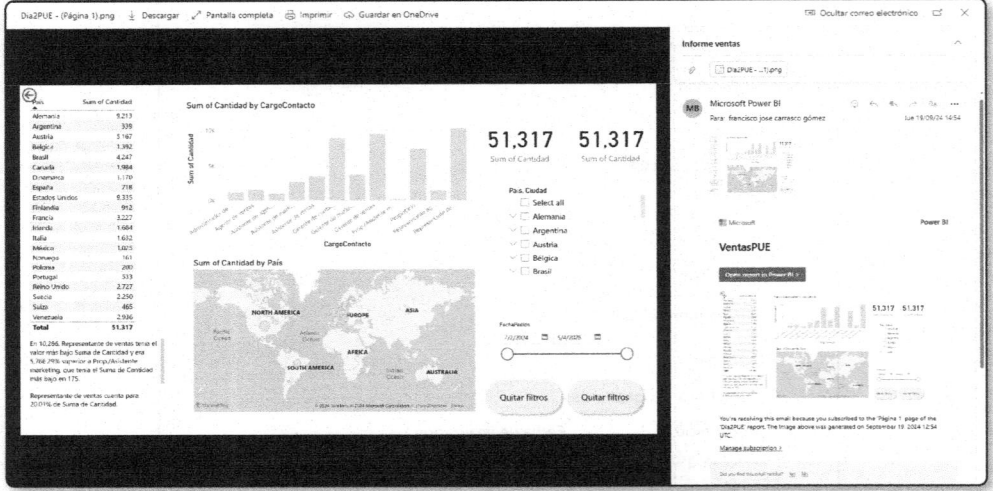

Figura 29.12. Miniatura mandada en la suscripción

Cuando recibo el correo electrónico puedo ver la imagen que añade al correo, si los datos son correctos no me preocupo hasta el siguiente correo de la suscripción y si hay algo que consultar, en el correo puedo hacer clic en el botón Open report in Power Bi para acceder al informe.

Una vez que se han configurado estas opciones se puede guardar la suscripción, incluso una vez guardada se puede enviar.

El informe genera sus propias estadísticas para tener una información completa de cuándo y cómo se ha visitado, no se puede acceder a esta opción nada más publicar el informe, hay que esperar un poco para que aparezca la opción Abrir métricas de uso.

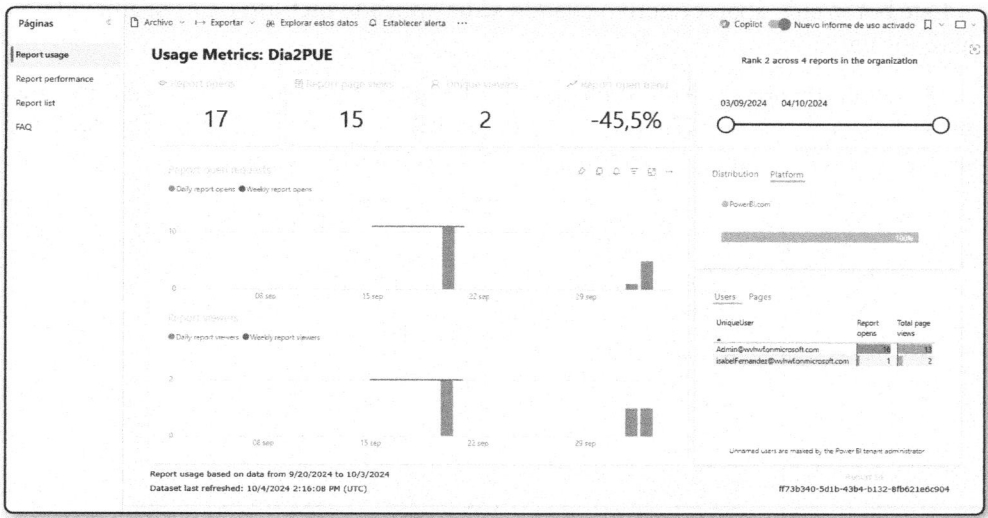

Figura 29.13. Estadísticas de consumo del informe

En esta pantalla se puede ver las veces que se ha abierto el informe, el número de páginas vistas se puede filtrar entre qué fechas quiero ver los datos, distintos gráficos por usuarios, plataformas, etc.

En la parte de la izquierda se puede acceder a distintos informes, en principio aparece en la pestaña Report usage es decir estadísticas de visitas, después está Report performance o sea el informe de rendimiento y a continuación Report List con la lista de informes visualizados, por último, FAQ con las explicaciones de los distintos apartados de estas estadísticas.

En el menú de Archivo se puede guardar una copia de las estadísticas, descargar las estadísticas, etc. este informe también se puede exportar tanto a Power Point como Analizarlo con Excel.

Los siguientes botones que hay en el informe son:

Figura 29.14. Botón restablecer filtros y segmentaciones

Quita los filtros y segmentaciones que se hayan aplicado sobre el informe, pero no quita las interacciones, para eso podía crear un botón que me lleve al marcador donde se ven todos los registros.

Este botón solo aparece activo cuando se ha aplicado un filtro o una segmentación sobre los datos.

El siguiente botón es M*arcadores*, con este botón tengo acceso a los marcadores que se hayan definido en la versión Desktop pero también está la opción de crear marcadores personales solo para la persona que crea este marcador.

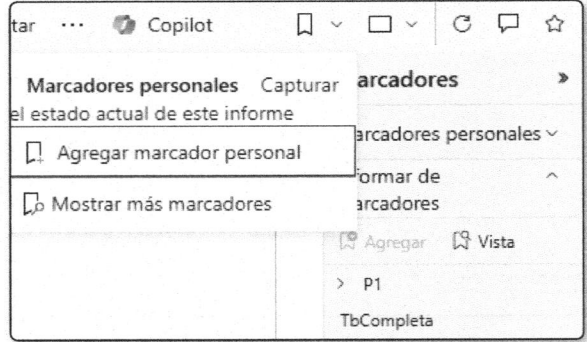

Figura 29.15. Botón y panel de marcadores

Con el siguiente botón se puede definir el tamaño de la pantalla, si quiero ver el informe a pantalla completa, por defecto está como en la versión Desktop en ajustar a la página es decir ver la página completa y ajusta el zoom, también se le puede decir Ajustar al ancho o tamaño real.

En este mismo menú esta la opción Colores en contraste alto, sobre todo para personas que tengan problemas de visión.

En la esquina inferior derecha al igual que en Power Bi Desktop están los botones para cambiar el zoom.

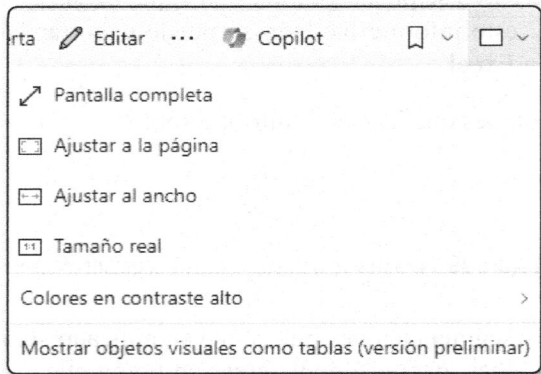

Figura 29.16. Tamaño de la ventana

Figura 29.17. Botón actualizar

El siguiente botón es para actualizar el informe por si ha habido cualquier cambio en el informe.

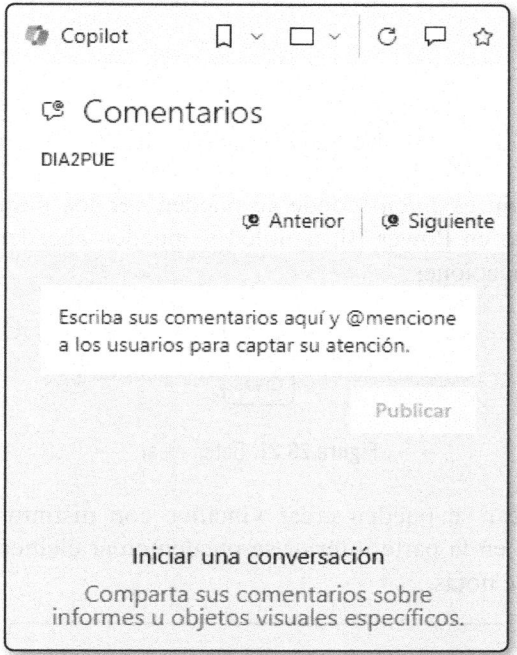

Figura 29.18. Panel de comentarios

A continuación, se pueden añadir comentarios, esto es muy útil para ver en qué se puede mejorar el informe, que los consumidores de la información puedan hacer preguntas o hablar directamente entre ellos.

Figura 29.19. Botón agregar a favoritos

Por último, con el botón de la estrella se puede añadir este informe a los favoritos.

29.5 MI ÁREA DE TRABAJO

Una vez que ya he explicado las opciones del informe voy a ver los botones que aparecen a la izquierda de la pantalla, ya que con ellos se puede ir a las distintas partes del servicio de Power Bi, es decir Power Bi en la web.

Voy a explicar las más importantes, si ves esta pantalla con un portátil verás que algunos botones están escondidos, pero los puedes mostrar en cualquier momento.

Figura 29.20. Botón de inicio

La primera opción es *Inicio* donde se pueden ver los últimos objetos con los que se han trabajado en Power Bi, también se pueden acceder directamente a los favoritos o a las aplicaciones.

Figura 29.21. Botón crear

En el botón Crear se pueden crear vínculos con distintos orígenes de datos como Excel o CSV, en la parte inferior se pueden crear elementos de Fabric como Lakehouse o Bloc de notas.

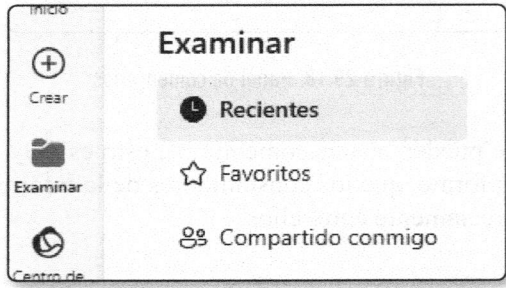

Figura 29.22. Botón examinar con las opciones correspondientes

La siguiente opción que hay es examinar dónde puedo ver los objetos recientes, es decir con los que recientemente he trabajado, los objetos favoritos y los objetos que otras personas han compartido conmigo.

Figura 29.23. Botones OneLake, aplicaciones y métricas

Ahora hay una serie de opciones que explicaré más adelante como son *Centro de datos de OneLake*, *Aplicaciones* para ver las aplicaciones a las que tengo acceso, *Métricas* para acceder a las métricas que vaya creando.

Figura 29.24. Botón supervisión

Supervisión sirve para ver el estado de los objetos.

Microsoft está haciendo un gran esfuerzo en que si alguien no utiliza sus programas no sea porque no tiene donde aprender a manejarlos, por eso está la opción *Más información*.

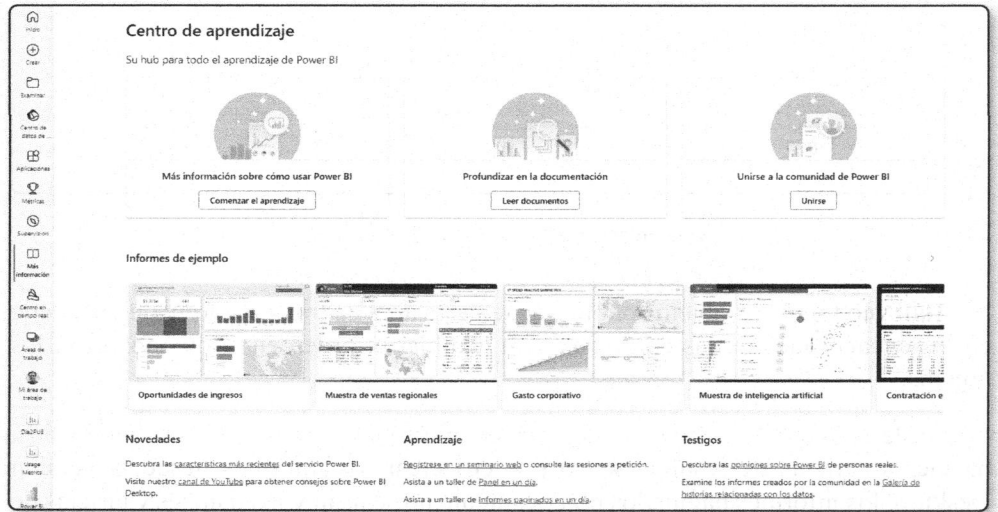

Figura 29.25. Pantalla de recursos de aprendizaje de Power Bi

En la parte superior puedo hacer clic en Comenzar aprendizaje donde puedo leer varios cursos para aprender a manejar los distintos aspectos de Power Bi.

También tengo el botón profundizar en la documentación para tener acceso a temas más avanzados de Power Bi, también me puedo unir a la Comunidad de Power Bi para intercambiar conocimiento y experiencias con otras personas.

En la parte inferior están los informes de ejemplo en los que me puedo fijar y aprender para hacer mejor mis informes.

En la parte inferior puedo acceder a las novedades de Power Bi, registrarme en seminarios y talleres, etc.

En resumen, Microsoft pone a la disposición de todos sus usuarios distintas opciones para el aprendizaje de una de sus herramientas estrella como es Power Bi.

A continuación, están las distintas áreas de trabajo de las que hablaré más adelante y por último está el botón para acceder a Mi área de trabajo que es donde voy a hacer clic.

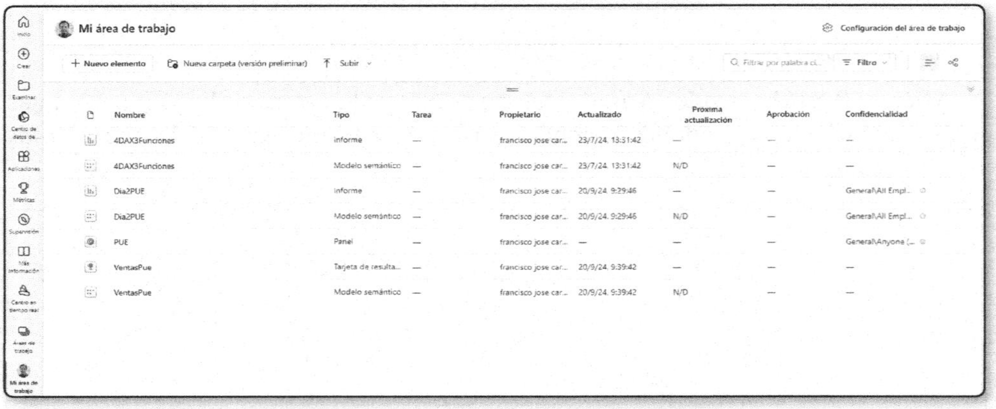

Figura 29.26. Mi área de trabajo con sus objetos

Aquí veo todos los objetos publicados en esta área de trabajo, se puede hacer clic en los encabezados de las columnas para cambiar el orden en el que aparecen los objetos.

Desde el botón Nuevo elemento se pueden crear informes, informes paginados, paneles y tarjetas de resultados, yo prefiero crear los informes desde la versión Desktop, los informes paginados prácticamente no se usan y los paneles y tarjetas de resultados los explicaré más adelante.

También se pueden obtener datos, almacenar datos, preparar los datos, hacer un seguimiento de los datos, etc.

Hasta hace poco las áreas de trabajo eran un caos a la hora de encontrar objetos porque no se podían crear carpetas donde organizar los objetos, ahora ya se pueden crear, pero en el momento de escribir este libro esta opción está todavía en versión preliminar.

Con el botón subir puedo copiar archivos Pbix o Rdl (SQL Server), a mi área de trabajo para tomarlos como origen para crear un informe o cualquier otro objeto dentro del servicio de Power Bi.

Más a la derecha está la opción de filtrar, puedo escribir el nombre del objeto que quiero buscar y según voy escribiendo el nombre Power Bi me va a ir mostrando los objetos que coinciden con la búsqueda.

En el botón de filtro puedo elegir los tipos de objetos que quiero visualizar en cada momento.

A la derecha del todo está la opción vista linaje, en esta vista se ve de dónde vienen los datos y hacia donde van, en este caso de un archivo de Excel Xlsx, se ha creado un informe semántico, del cual se ha creado un informe y de uno o de varios informes se puede crear un panel.

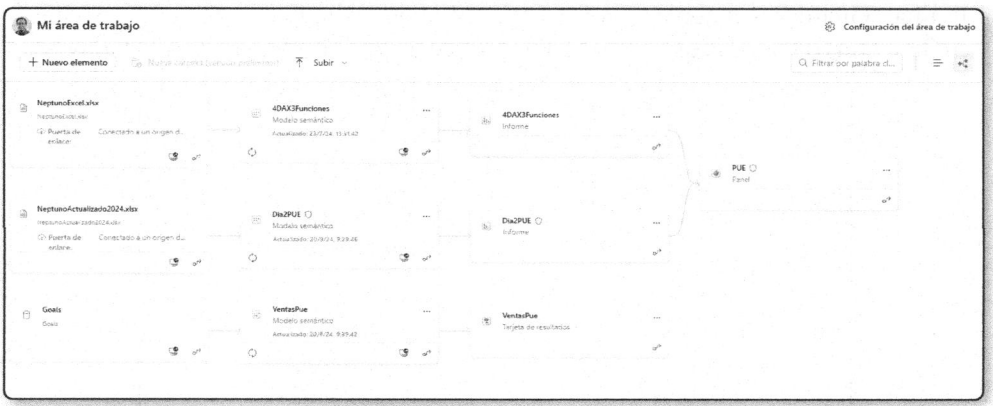

Figura 29.27. Vista linaje del área de trabajo

El botón que está por encima con una rueda dentada es la Configuración del área de trabajo donde puedo ver el tipo de licencia con la que se ha creado el área de trabajo y cuanto espacio libre tengo en el área de trabajo.

Al situarme encima de cualquier informe aparecen las opciones de compartir o añadir a favoritos.

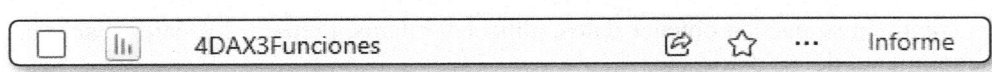

Figura 29.28. Opciones de informe

Si hago clic en el check de un informe puedo moverlo o asignarle una tarea que esté ya creada, puedo seleccionar varios objetos para ejecutar estas acciones en los objetos seleccionados.

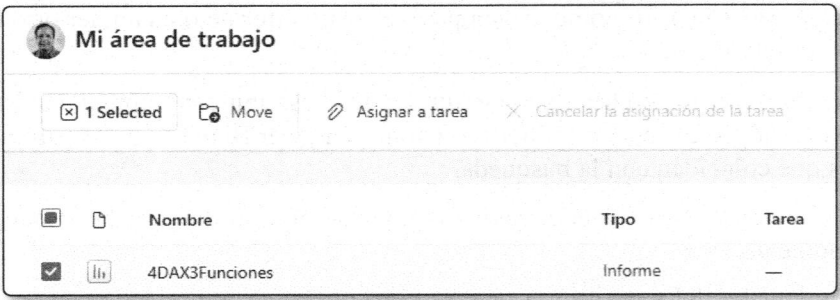

Figura 29.29. Informe seleccionado

Además, puedo pulsar en el botón que tiene tres puntos suspensivos para ver todas las opciones de este informe, algunas ya las he explicado como Analizar en Excel, Eliminar, Guardar una copia, Configuración, Linaje, Administrar permisos o Mover, pero hay otras opciones como conclusiones rápidas que no había explicado todavía.

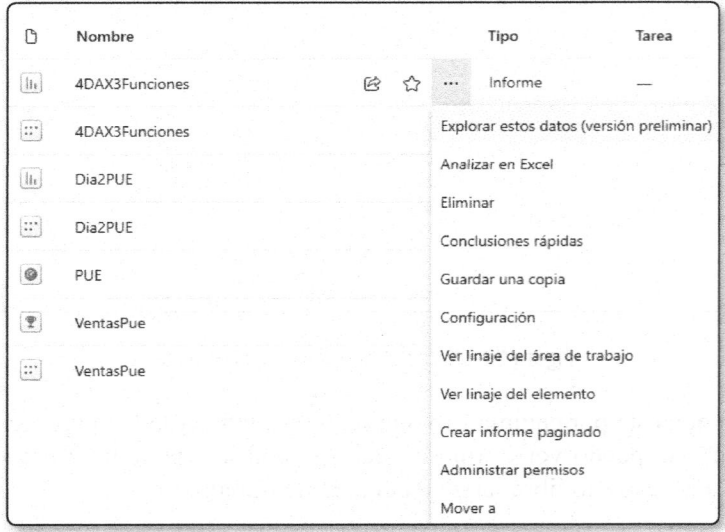

Figura 29.30. Menú contextual de los informes

Al hacer clic en esta opción aparecen varios gráficos generados por Inteligencia Artificial que se pueden añadir a cualquier panel del que sea propietario.

Para añadir un gráfico solo debo pulsar en el botón que aparece con una chincheta e indicarle en qué panel deseo añadir el objeto.

29.6 MODELO SEMÁNTICO

Cuando se publicó el informe automáticamente se publicó el modelo semántico que contiene los datos con el mismo nombre que el informe.

Al situarme encima del modelo semántico aparecen dos opciones, la primera que tiene dibujado una flecha que gira sobre sí misma, actualiza el modelo semántico, en caso de que haya cualquier error aparece un triángulo avisándome del error.

Figura 29.31. Botones del modelo semántico

En el segundo botón que aparece sirve para programar actualización, al hacer clic en este botón me lleva a la pantalla de configuración del modelo semántico.

Si ha habido algún error en la actualización en esta pantalla se verá rápidamente donde ha fallado la actualización.

Uno de los pasos donde puede fallar la actualización son las credenciales del origen de datos ya que puede que no tengan el nivel de privacidad de los datos que se necesite, en este caso se le indica el nivel deseado para que la actualización pueda llevarse a cabo.

Según donde este el origen de datos puede que se necesite una puerta de enlace, lo mejor es que el origen de datos esté en un servidor donde puedan acceder el resto de las personas que tienen acceso a los datos, es decir en un Sharepoint o en un OneDrive de empresa.

Aunque no es la mejor opción el archivo original de los datos puede estar en un OneDrive Personal o en local en mi ordenador, en estos casos deberé instalar una puerta de enlace, lo bueno es que Power Bi me va a ir avisando de lo que falla en la actualización para poder arreglarlo.

La puerta de enlace comunica los datos que están en local con el servidor para que se puedan actualizar los datos.

En caso de ser necesario al instalar una puerta de enlace ya aparece un vínculo y no tengo más que seguir los pasos de la instalación.

Estas puertas de enlace ocupan bastante, me sorprendió ver que eran más de 100 Megas cada puerta, según donde estén los datos se pueden necesitar puertas de enlace locales o conexiones en la nube.

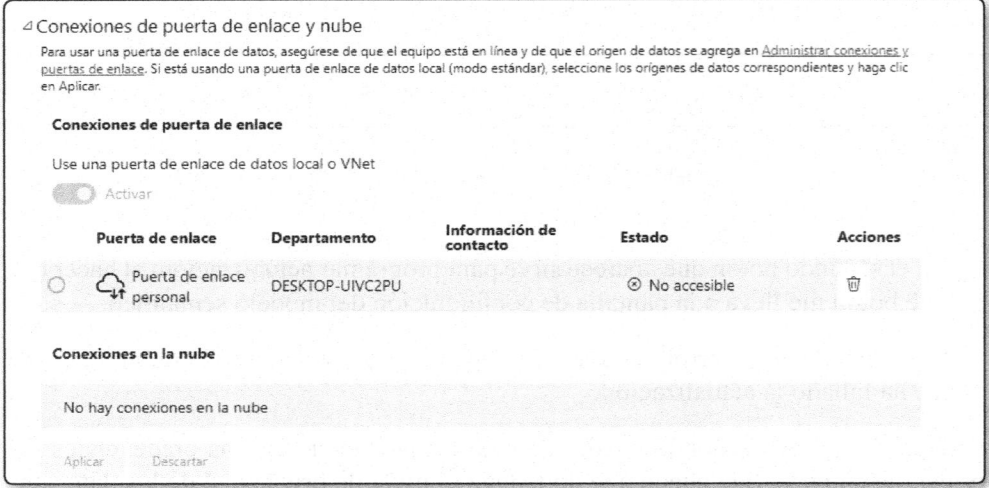

Figura 29.32. Conexión de puerta de enlace con datos en local instalada

Una vez que esta todo bien configurado, puedo probar a actualizarlo a mano, pero lo mejor es que puedo programar las actualizaciones.

Figura 29.33. Ventana para configurar las actualizaciones

Lo primero que hago es elegir la zona horaria en la que estoy, después puedo activar la actualización que puede ser diaria o semanal.

Según el tipo de licencia que tenga puedo añadir hasta 8 o 48 actualizaciones.

Pero estas actualizaciones pueden fallar por muchos motivos, aunque estén bien configuradas, en caso de que fallen se puede avisar al propietario del modelo semántico, pero también a las personas que se deseen.

Una vez configuradas las actualizaciones automáticas hago clic en Aplicar y vuelvo a mi área de trabajo para seguir viendo propiedades del modelo semántico.

Hay muchas propiedades que son iguales que en los informes, pero hay otras que son propias de los modelos semánticos.

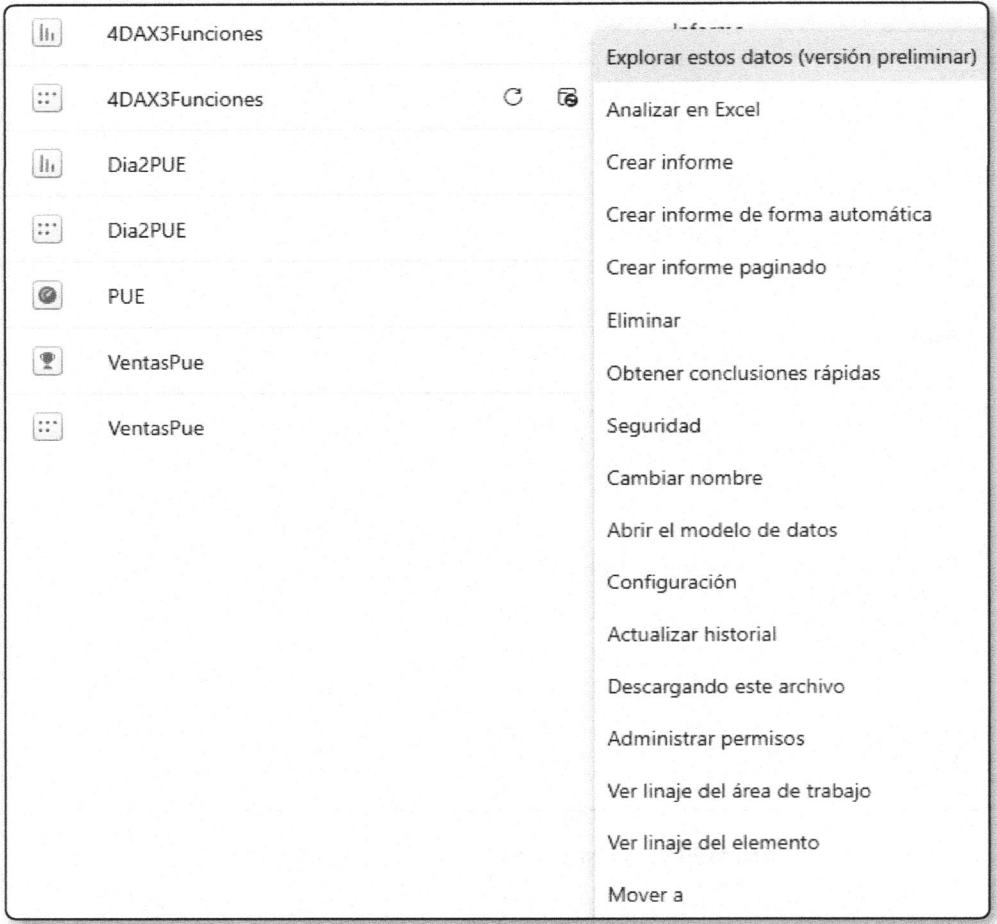

Figura 29.34. Menú contextual del modelo semántico

Se pueden crear informes en blanco, informes automáticos e informes paginados.

La opción más importante es abrir el modelo de datos, esto fue un gran avance en el servicio de Power Bi, aquí se puede acceder a crear medidas, columnas y tablas, así como las tablas y las relaciones que hay entre ellas.

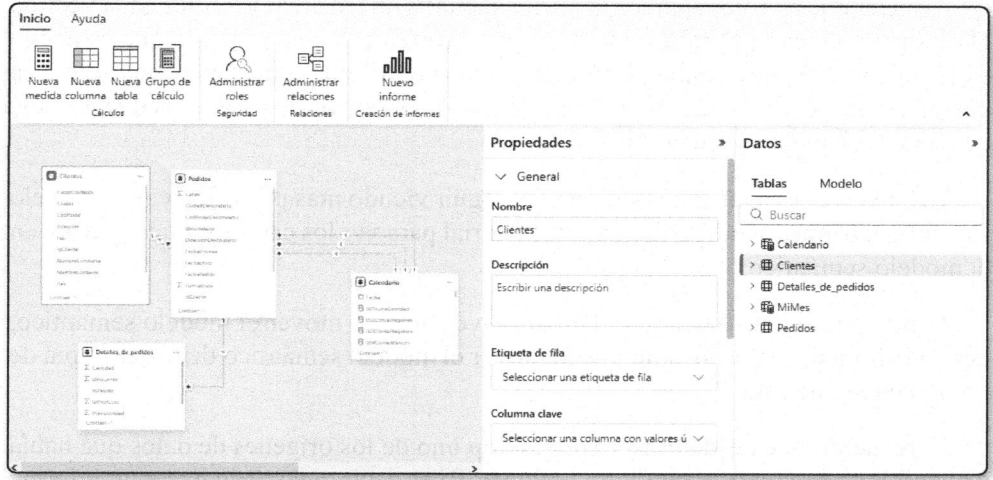

Figura 29.35. Vista del modelo semántico

También hay una opción muy importante como es administrar roles, desde esta opción se pueden crear los roles, pero también se pueden asignar.

En la versión Desktop de Power Bi expliqué como se puede crear un rol, pero no se puede asignar, desde que se pueden crear y asignar desde el servicio yo lo hago siempre desde aquí, antiguamente había que crear el rol en la versión Desktop y asignarlo desde la opción seguridad de los modelos semánticos.

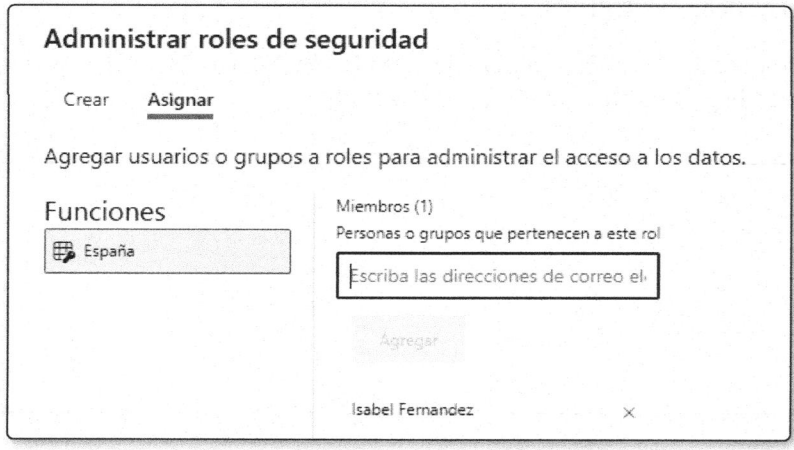

Figura 29.36. Asignar un rol a una persona o grupo

Al hacer clic en roles aparece la misma pantalla que al crear los roles en la versión Desktop, si no tengo el rol creado lo puedo crear en este momento, lo que es nuevo es la opción *Asignar*, donde puedo seleccionar el rol que quiera y asignárselo a la persona o grupo que quiera, estas personas solo podrán ver los registros que les deje ver las condiciones incluidas en el rol.

Voy a volver a mi área de trabajo para seguir viendo más propiedades del modelo semántico, le puedo indicar Actualizar historial para ver los cambios que se hacen en el modelo semántico.

También se puede descargar el archivo, ver linaje o mover el modelo semántico, pero a la hora de moverlo, solo puedo mover el modelo semántico dentro del área de trabajo en la que está.

Te recuerdo que desde Power Bi Desktop uno de los orígenes de datos que había disponible es Modelos semánticos de Power Bi es decir que puedo hacer un informe basado en un modelo semántico ya publicado por ser el origen de otro informe, esto hace que se minimicen las actualizaciones necesarias de los orígenes de datos.

En Excel también puedo crear una tabla dinámica y con la opción Power Bi puedo coger los datos de un modelo semántico publicado.

29.7 TARJETAS DE RESULTADOS

Las tarjetas de resultados son los objetivos a los que queremos llegar en cada momento es decir los KPI.

Dentro del área de trabajo hago clic en el botón *Nuevo elemento* y en la pantalla que aparece hago clic en *Tarjeta de resultados*.

Figura 29.37. Creación de una tarjeta de resultados

Es muy confuso el título que pone Cuadro de mandos sin título, en español un cuadro de mando es un resumen de datos, es decir un dashboard, pero en Power Bi los dashboard son los paneles, las tarjetas de resultados son un KPI, por lo que puede llevar a confusión esta traducción.

Lo primero es cambiar el nombre de este objeto por un nombre más descriptivo, me sitúo encima del nombre, aparece un lápiz a la derecha donde al hacer clic puedo modificar el nombre y voy a llamarle métricas.

Dentro de cada tarjeta puedo tener varios objetivos, voy a crearme el primero y le voy a poner el nombre Objetivo ventas a continuación, puedo poner a varios propietarios, aunque en este caso seré solo yo.

Ahora tengo que definir los valores numéricos tanto el actual como el objetivo, en el valor actual puedo elegir entre un valor manual, usar una función básica para hallar un cálculo o conectar con datos, voy a hacer clic en la última opción.

Me aparece una pantalla donde tengo que elegir el informe de donde quiero elegir el valor, y ahora tengo que elegir un valor único dentro de este informe.

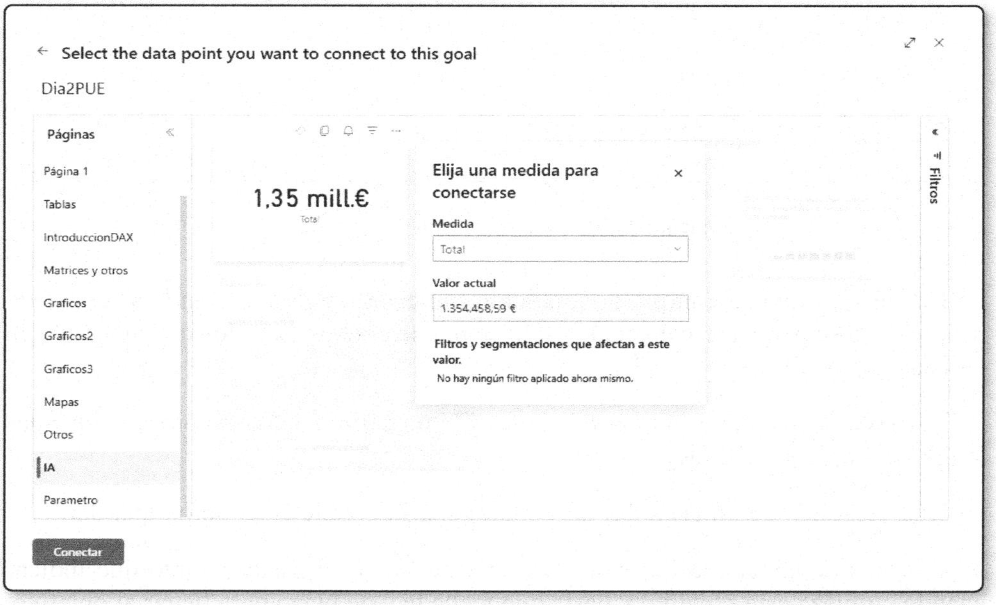

Figura 29.38. Elección de un valor único de un informe

Puedo hacer lo mismo para el valor destino o valor final, en este caso puedo escribir un valor fijo que será el objetivo al que quiero llegar.

A continuación, está el estado en el que le puedo indicar de una forma manual un estado o también puedo hacer clic en la opción *Configurar reglas* donde puedo indicar *Nueva regla* y seleccionar la condición deseada, por ejemplo, si el valor es superior al indicado cambiar el estado al que le indique.

En la condición le puedo comparar con el valor, también con la fecha y una opción muy interesante es Cambio de valor donde puedo seleccionar si el cambio ha sido más o menos de un porcentaje del valor anterior.

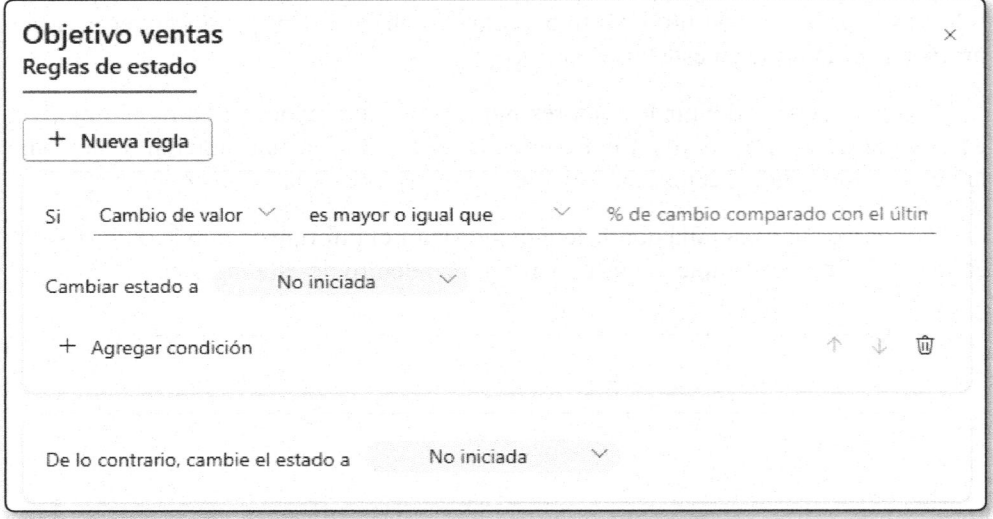

Figura 29.39. Reglas para cambiar de estado

En caso de que se cumpla la condición indicada, se le puede indicar el estado deseado, no se pueden crear estados solo se pueden elegir entre los que aparecen en la lista desplegable.

También puedo añadir más condiciones y si no cumple las condiciones indicadas tenga el estado que le indique.

Una vez están definidas todas las condiciones hago clic en el botón guardar.

Después de haber creado las reglas para gestionar el estado, tengo que indicar cuándo empieza este objetivo y hasta qué fecha hay de plazo para llegar al objetivo.

Una vez configuradas todas las opciones le pulso en el botón guardar y de esa manera ya se ha guardado esta métrica.

Puedo seleccionar la métrica creada y al situarme encima aparecen los botones para editarla en cualquier momento o añadirle comentarios, también puedo hacer clic en el botón de los tres puntos para ver el menú contextual donde puedo ir al informe, crear una submétrica, activar el seguimiento o borrar la métrica.

He querido dejar para el final la opción Ver detalles donde se abre una pantalla a la derecha y puedo consultar los detalles de la métrica, el historial, las reglas creadas, los periodos de tiempo y las conexiones que ha habido, como ahora mismo acabo de crear esta métrica las valores estarán en blanco.

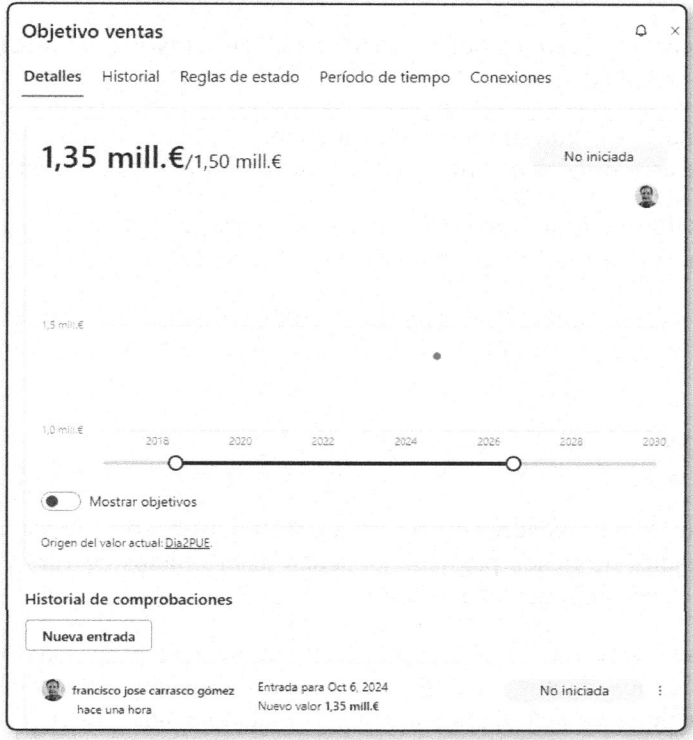

Figura 29.40. Detalles de la métrica

Cuando está seleccionada esta métrica puedo hacer clic en el botón Nuevo donde están las opciones de crear una nueva métrica o crear una submétrica en la que puedo añadir un valor previo para llegar al objetivo total.

Por ejemplo, puedo tener como objetivo llegar a un importe de ventas total, pero para ello puedo tener una submétrica que indique que tengo que vender una determinada cantidad de productos para poder llegar al objetivo principal.

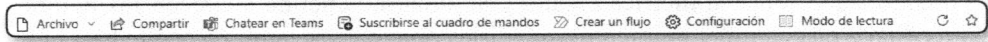

Figura 29.41. Menú de Tarjetas de resultados

En el menú de Archivo puedo copiar, mover o actualizar la tarjeta de resultados, se pueden copiar o mover en otras áreas de trabajo, en el momento de escribir este libro estas opciones están todavía en versión preliminar.

También tengo la opción de compartir o suscribirme a esta tarjeta de resultados, en configuración puedo cambiar algunos detalles de esta tarjeta.

A la derecha aparecen los botones para actualizar la tarjeta de resultados y para añadirla a los resultados.

En la pantalla me muestra las tareas que tengo según el estado, si hago clic en cualquiera de esos estados me filtra las métricas y solo veo las que tienen ese estado.

Cuando salgo de esta tarjeta veré que en el área de trabajo no tengo solo esta nueva tarjeta, sino que ha creado su propio modelo semántico.

Cuando vuelvo a entrar en la tarjeta de resultados está en Modo lectura, por lo que si quiero hacer cualquier cambio tengo que hacer clic en el botón editar.

29.8 PANELES

Los paneles son los cuadros de mando, es decir Dashboard, son los resúmenes de datos, los paneles no tienen páginas, y pueden tener objetos de varios informes es decir de varios orígenes de datos distintos.

Aunque se puede crear un panel en blanco desde cero lo más común es ir a un informe y elegir los objetos que se quieren añadir a los paneles deseados, al situarme encima de cualquier objeto en la parte superior aparece una chincheta que al hacer clic añade ese objeto a un panel.

Cuando estoy en el informe, en el menú tengo una opción que es Anclar a un panel, de esta manera ancla toda la página a un panel, tiene la ventaja que si hay cualquier modificación en la página también se actualizará en el panel, pero la desventaja que es más difícil maquetar el panel.

Al añadir un objeto o una página a un panel puedo elegir si quiero un panel existente o crear un nuevo panel.

Figura 29.42. Añadir un objeto a un panel

Si quiero crear un panel nuevo primero me voy a asegurar que ese panel no existe, ya que si no crea dos paneles con el mismo nombre. También hay que tener cuidado que si acabamos de crear un panel y voy a añadir otro objeto a lo mejor no aparece el nombre del panel, lo que hay que hacer en este caso es actualizar la página y volver a intentar añadir el objeto deseado al panel.

Cuando se añaden objetos al panel, se puede usar el tema actual del informe en el que está el objeto o mantener el tema del panel, en caso de que se añadan objetos de distintos informes con distintos temas es mejor usar el tema del destino, si solo se añaden de un informe puede dar un poco igual.

Se pueden añadir objetos de distintos informes por lo que nuestro panel puede tener distintos orígenes de datos.

Una vez que he añadido los objetos deseados voy a mi área de trabajo y abro el panel.

Si hago clic en cualquier objeto me lleva al informe donde estaba el objeto, puedo cambiar el tamaño de los objetos desde la esquina inferior derecha del objeto, pero no será un tamaño exacto sino en las proporciones predefinidas de la pantalla.

En cualquier objeto también puedo hacer clic y arrastrar para poder cambiar el orden de los objetos visuales.

Figura 29.43. Menú contextual de los objetos del panel

En la esquina superior derecha de los objetos del panel hay tres puntos donde puedo hacer clic y aparece el menú contextual de ese objeto donde puedo Agregar comentarios, Chatear en Teams, copiar el objeto visual como imagen para poder pegarlo en otras aplicaciones, Ir al informe del objeto seleccionado, Abrir en modo enfoque para ver este objeto más grande como en Power Bi Desktop, Exportar a csv los datos del objeto seleccionado.

Otra opción que hay es editar detalles donde se abre una pantalla a la derecha donde puedo cambiar el título y el subtítulo del objeto, puedo mostrar la hora de la última actualización o también puedo añadir un vínculo externo o a un informe o panel del área de trabajo en la que estoy, una vez que le he indicado todas las opciones deseadas hago clic en el botón Aplicar.

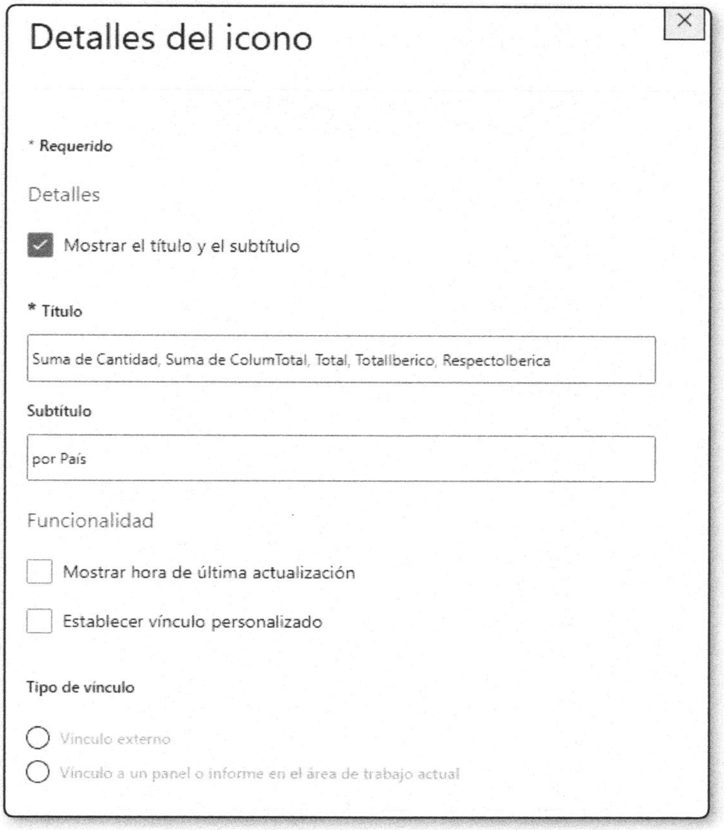

Figura 29.44. Detalles de icono del panel

En el menú contextual también está la opción ver conclusiones, que muestra el objeto en modo enfoque, muestra el panel de filtros y a la derecha una serie de gráficos que puedo añadir a este panel o a cualquier otro de mi propiedad solamente haciendo clic en la chincheta de ese gráfico.

En los objetos que solo muestran un dato, como puede ser una tarjeta o un medidor, al hacer clic en los puntos suspensivos tienen una opción más que es administrar alertas, esta opción es muy interesante ya que el propio panel me va a avisar cuando se cumpla una determinada condición.

Al hacer clic en esta opción aparece una pantalla a la derecha con las reglas de alerta de ese objeto, si quiero añadir una alerta hago clic en el botón *Agregar regla de alertas*.

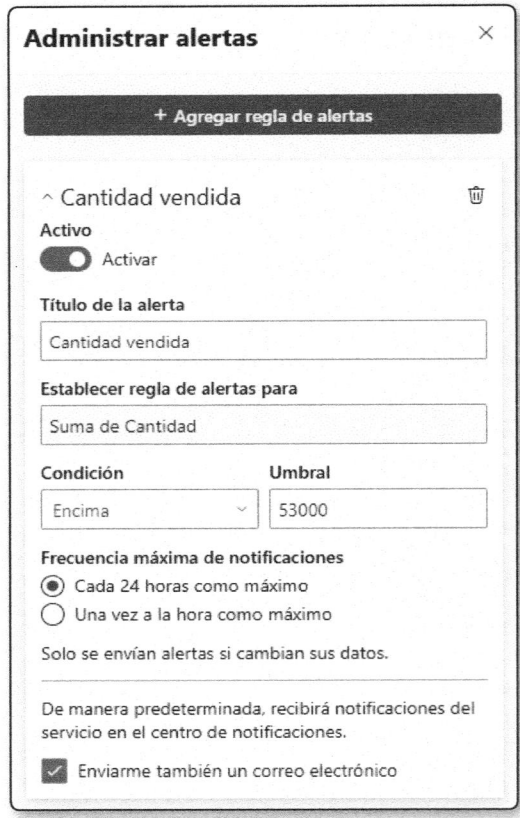

Figura 29.45. Configurar una alerta

Lo primero que debo hacer es activar la regla, después escribo el nombre, en este caso la he llamado Cantidad vendida, como he añadido la regla desde una tarjeta que muestra la suma de cantidad ya reconoce que la alerta es para esta operación, en la condición solo puedo indicar si está por encima o por debajo de un determinado valor, podría crear una regla por encima de un valor y otra por debajo de un valor, pero no lo puedo hacer en la misma regla.

Según la importancia de la alerta puedo seleccionar que me avise como máximo cada hora o cada 24 horas, en cualquier caso, si se ha superado el umbral, pero no cambia dentro del plazo establecido no me va a volver a avisar.

Por último, le puedo indicar que también me mande un correo electrónico, pero todos estos avisos son para mí, desde aquí no puedo mandar alertas a otras personas.

Le indico guardar y voy a ir a Power Automate, plantillas y en la búsqueda escribo Power BI.

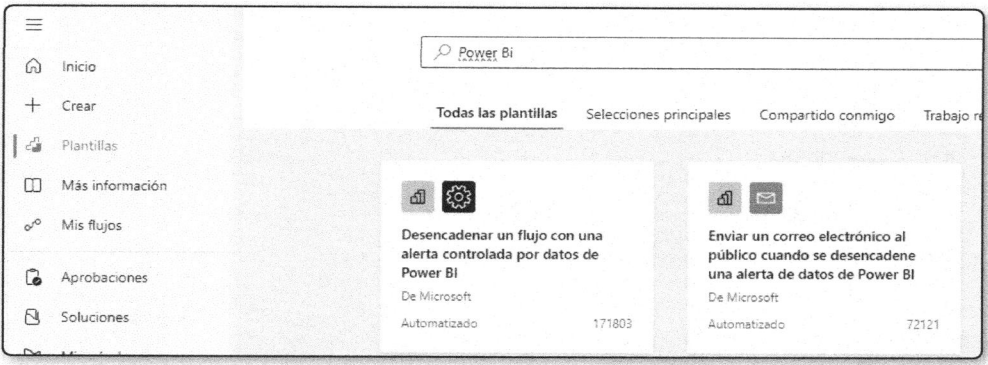

Figura 29.46. Acciones de Power Bi en Power Automate

Hay varias acciones que puedo elegir, en concreto las dos primeras se desencadenan con una alerta de datos, puedo enviar un mail o realizar cualquier acción, voy a elegir enviar un mail ya que es lo más común.

Aparece una pantalla intermedia en la que muestra la conexión de las aplicaciones con las cuentas que se necesitan, si no hay ningún problema se puede pulsar en continuar.

Ahora hay una pantalla donde hay que hacer clic en el apartado de Power Bi y elegir la alerta que acabo de crear.

Después hay que hacer clic en la parte del correo donde hay que escribir a quién quiero que llegue esta alerta, qué asunto quiero añadir al correo y el cuerpo del mensaje, puedo añadir texto fijo, pero también puedo elegir los distintos parámetros que hay a disposición del usuario.

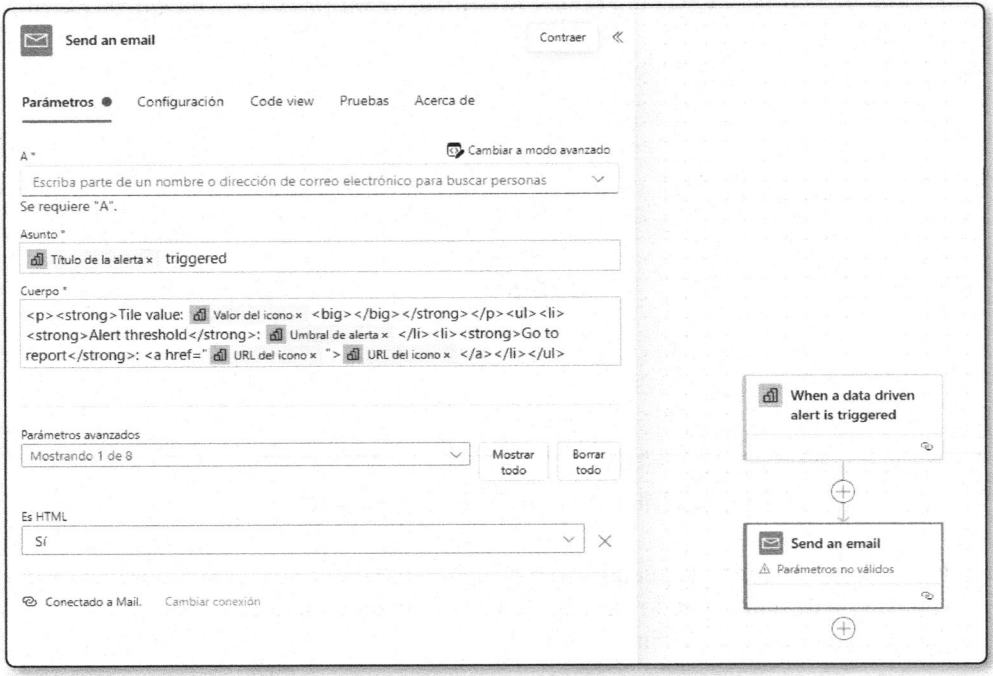

Figura 29.47. Configuración de la acción en Power Automate

Una vez rellenadas todas las opciones se puede hacer clic en el botón guardar, si está todo bien y no hay ningún error ya está creada la regla para que otras personas tengan acceso a los avisos de las alertas.

Voy a volver al panel, en la parte superior esta la opción Pregunte algo sobre sus datos donde voy a hacer clic y una vez más está la opción de preguntas y respuestas, puedo escribir la pregunta o elegir alguna de las predeterminadas como he explicado en otros apartados del libro.

Figura 29.48. Preguntas y respuestas en los paneles de Power Bi

En la parte de la derecha puedo elegir los filtros, los objetos visuales y los datos, una vez que está el objeto a mi gusto puedo hacer clic en el botón superior donde pone *Anclar visualización*, de esa manera puedo añadir el objeto creado con las preguntas y respuestas, a cualquier panel del que sea propietario, incluido en el panel en el que estoy.

En el menú de Archivo puedo Guardar una copia del panel pero solo en el área de trabajo en la que estoy, no puedo crear una copia en otra área de trabajo, también puedo imprimir la página, puedo ir a Configuración para personalizar algunos aspectos del panel como cambiar el nombre del panel, una dirección de correo para que los consumidores del panel puedan ponerse en contacto conmigo, personalizar la imagen de la miniatura, permitir que los usuarios usen lenguaje natural en las preguntas y respuestas, que se puedan añadir comentarios, permitir el flujo del mosaico o elegir la etiqueta de confidencialidad del panel.

El panel se puede compartir, chatear en Teams, suscribirnos al panel, abrir métricas en uso, o ver el contenido relacionado igual que si fuera un informe.

A la derecha están los botones para actualizar el panel, añadirlo a favoritos o abrir el panel a pantalla completa.

También está el botón Editar donde hay otras opciones como Diseño para móviles, Tema para móviles y Agregar un icono.

Diseño para móviles es parecido al diseño para móviles de los informes, la diferencia es que en los paneles ya están añadidos los objetos y puedo quitar los que quiera o cambiar el orden, una vez que acabe puedo hacer clic en diseño web para seguir con el panel.

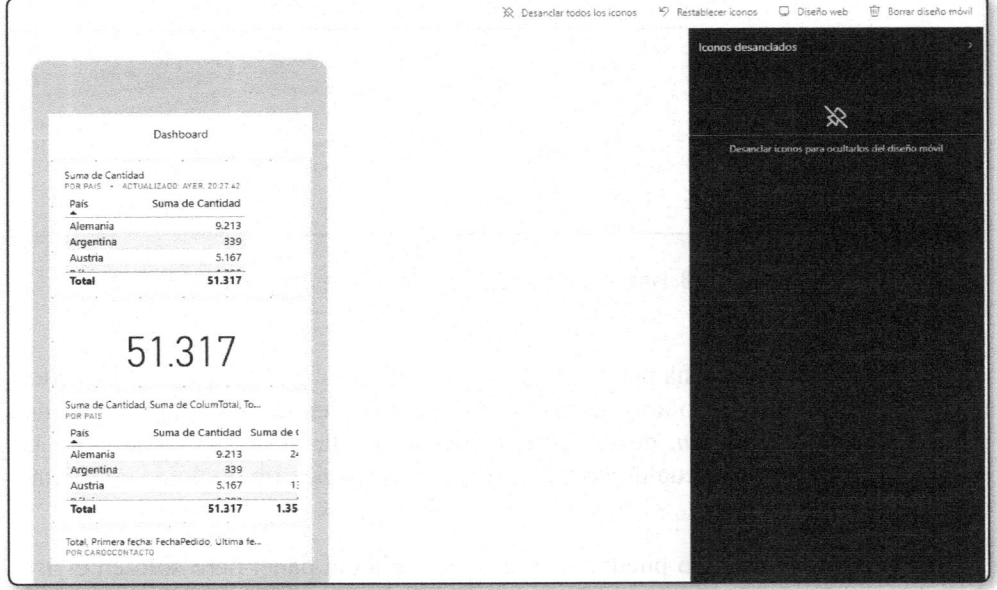

Figura 29.49. Diseño para móviles en los paneles

En la opción Tema del panel puedo definir algunos aspectos del formato del panel, puedo cargar un archivo JSON para aplicar los formatos o guardar los formatos elegidos como un archivo JSON.

Se puede elegir entre el tema claro, oscuro, apto para para personas daltónicas o personalizado, pero incluso en esta última opción hay muchas menos opciones que cuando se crea un tema en un informe.

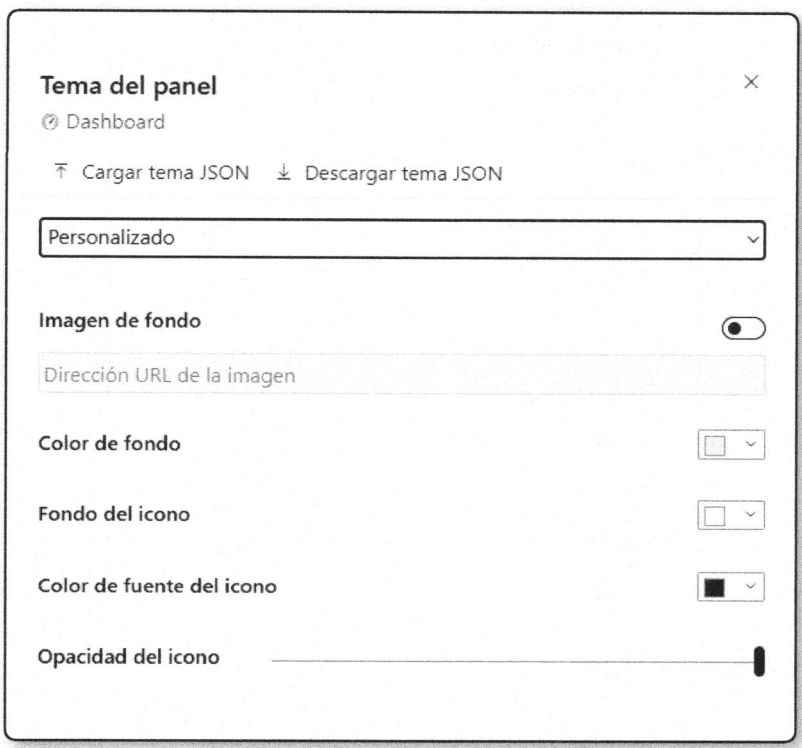

Figura 29.50. Tema personalizado del panel

En el tema personalizado del panel solo se puede poner una imagen o un color de fondo, se puede poner un fondo del icono, color de la fuente del icono y la opacidad del icono, verdaderamente son cinco cosas lo que se pueden personalizar, en la parte superior se debe poner el nombre del tema.

Pero la opción de los menús que más diferencia los informes de los paneles es la de Agregar un icono, donde están las opciones.

Figura 29.51. Opciones de Agregar icono

Cuadro de texto Puedo elegir un título y un subtítulo, así como el texto que quiero que muestre con el formato deseado en cada momento, esta opción al fin y al cabo lo puedo hacer igual en Power Bi Desktop.

El siguiente icono que puedo añadir es imagen, para ello voy a un navegador y busco la imagen que quiero añadir, hago clic sobre ella con el botón derecho y elijo la opción Copiar vínculo de imagen, ahora vuelvo al panel y agrego el icono imagen donde le puedo poner un título y un subtítulo pero lo más importante es la dirección URL donde pego la dirección de la imagen, también puedo poner un vínculo personalizado para que al hacer clic en la imagen me lleve a un vínculo externo o a un panel o informe del área de trabajo actual.

Esta opción de insertar imagen también es parecida a lo que se puede hacer en Power Bi Desktop, pero ahora voy a explicar dos opciones que no se pueden usar desde Power Bi Desktop, estas opciones son Contenido web y Vídeo.

Si tienes estas opciones desactivadas tienes que ponerte en contacto con el administrador de tu empresa.

Con la opción Contenido web puedo añadir al panel la información que otra página pone a mi disposición, hay muchas páginas web que nos dan acceso a distinta información por ejemplo si voy a Google Maps puedo buscar una dirección y al hacer clic en el menú que tiene dibujado tres líneas voy a hacer clic y elegir la opción Compartir o Insertar mapa, hago clic en la pestaña Insertar mapa donde hago clic en Copiar HTML.

Ahora vuelvo al panel añado un objeto de contenido web donde le puedo poner un título, un subtítulo y el código que he copiado de Google Maps, también le puedo poner un vínculo y ya tengo el objeto de una página web dentro de mi panel, esto es muy útil para añadir información muy volátil como cotización de divisas o cotización en Bolsa.

El último objeto del que disponemos es Vídeo desde esta opción se pueden añadir vídeos alojados en YouTube o en Vimeo en nuestro panel, esto puede ser interesante ya que hay veces que se quiere poner un vídeo introductorio o complementario a los datos y de esta manera el vídeo no tiene que ser un archivo aparte.

Es curioso que no se pueda añadir un vídeo alojado en Stream de Microsoft 365 o en nuestro equipo.

Figura 29.52. Agregar icono de vídeo

Puedo ir a YouTube, buscar el vídeo que desee y copiar la URL, voy a mi panel y añado un icono de vídeo donde puedo poner un título, un subtítulo y la URL, también puedo poner vínculos en este objeto, hay vídeos que por derechos de autor no se pueden reproducir fuera de YouTube, esto suele pasar con vídeos de música, por lo que si no funciona el vídeo que pongas prueba con otro.

También se puede añadir *Datos de transmisión personalizados*, que me permite Agregar un conjunto de datos de streming donde hay que rellenar los datos de conexión.

29.9 ÁREAS DE TRABAJO

Una vez que he explicado los objetos que puede haber en un área de trabajo voy a explicar que es un área de trabajo, como crear áreas de trabajo y gestionar esa área de trabajo.

Para crear un área de trabajo debo de tener una versión de pago, ya que al fin y al cabo voy a compartir información.

Básicamente un área de trabajo es una carpeta compartida con otras personas, donde puedo aplicar distintos roles a los usuarios que accedan al área de trabajo para que tengan permiso para llevar a cabo distintas acciones, además en un área de trabajo puedo tener los objetos que yo quiera, también explicaré cómo crear aplicaciones y flujos en las áreas de trabajo que no son las áreas por defecto.

Al hacer clic en Áreas de trabajo me puedo cambiar de área de trabajo, pero también me puedo crear un área de trabajo haciendo clic en el botón Nueva área de trabajo.

Cuando pulso en este botón a la derecha me aparece una pantalla con las características que le quiero dar a esta área de trabajo, lo primero que debo hacer es ponerle el nombre, le puedo poner una descripción e incluso opcionalmente puedo vincular el área de trabajo a un dominio, también puedo añadir una imagen al área de trabajo.

Figura 29.53. Opciones para crear un área de trabajo

Si despliego las opciones avanzadas puedo añadir usuarios a la lista de contactos para obtener asistencia del servicio técnico.

También puedo elegir el tipo de licencia que deseo aplicar a esta área de trabajo, según la licencia elegida aparecerán distintas opciones.

Una vez que hago clic en el botón Aplicar ya está el área creada, pero hay dos cosas fundamentales que hay que hacer ahora, dotarla de contenido y ver qué personas pueden acceder a esta área de trabajo.

Para añadir a los usuarios al área de trabajo debo hacer clic en el botón Administrar acceso, donde tengo el botón Agregar personas o grupos.

Figura 29.54. Agregar personas al área de trabajo

A cada persona o grupo le puedo aplicar distintos roles de seguridad como pueden ser *Administrador, Miembro, Colaborador* y *Visor*, hay un vínculo donde pone *Más información* que muestra una lista detallada de los permisos que se otorgan en cada rol.

Básicamente el *Administrador* es el que tiene todos los permisos incluidos al gestionar el área de trabajo y otros usuarios administradores, a continuación, están los *Miembros* que pueden gestionar los usuarios que no son administradores, los *Colaboradores* igual que los anteriores pueden modificar, añadir y eliminar contenidos, los visores solo pueden ver la información, pero no pueden modificar ni publicar su información.

Siempre tiene que haber por lo menos un administrador, aunque es recomendable que haya dos o más administradores.

Es muy común en las grandes empresas que en un área de trabajo haya por ejemplo 500 visores, 3 administradores y 5 colaboradores, es decir muchos visores y pocas personas diseñando.

Ya tengo a los usuarios ahora voy a dotar de contenido al área de trabajo eso lo puedo hacer de dos formas, publicando el informe desde Power Bi Desktop en el área de trabajo que elija con lo que se publica el informe y el modelo semántico o desde otra área de trabajo se puede copiar un informe a otra área de trabajo.

En Configuración del área de trabajo puedo definir más propiedades del Área de trabajo, puedo redefinir las opciones que le he puesto cuando cree el área de trabajo, pero también desde aquí puedo eliminar el Área de trabajo.

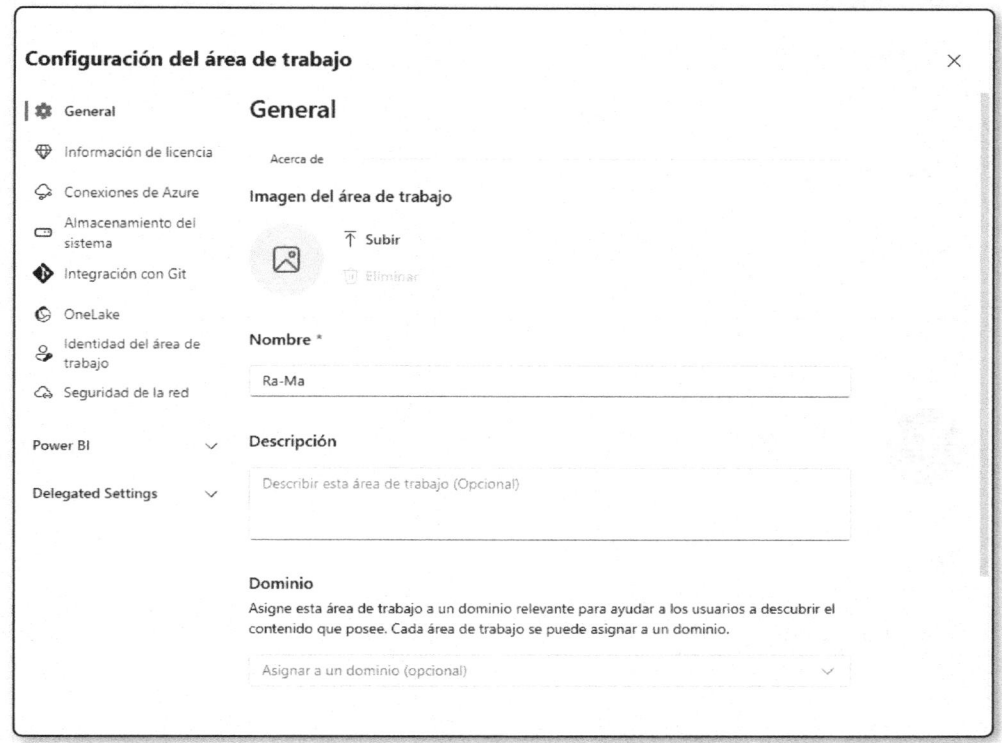

Figura 29.55. Configuración del área de trabajo

Según el tipo de licencia tendré más opciones, si tengo una licencia Premium puedo copiar el vínculo de conexión, ver conexiones con Azure, comprobar el espacio libre en Almacenamiento del sistema, etc.

En un Área de trabajo que no es el área por defecto puedo crear una aplicación, esta es la manera más rápida y segura de distribuir la información generada en Power Bi, para ello voy a hacer clic en el botón Crear aplicación, solo se puede tener una aplicación por cada área de trabajo.

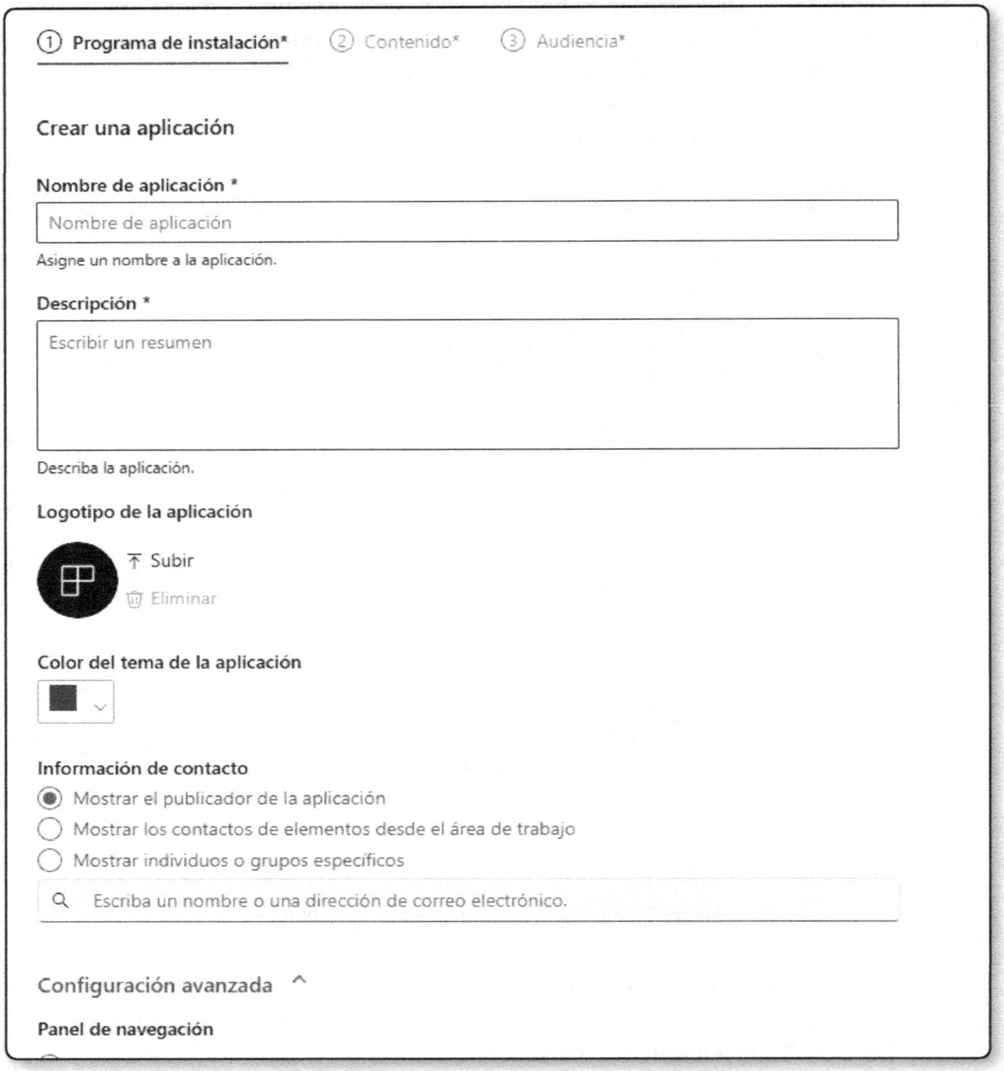

Figura 29.56. Crear aplicación paso 1

Le puedo poner el nombre de la aplicación, es obligatorio rellenar también la descripción con una breve explicación de los datos que se van a ver en la aplicación, además se le puede cambiar el logotipo y elegir el color de la aplicación.

Más abajo se puede elegir la información del contacto y en la configuración avanzada puedo elegir si quiero que aparezca el panel de navegación de una forma predeterminada o no, si quiero que se puedan ver las páginas ocultas, lo normal es decirle que no se pueden ver, para eso están ocultas.

Además, puedo indicar si quiero que los usuarios puedan instalar la aplicación automáticamente o creen una copia de los informes de esta aplicación.

Si la aplicación es un poco compleja puedo crear una pequeña ayuda escrita o con videotutoriales y subirla a una ubicación compartida, después pongo la ubicación en el Sitio de soporte técnico para que el resto de los usuarios puedan obtener ayuda sobre la aplicación.

Una vez que he rellenado toda la información puedo hacer clic en el botón Agregar contenido.

Al hacer clic en el botón Agregar aparece una lista de los objetos que hay en el área de trabajo.

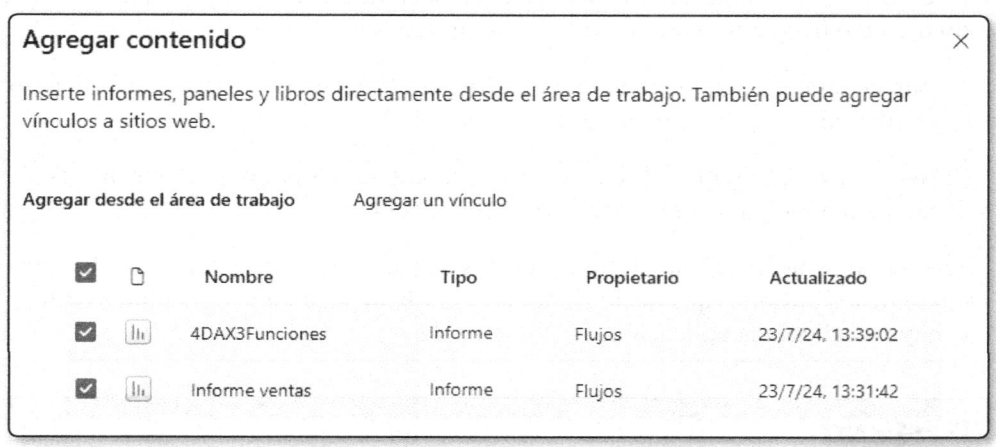

Figura 29.57. Agregar contenido a la aplicación

Voy a añadir los dos informes que tengo, en el desplegable Agregar contenido tengo la opción Agregar un vínculo o Agregar una nueva sección para organizar los objetos cuando son muchos elementos.

Figura 29.58. Audiencia de la aplicación

Hago clic otra vez en el botón siguiente y puedo elegir si Toda la organización puede acceder a la aplicación o solo personas determinadas, una vez que lo tengo todo definido hago clic en el botón Publicar aplicación.

Aparece un mensaje que me avisa que Microsoft puede tardar hasta un día, pero suele tardar entre 5 y 10 minutos como mucho.

Hago clic en el botón publicar y ya puedo copiar y distribuir el vínculo de la aplicación, también tengo el botón *Ir a la aplicación.*

En la parte de la izquierda aparecen los vínculos para acceder a las distintas páginas de los informes que hemos incluido y también puedo ir a los distintos objetos que haya añadido a la aplicación.

País	001sumaCantidad	002ContarRegiones	003ContarRegistros	004ContarBlancos	005ContarCargosUnicos	006CantidadPeq
Alemania	9213		11	11		7
Argentina	339		3	3		2
Austria	5167		2	2		1
Bélgica	1392		2	2		2
Brasil	4247	9	9			6
Canadá	1984	3	3			2
Dinamarca	1170		2	2		2
España	718		5	5		4

Figura 29.59. Aspecto de la aplicación

En la parte superior están los menús, hay menos opciones que en un informe normal publicado, ya que no puedo acceder al diseño del informe ni a otras muchas opciones, aunque como soy el propietario tengo un botón para ir a modificar la aplicación.

Figura 29.60. Botón editar aplicación

Ahora he creado un panel en esta área de trabajo y quiero añadirlo a la aplicación que acabo de crear.

En el área de trabajo hago clic en el botón Actualizar aplicación que está en el sitio donde antes creamos la aplicación.

Al hacer clic en este botón puedo modificar la aplicación, puedo copiar el vínculo para distribuir la aplicación en cualquier momento.

Voy al paso 2 Contenido y hago clic en el botón Agregar contenido y añado el panel, le digo actualizar aplicación, voy a ver la aplicación, pero no veo el panel, vuelvo a la actualización de la aplicación y en el paso 3 veo que el panel no estaba visible, tengo que quitarle la opción oculto, cuando actualizo la aplicación a lo mejor sigue sin verse, tengo que actualizar el navegador para que se vea el vínculo al panel que acabo de añadir.

Figura 29.61. Al añadir otro objeto se agrega, pero se oculta

Si accedo otra vez a la actualización de la aplicación en el paso 2 puedo añadir un vínculo a una página, le puedo indicar que sea en esta ventana o en una nueva, sucede lo mismo que cuando he añadido el panel, todo objeto que se añade después de crearse la aplicación se queda en modo oculto por lo que debo ir al paso 3 y mostrarlo, después hago clic en actualizar la aplicación y si no se ve el vínculo actualizo la página.

En un área de trabajo hago clic en Nuevo elemento y hago clic en Flujo de datos, un flujo de datos es como guardar los pasos aplicados en una importación de Power Query, pero desde el servicio de Power Bi.

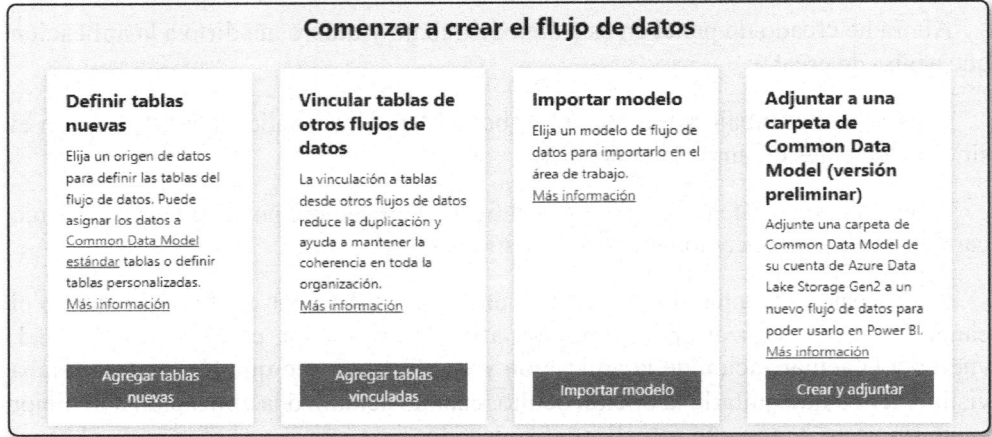

Figura 29.62. Orígenes de los flujos de datos

Al hacer clic en Flujo de datos aparece una pantalla donde puedo elegir si el flujo de datos lo creo desde tablas nuevas, tablas vinculadas, importar modelo o crear e importar un Data Model.

En este caso voy a agregar nuevas tablas, puedo elegir entre Nuevos orígenes o subir un archivo, en este caso voy a subir el archivo NeptunoActualizado, si está bien la conexión puedo hacer clic en el botón siguiente donde selecciono las tablas que quiero importar y hago clic en Transformar datos.

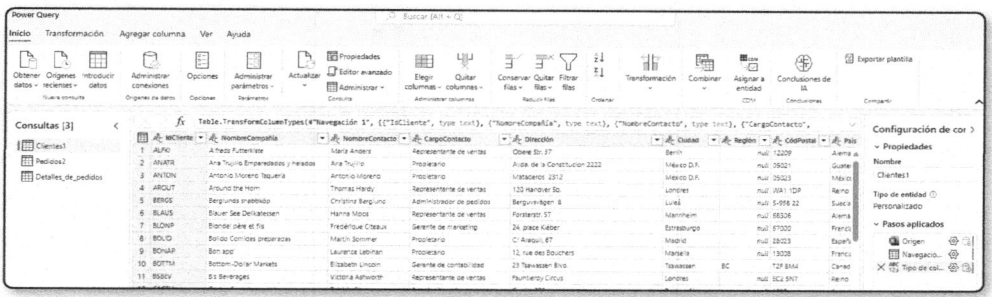

Figura 29.63. Pantalla de Power Query para crear un flujo

Ahora tengo una pantalla que es casi igual que Power Query de escritorio donde puedo aplicar las transformaciones que desee y a continuación hago clic en el botón Guardar y cerrar, pongo nombre al flujo, le puedo poner MiFlujo y debajo puedo añadirle una descripción, después hago clic en Guardar.

Puedo editar las tablas, Agregar más tablas o cerrar el flujo, una vez cerrado tengo que actualizar el flujo para que cargue los datos.

Ahora puedo ir a Power Bi Desktop y crear un nuevo informe donde puedo elegir origen de datos Flujo de datos y añadir las tablas que yo quiera.

Esta opción sirve para almacenar en el servicio de Power Bi unas tablas y las transformaciones deseadas para que puedan servir como origen de datos de otros informes.

29.10 POWER BI EN EL MÓVIL

Microsoft 365 trajo muchas revoluciones, una de ellas fue que ya no se necesitaba un ordenador para trabajar, también se puede trabajar desde un móvil o desde una tablet.

En este caso hay que descargarse la App de Microsoft Power Bi, logarse con el usuario y contraseña de Microsoft 365.

La pantalla del móvil es muy pequeña para diseñar un informe, pero sí que es muy útil para ver un informe en cualquier sitio, además hay que recordar que tanto los informes como los paneles tienen una vista especial para diseñar estos objetos cuando se ven a través de un móvil.

Figura 29.64. Pantalla de la app de Power Bi

En la parte inferior está el menú principal de Power Bi dentro de Inicio, en la parte superior se puede ver el menú de lo que quiero ver, dentro de Acceso rápido tengo acceso a los objetos Frecuentes, recientes e informes de ejemplo, en métricas veré las tarjetas de resultados y en actividad en los últimos objetos en los que he trabajado.

En la parte inferior puedo ir a Favoritos para ver los objetos que haya marcado como favoritos.

La siguiente opción que tengo es Aplicaciones para acceder directamente a las aplicaciones que creo.

También tengo la opción de áreas de trabajo para acceder a las distintas áreas y al pulsar sobre cualquiera de ellas me aparecen los objetos de esa área, donde por supuesto puedo pulsar y ver el objeto deseado.

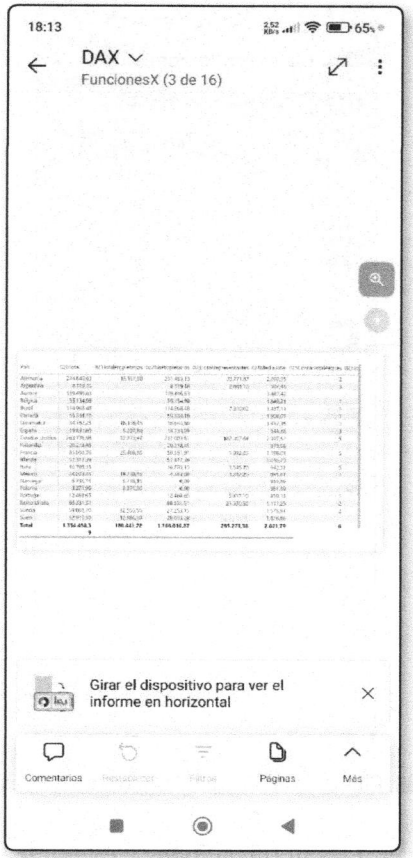

Figura 29.65. Un informe visto desde el móvil

Al abrir el informe en la parte inferior tengo la barra de navegación donde puedo ver y escribir comentarios, quitar filtros con restablecer, acceder al panel de filtros cambiar de páginas o invitar a otras personas.

Hago clic en la flecha que hay en la esquina superior izquierda para salir del informe y vuelvo a hacer clic para salir del área de trabajo, cuando he vuelto al menú principal puedo hacer clic en el botón que tiene varios puntos y acceder a los objetos recientes de Power Bi con los que he trabajado.

También en ese botón con tres puntos tengo una opción muy interesante que es compartido conmigo donde puedo ver los objetos que han compartido otras personas conmigo.

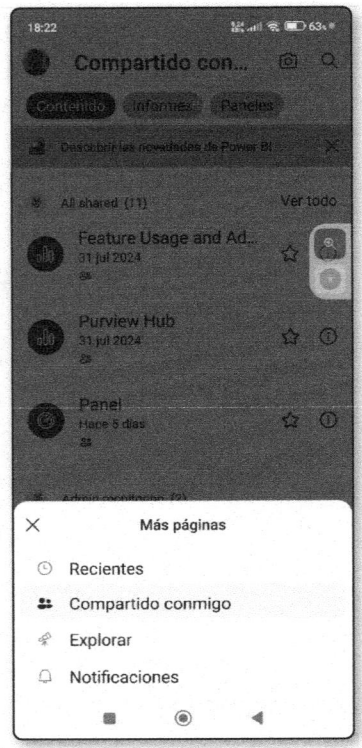

Figura 29.66. Objetos que han compartido otras personas conmigo

También puedo acceder a las notificaciones y explorar los distintos objetos a los que tengo acceso.

MATERIAL ADICIONAL

El material adicional de este libro puede descargarlo en nuestro portal web: *https://www.ra-ma.es*.

Debe dirigirse a la ficha correspondiente a esta obra, dentro de la ficha encontrará el enlace para poder realizar la descarga.

Cuando descomprima el fichero obtendrá los archivos que complementan al libro para que pueda continuar con su aprendizaje.

INFORMACIÓN ADICIONAL Y GARANTÍA

▼ RA-MA EDITORIAL garantiza que estos contenidos han sido sometidos a un riguroso control de calidad.

▼ Los archivos están libres de virus, para comprobarlo se han utilizado las últimas versiones de los antivirus líderes en el mercado.

▼ RA-MA EDITORIAL no se hace responsable de cualquier pérdida, daño o costes provocados por el uso incorrecto del contenido descargable.

▼ Este material es gratuito y se distribuye como contenido complementario al libro que ha adquirido, por lo que queda terminantemente prohibida su venta o distribución.

SÍGUENOS EN INSTAGRAM Y ACCEDE GRATIS A NUESTRA BIBLIOTECA DIGITAL DURANTE 30 DÍAS.

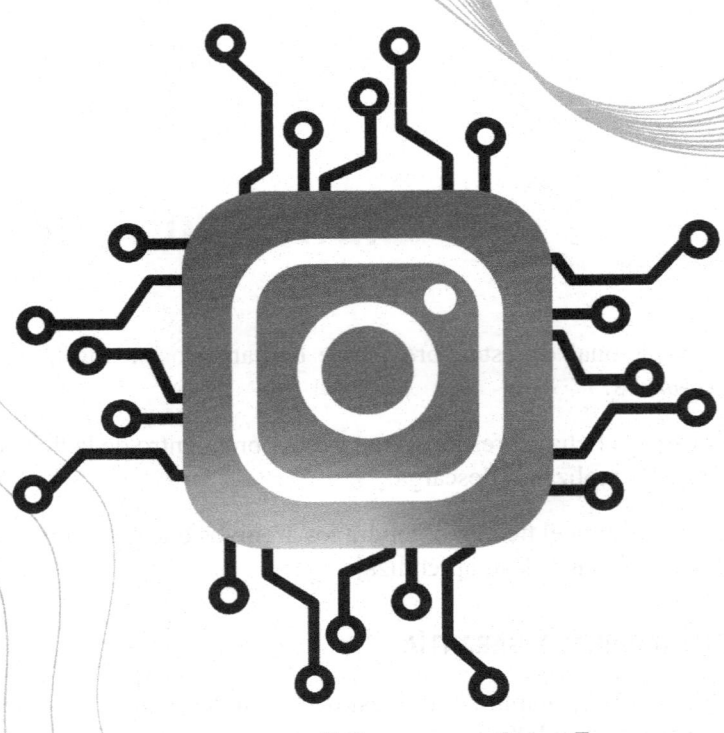

@grupoeditorialrama

¡ENVIANOS TU MAIL POR PRIVADO!

Grupo Editorial
ra-ma

40 ANIVERSARIO